法金指南系列

上市公司
证券合规实务指引

马宏伟　金　菱　黄非凡
姚静君　王美祺　管　珺　著

GUIDELINES FOR SECURITIES COMPLIANCE OF LISTED COMPANIES

法律出版社 LAW PRESS · CHINA
北京

图书在版编目（CIP）数据

上市公司证券合规实务指引 / 马宏伟等著. -- 北京 ：法律出版社, 2025. -- ISBN 978 - 7 - 5244 - 0434 - 7

Ⅰ. D922.287.4;D922.291.914

中国国家版本馆 CIP 数据核字第 20254M05U9 号

上市公司证券合规实务指引
SHANGSHI GONGSI ZHENGQUAN HEGUI SHIWU ZHIYIN

马宏伟　等著

策划编辑 朱海波　杨雨晴
责任编辑 朱海波　杨雨晴
装帧设计 汪奇峰　臧晓飞

出版发行 法律出版社
编辑统筹 法律应用出版分社
责任校对 蒋　橙
责任印制 刘晓伟
经　　销 新华书店

开本 710 毫米 × 1000 毫米　1/16
印张 20.25　**字数** 320 千
版本 2025 年 7 月第 1 版
印次 2025 年 7 月第 1 次印刷
印刷 三河市兴达印务有限公司

地址：北京市丰台区莲花池西里 7 号(100073)
网址：www.lawpress.com.cn
投稿邮箱：info@lawpress.com.cn
举报盗版邮箱：jbwq@lawpress.com.cn

销售电话：010 - 83938349
客服电话：010 - 83938350
咨询电话：010 - 63939796

书号：ISBN 978 - 7 - 5244 - 0434 - 7　　**定价**：78.00 元

凡购买本社图书，如有印装错误，我社负责退换。电话：010 - 83938349

作者简介

马宏伟

北京大成（上海）律师事务所

高级合伙人

马宏伟律师系上海律协证券合规与纠纷专业委员会副主任；北京大成律师事务所中国区资本市场行委会牵头人、合规与风险控制专委会联合牵头人、合规与风险控制专业带头人；上海办公室高级合伙人、资本市场行业组负责人；大成证券违法处置中心联席牵头人、大成刑委会证券犯罪研究中心联合负责人；华东政法大学刑法学硕士，上海交通大学上海高级金融学院EMBA；上海交通大学凯原法学院证券犯罪研究中心外聘研究员、证券合规业务研究委员会主任，华东政法大学文伯书院校外导师，上海财经大学法学院上市公司法治研究中心研究员。

马宏伟律师曾在公安部从事经济（证券）犯罪侦查工作，参与多起重特大要案办理；曾在渣打银行、美国运通等世界500强跨国金融集团从事法务、风险控制、反欺诈及反腐败等工作。荣登2024年度LEGALBAND中国律师特别推荐榜15强：商业犯罪；2024 GRCD中国客户首选合规律师：刑事榜单；荣登2024年度The Legal 500大中华区“监管与合规”特别推荐律师榜单；荣登2025年度LEGALBAND中国顶级律师排行榜：白领与商业犯罪。办理的“某私募百亿非法集资案”入选“律新社2024年度商事犯罪标杆案例”，曾著《通往规制之路——资本市场的刑法逻辑》《证券合规——利用未公开信息交易的法律规制与风险管理》《金融证券重大合规风险防控指南》等专著，发表关于违规信披、内幕交易、市值管理、并购重组、刑民交叉等专业文章上百篇，其中数十篇收录于威科先行、律商等知名法律数据库。

马宏伟律师擅长金融、证券监管合规与行政复议；证券虚假陈述民事争议解决；企业合规；金融、证券犯罪辩护；重大商事争议解决；公司治理；内部调查等。

金　菱

金菱律师，北京大成（上海）律师事务所资深律师，毕业于华东政法大学，专精于证券监管合规、资本市场争议解决、公司治理及证券金融犯罪辩护领域，擅长为上市公司、金融机构提供全流程证券合规服务，精于处理内幕交易、操纵市场、违规披露等复杂案件及衍生经济犯罪，成功在多起重大案件中为客户争取有利结果。为众多知名企业及上市公司提供常年法律顾问服务，在信息披露、内控风控、劳动人事及数据合规等领域提供综合性解决方案。

曾参与编著《金融证券重大合规风险防控指南》，为金融证券合规领域参与主体，提供切实有效的指南与参考。

黄非凡

黄非凡律师，北京大成（上海）律师事务所资深律师，毕业于华东政法大学。主要执业领域为合规与风险控制、资本市场、争议解决及证券金融犯罪辩护。在证券案件行政听证代理及犯罪辩护、投资者索赔应诉、上市公司证券合规治理方面具有长期和广泛的执业经验，曾多次代表上市公司及关键少数全流程、全方位应对、化解重大证券违法风险。

曾参与编著《金融证券重大合规风险防控指南》，为企业管理经营者、金融和证券行业从业者，以及法律专业人士提供切实可行的法律事务指南。

姚静君

姚静君毕业于香港大学并取得法律硕士学位，拥有法商结合的学术背景。律师工作执业领域为证券合规、公司治理及商事争议解决。在公司治理、企业合规等方面积累了丰富的实务经验，擅长从法商结合的角度为客户提供全面、高效的法律解决方案。曾为多家上市公司、跨国公司及科技创新企业提供常年法律服务，涵盖公司治理结构优化、合规体系建设、跨境投资与贸易等多领域。

王美祺

王美祺律师，北京大成（上海）律师事务所律师，毕业于香港城市大学并取得法律博士学位，专注金融、证券、商事等交叉领域的争议解决及政府调查案件。曾主办多起重大、疑难、复杂的行政、刑事、民事案件，能够提供全流程证券合规服务，包括前端的日常合规体系建设、专项合规调查评估和后端的应对投资者提起的证券欺诈诉讼、证券监管调查和处罚、证券犯罪辩护等。

管　珺

管珺律师，北京大成（上海）律师事务所律师，毕业于上海财经大学。主要执业领域为公司治理与企业合规、金融与证券合规、刑民交叉案件。曾为多家大型企业、跨境支付公司等提供常年法律顾问服务，曾参与多起重大民商事争议解决案件、证券类行政合规案件、金融犯罪刑事案件等，在企业金融、证券类合规及风险化解等方面积累了较为丰富的经验。

大 成 简 介

☆ **大成**

大成成立于1992年，是中国成立最早、规模最大的合伙制律师事务所之一。经过30余年的发展，已在中国境内拥有50多家办公室，与在世界范围内80余个国家设有160多个办公室的国际律师事务所Dentons拥有优先合作关系。

☆ **大成上海**

大成上海成立于2001年，目前拥有员工超800人，执业律师600余人，其中近一半毕业于海外知名法学院或拥有海外工作经验，可多语言工作。凭借优质的法律服务及出色的专业实力，上海办公室先后获得“全国律师行业先进党组织”“上海市十佳律师事务所”“上海市优秀律师事务所”等荣誉称号。

序　言

在资本市场的浪潮中，上市公司作为经济发展的中流砥柱，其合规经营与稳健发展一直是法律与金融领域关注的焦点。近年来，随着全球经济格局的深刻变革以及国内资本市场改革的不断深化，上市公司面临着前所未有的机遇与挑战。2024年4月4日，《国务院关于加强监管防范风险推动资本市场高质量发展的若干意见》（以下简称新“国九条”）的印发，为资本市场的发展奠定了强监管、防风险、促高质量发展的基调。新“国九条”强调稳为基调、严字当头，确保监管“长牙带刺”、有棱有角，要求推动加强资本市场法治建设，大幅提升违法违规成本，加大对证券期货违法犯罪的联合打击力度。在此背景下，一系列配套监管文件的发布与更新，进一步加强了行政、民事、刑事立体化追责力度，上市公司证券合规的重要性也被提升到了前所未有的高度。

作为一支长期深耕于资本市场法律服务一线的律师团队，笔者有幸见证了资本市场的蓬勃发展，也亲身体验了上市公司在合规道路上的种种探索与实践。在日常工作中，笔者常常接触到上市公司及其董监高在经营决策、信息披露、证券发行等环节面临的复杂法律问题，这些问题不仅关系到企业的生死存亡，也牵动着广大投资者的利益。在与众多上市公司合作的过程中，笔者逐渐认识到，要应对日益复杂的证券合规风险，必须秉承“全方位、一体化、多视角”的思路，从企业内部治理、外部监管环境、法律风险防控等多方面入手，构建一套系统、全面且富有前瞻性的合规体系。

基于这样的思考，笔者决定将多年的实务经验与专业思考汇集成书，于是便有了这本《上市公司证券合规实务指引》。本书共分为五个章节，分别是“上市公司合规经营指引”“上市公司合规履职指引”“上市公司合规服务指引”“证券合规监管程序类常见问题专题”“证券监管政策解读”。这五个章节的划分，既是对上市公司证券合规问题的系统梳理，也是对实务操作中各类风险点的精准定位。

在“上市公司合规经营指引”章节中，笔者深入探讨了上市公司在日常经营活动中可能面临的各类合规问题，包括从重大交易决策合规性的分析，到信息披露义务的履行等。这一章节的内容，旨在强调合规经营是企业可持续发展的基石。通过对上市公司日常经营、重大资产重组、供应链金融环节、市值管理、子公司监管等问题的剖析，本书希望能够帮助上市公司在经营过程中筑牢合规防线，避免因违规行为而遭受不必要的法律风险与经济损失。

“上市公司合规履职指引”章节则聚焦于上市公司董监高及其他关键人员的履职行为。作为公司的核心决策者与管理者，董监高在公司治理中扮演着举足轻重的角色。在这一章节中，笔者详细分析了董监高在信息披露、关联交易、资金往来等方面的合规要求，以及在面临复杂商业决策时如何平衡公司利益与个人利益，确保履职行为的合法合规。通过对董监高履职合规的探讨，本书希望为上市公司管理层提供一份清晰的履职指南，帮助他们在复杂的商业环境中坚守合规底线，履行对公司的忠实义务与勤勉义务。

“上市公司合规服务指引”章节着眼于证券服务机构在上市公司证券业务中的作用与责任。律师事务所、会计师事务所、投资银行等机构的专业意见与服务质量，直接影响着上市公司证券业务的合规性与市场公信力。在这一章节中，笔者结合实际案例，深入分析了证券服务机构在提供服务过程中可能面临的合规风险，以及如何通过建立健全内部质量控制体系、加强专业人员培训等方式，提升服务的合规性与专业性。

在“证券合规监管程序类常见问题专题”章节，则是对证券监管执法程序的全面梳理与解读。证券监管执法是维护资本市场秩序、保护投资者合法权益的重要手段。了解监管执法程序，对上市公司及其董监高来说，不仅有助于在日常经营中主动配合监管要求，还有助于在面临监管调查时，依法维护自身合法权益。在这一章节中，笔者详细介绍了证券监管机构的执法权限、执法程序、行政处罚的种类与标准，以及行政复议与行政诉讼的救济途径等，希望为上市公司提供一份应对监管执法的实用手册，帮助他们在复杂的监管环境中保持冷静与理性，依法合规地处理与监管机构的关系。

在“证券监管政策解读”章节，紧跟近年来一系列重磅监管文件和执法新规，围绕证券期货违法犯罪、财务造假、特定短线交易监管等热点政策进行深入分析与快速响应。

本书的出版，旨在为上市公司及其董监高、证券服务机构从业者以及关注资本市场法治建设的同人们，提供一份具有实务价值的参考读物。在“两强两严”的监管背景下，证券合规不再只有如有似无的虚名，而是企业生存与发展的必备要素。笔者希望通过这本书，能够将笔者在资本市场法律服务中的独到视角与实务经验分享给各位读者，帮助各位读者更好地理解证券合规的内涵与要求，提升应对证券合规风险的能力。

最后，笔者深知个人学识与经验有限，书中难免存在疏漏与不足之处。在此，诚挚地希望各位同人不吝赐教，提出宝贵意见与建议，以便不断完善与提升。

目录 CONTENTS

第一章　上市公司合规经营指引

第五章　证券监管政策解读

第一章

上市公司合规经营指引

第一节

上市公司证券发行过程中的合规问题

一、企业发行何种标的受《证券法》监管?

上市发行是企业的主要融资方式之一,包括公开发行与非公开发行,常见的发行标的为股票、债券。随着境内资本市场逐步演化、创新,包括资产支持证券、存托凭证在内的各类金融衍生品也逐步占领企业发行舞台,随之而来的监管争议问题就是各类金融衍生品是否属于《证券法》监管范围,能否基于《证券法》作出处罚。

自 2019 年《证券法》施行起,《证券法》明确的监管范围包括三类:一是法律明确列举的标的,包括股票,公司债券,存托凭证的发行和交易,以及政府债券、证券投资基金份额的上市交易;二是可以参照适用《证券法》原则的两个标的,即资产支持证券和资产管理产品的发行、交易;三是兜底性标的,即国务院依法认定的其他证券的发行、交易。

对兜底性标的如何认定,司法实践中监管机构或司法机关可能结合该标的的发行模式、特点等方面作出认定，例如，2023年6月上海金融法院审结的全国首例资产支持证券（ABS）欺诈发行民事赔偿案，[①]该案证券发行行为发生于2016年，当时资产支持证券的性质尚未由《证券法》予以明确，审理过程中，各方对于涉案资产支持证券是否应当适用《证券法》存在争议。最终，上海金融法院通过对资产支持证券概念及特征的判断，认定案涉资产支持证券具有可转让性、投资性、风险性特点，系证券的一种，应当适用2014年《证券法》。

因此，企业发行融资类产品或标的时，应综合评估该标的与现有证券是否具有同质性，如特征基本相同，则应及时注意该产品证券合规法律风险，包括潜在的违规披露、不披露重要信息，欺诈发行和内幕交易等风险。

二、企业证券发行过程中财务造假有何种法律风险？

全面注册制的整体框架，以真实、完整、准确的信息披露机制为核心，而财务造假就是全面注册制中的痛点，持续处于被监管范围的首要位置。

自2022年1月22日《最高人民法院关于审理证券市场虚假陈述侵权民事赔偿案件的若干规定》（以下简称《虚假陈述侵权民事赔偿案件的若干规定》）施行起，监管机构、司法机关对证券财务造假案件监管趋于立体化，企业证券发行过程中的财务造假法律风险可划分为三类独立追责程序：民事、行政、刑事，形成“一个行为，多层风险”的叠加效应。

例如，2023年较为典型的某晶存储欺诈发行证券案件，[②]2023年4月该公司收到行政处罚决定书，对公司、公司责任人员作出处罚。当月，案涉中介机构立即发起设立10亿元专项基金用于赔付投资人损失，不到8个

① 上海金融法院民事判决书，（2020）沪74民初1801号。

② 中国证监会行政处罚决定书，〔2023〕30号。

月，投资人赔付金额达10.86亿元。同年11月，该公司发布公告称实际控制人已因涉嫌欺诈发行证券罪被公安机关采取强制措施。

该案件处理并非财务造假后的鲜见情况。《虚假陈述侵权民事赔偿案件的若干规定》施行后，民事虚假陈述投资人赔偿诉讼不再以行政处罚结果或刑事裁判结果作为法院案件受理的必要条件，且在考虑到司法实践中，证券案件行刑衔接不适用“刑事优先”原则，因此，任何一个追责程序都可能独立地启动并作出结果。从而引发该类案件中，企业的法律风险常呈发散式扩张，威慑力极大，一不小心就会出现“人财两空”的结果，应及时从各个角度同步予以控制和化解。

三、发行申报过程中撤回申请，公司是否仍需承担法律责任？

在2019年《证券法》修改之前，发行申报过程中财务造假但未经核准即撤回申请的，是否视为欺诈发行，存有争议。概因2014年《证券法》施行期间，股票发行注册制尚未全面启动，为适应核准制，《证券法》以“骗取发行核准”作为构成欺诈发行的前提。因此，部分观点认为，未经核准或造假前就已经符合发行标准的证券本质上不属于骗取核准。

例如，某煤股份有限公司债券信息违规披露案，[①]该案的信息披露不实问题虽然发生在募集阶段，但由于不存在不符合发行条件的情形，所以该案最终按照旧法以违规信披论处，而非欺诈发行。

而2019年注册制改革逐步试点并启动后，证监会对上市公司发行标的的审核方式逐步从实质审核转化为形式审核，交由交易所和市场对发行标的的财务资料质量进行检验。因此，2019年《证券法》对欺诈发行的规制重

① 中国证监会行政处罚决定书，〔2021〕44号。

点从“骗取发行”变更为“在公告的证券发行文件中隐瞒重要事实或者编造重大虚假内容”，即发行人在提交申报材料后、未获注册前信息披露不实的，同样适用欺诈发行的规定，担责链条再次延伸，起始阶段再度前移。

例如，2024 年首例证监会审查主动撤回申请的 IPO 案件，科创板某尔芯欺诈发行案，该公司于 2021 年 8 月提交科创板 IPO 上市申请，2 个月后被抽中现场检查，被发现涉嫌存在虚增收入等违法违规事项。2022 年 7 月，该公司撤回发行上市申请，但仍未逃过被行政处罚。

与《证券法》不同的是，《刑法》中对欺诈发行证券罪的规制仍以“发行股票或者公司、企业债券、存托凭证或者国务院依法认定的其他证券”为构成要件，截至目前，尚未出现在发行前撤回申请的财务造假案件，被移送刑事或被判决构成欺诈发行证券罪。

四、发行文件中哪些属于造假需要担责的文件?

在法律监管下的“发行文件”是指申请证券发行过程中，根据《证券法》及相关监管法律要求需要报送或公告的文件，从行政角度而言较为宽泛。而刑事采取“列举 + 兜底”的表述模式，明确划定范围为“招股说明书、认股书、公司、企业债券募集办法等发行文件”。

其中，“招股说明书、认股书、公司、企业债券募集办法”不能仅以名字划分，而应以文件的实质内容予以判断。例如，某飞马佐里案①中，辩护人提出案涉“募集说明书”并非法律规定表述的“募集办法”，法院否定了该意见，主要理由在于募集说明书与募集办法仅是名称不同，二者的功能以及内容实质是相同的。此外，如果依照规定应当作为招股说明书、认股书、债券募集办法等发行的附件的，应当视为发行文件的组成部分。

---

① 江苏省高级人民法院刑事判决书，(2018)苏刑终 205 号。

为应对立法的滞后性，规制新型证券发行中可能出现的发行文件，《刑法修正案（十一）》增加了“等发行文件”这一兜底表述。

“等发行文件”的理解要以“同质性”为核心，简单来说，这类文件在发行过程中起到的作用应当与招股说明书、认股书、债券募集办法等实质作用相当。这类文件往往是发行过程中比较重要的文件，如董事会决议、股东大会决议、财务报告等，这类发行文件对证券是否能够发行成功通常有决定性作用。

这里特别指出，欺诈发行证券罪中“等发行文件”不应当包括发行申请文件内中介机构出具的证明文件。中介机构在出具的证明文件中实施隐瞒、编造行为的，依据情况不同当由“提供虚假证明文件罪”或者“出具证明文件重大失实罪”进行规制。

五、中小企业发行私募债券是否涉及欺诈发行风险？

中小企业私募债券，是指中小微型企业在中国境内以非公开形式发行和转让，约定在一定期限内还本付息的公司债券。该类债券整体缺乏流动性，发行门槛较低，信息披露要求相对较低。如中小企业在发行私募债券的过程中实施财务造假的，对应损害的投资者利益为特定人员利益，这也是实践中存在争议的主要方面。

从《证券法》角度而言，《证券法》规制的范围明确包含公开发行与非公开发行，而《证券法》第181条①对欺诈发行的规定未明确排除非公开发行

① 《证券法》第181条　发行人在其公告的证券发行文件中隐瞒重要事实或者编造重大虚假内容，尚未发行证券的，处以二百万元以上二千万元以下的罚款；已经发行证券的，处以非法所募资金金额百分之十以上一倍以下的罚款。对直接负责的主管人员和其他直接责任人员，处以一百万元以上一千万元以下的罚款。发行人的控股股东、实际控制人组织、指使从事前款违法行为的，没收违法所得，并处以违法所得百分之十以上一倍以下的罚款；没有违法所得或者违法所得不足二千万元的，处以二百万元以上二千万元以下的罚款。对直接负责的主管人员和其他直接责任人员，处以一百万元以上一千万元以下的罚款。

证券,因此,即便私募债券属于非公开发行的范畴,仍受到《证券法》的监管。

从《刑法》角度而言,该争议在刑事案件中曾多次由司法机构予以回应,如《刑事审判参考》第1387号案例,[①]该案发行主体为中小企业,为解决融资问题发行私募债券,于《私募债券募集说明书》中隐瞒影响债券价值的重要事实,导致投资人遭受数千万元损失。该案例的裁判观点认为,无论是公募债券还是私募债券,均属于欺诈发行债券罪的行为对象。

法院从两个方面论述此观点,一是从公司债券的特征出发,私募债券符合"依照法定程序发行、约定在一定期限还本付息"的公司债券的基本特征;二是从欺诈发行证券罪所保护的法益出发,私募债券发行文件存在重大虚假、误导性陈述或者隐瞒重要事实,必然破坏国家对债券发行市场的管理秩序,侵害投资者的合法权益。

① 江苏省无锡市中级人民法院刑事判决书,(2018)苏02刑初49号。

第二节

上市公司日常经营中的信息披露合规风险问题

一、哪些上市公司日常经营信息披露行为有较高合规风险?

注册制改革后,上市公司信息披露作为投资人观察上市公司发展质量、择优汰劣的直接窗口,是中国证监会监管的首要重点内容。根据 2019 年《证券法》第 197 条规定,上市公司的信息披露行为能够涉及行政处罚的主要有两类:一是未按照规定报送有关报告或者履行信息披露义务;二是虚假记载、误导性陈述或者重大遗漏。

(一)未按照规定报送有关报告或者履行信息披露义务

未按照规定披露主要是指上市公司未及时披露信息或披露的内容不符合法定要求,如大股东通过集中竞价交易减持股份的,需提前 15 个交易日报告并公告其减持计划,并披露减持股份的数量、来源、原因以及时间区间和价格区间;上市公司应当在每个会计年度结束之日起 4 个月内披露年度报告、每个会计年度的上半年结束之日起 2 个月内披露半年度报告,如果未在法定期间内及时披露或披露的内容缺少法定要件的,就构成未按规定披露的违规信披行为。

(二)虚假记载、误导性陈述和重大遗漏

虚假记载、误导性陈述和重大遗漏则是未按规定披露的严重情节,其行政处罚区间也是未按规定披露的 2 倍,其中,虚假记载系中国证监会近几年重点打击的内容,极易触发刑事风险。2024 年 3 月 15 日,中国证监会发布《关于加强上市公司监管的意见(试行)》,其中就提到加大对财务"洗澡"的打击力度。依法惩治上市公司通过供应链金融、商业保理和票据交易、融资性贸易、"空转""走单"等实施财务造假。

二、上市公司未及时披露行为可能产生什么风险?

(一)信息披露违法违规风险

上市公司未及时披露通常有以下三种典型情形:一是无法按时披露定期报告;二是应当在临时报告里披露而未披露,仅通过年报或半年报等定期报告披露;三是延期披露临时报告。该情节并非偶发性事件,几乎每年年报披露期间都会发生大批量上市公司因未及时披露年报被中国证监会立案的情况,2024 年 5 月 8 日就有 7 家上市公司发布公告称,因未及时披露 2023 年年度报告被证监会立案调查。

往年因重大信息披露违法违规被处罚的上市公司中,也多常伴有未及时披露临时报告的情况。例如,中国证监会发布的往年典型违法案例中,

发生重大信息披露违法事件的广州市某奇实业股份有限公司、①江苏某超控股股份有限公司②也都存在延期披露临时报告的情况。

(二)退市等重大经营管理风险

虽然未及时披露在违规披露、不披露重要信息中属于较轻的情节,但其背后的潜在风险信号是上市公司经营质量的下滑。2024 年 5 月 8 日被立案调查的 7 家上市公司中,延期披露的原因各有不同,但都指向内部经营管理重大问题,包括年报审计无法通过、年报财务数据遭到独立董事反对、没有缴纳审计费用导致审计机构辞任等。根据上市公司相关管理规则,如果上市公司持续无法披露年度报告,其股票将被实施停牌,甚至面临退市风险,同样也会对上市公司的公众形象和市场信誉产生重大影响。

三、非经营性资金占用全额归还能否免除上市公司行政处罚?

非经营性资金占用是上市公司受到违规披露、不披露重要信息行政处罚的高频事由之一,部分上市公司对此存在误区,认为只要占用的资金及时归还,即无需承担行政责任。这些误区来源于上市公司管理人员对非经营性资金占用性质和违规信披处罚对象的错误认识。

第一,非经营性资金占用本身就具有违法性质,部分经营管理人员会将非经营性资金占用定义为灵活调动上市公司资金,并认为最终目的是保障上市公司发展质量,但事实上,根据 2024 年国务院、中国证监会公布的多

---

① 广东监管局警示函,〔2020〕163 号。
② 江苏监管局警示函,〔2023〕76 号。

项文件[①]政策导向,资金占用如未经过公司内部三会审批,极可能违背董监高的忠实义务,引发挪用资金或背信损害上市公司利益的行政、刑事风险。

第二,违规披露、不披露重要信息这一处罚事项的宗旨在于规制信息披露行为,而非信息本身的内容。参考以往中国证监会及派出机构处罚案例,对于非经营性资金占用已经归还的情况,上市公司的支出资金流和收款资金流通常会被分别计算,两者总额为未披露资金数额。最为典型的是海南某空控股股份有限公司违规信披一案,[②]处罚决定将非经营性资金占用归还的流水同步计入未披露金额中,并以往来总金额计算违规占比。

因此,非经营性资金占用是否归还不影响对上市公司或上市公司相关负责人员的违规披露、不披露重要信息责任认定。

四、会计差错能否成为信息披露违法违规的免责事由?

会计差错的概念来源于《企业会计准则第 28 号——会计政策、会计估计变更和差错更正》第 11 条,是指由于没有运用或错误运用能够取得的可靠信息,而对前期财务报表造成省略或错报,包括计算错误、应用会计政策错误、疏忽或曲解事实以及舞弊产生的影响等。

在一些信息披露违法违规案件中,上市公司会以虚假记载实为会计差错为由,要求免除责任,概因部分观点认为会计差错是过失行为,虚假记载是故意行为,两者属于择一关系,互不交叉。但从监管实践来看,会计差错实质无法成为该类案件的免责事由。例如,某普特科技集团股份有限公司信息披露违法违规一案,上市公司作为供货方,以发货经客户验收时点为标准,对项目进行收入确认,事实上,相关商品的控制权在上市公司确认收

① 《国务院关于加强监管防范风险推动资本市场高质量发展的若干意见》《关于加强上市公司监管的意见(试行)》。

② 中国证监会行政处罚决定书,〔2022〕46 号。

入时并未转移至客户,导致上市公司 3 年利润均存在大额虚增。该案中,上市公司即以会计差错为由认为应当免责,但未被中国证监会采纳。

其根本原因在于,如果会计差错是服务于虚增利润的目的,那么会计差错调整后对上市公司财务报表的影响必然导致证券市场波动,影响投资者决策,该等情况下,会计差错本身就是违法的一种手段,被虚假陈述行为所吸收。反之,如果该等差错本质上不会影响会计报表使用者对企业财务状况、经营成果和现金流量表作出正确判断,则不应认定为虚假记载。

五、信息披露违法违规什么情况下可能涉及刑事责任?

信息披露违法违规案件的移送取决于两层因素:一是政策导向;二是法定标准。

(一)政策导向

信息披露违法违规案件的刑事追责在 2020 年前和 2020 年后是两种不同的模式,2020 年之前,上市公司或上市公司责任人员因为信息披露违法违规涉及刑事的案件基本在十位数以内,导致大部分上市公司管理人员认为,监管机构会基于不影响上市公司正常经营的目的,减少案件移送刑事的可能性。

2020 年之后,特别是 2024 年,国务院、中国证监会发布包括《关于加强上市公司监管的意见(试行)》在内的多份政策性文件,强调加强信息披露监管,严惩业绩造假行为,并要求采取全方位立体式追责,加强行政执法和刑事司法衔接,应移尽移,并且财务造假行为是证券违法犯罪行为中应当严惩的内容。

(二)法定标准

在该等趋势下,信息披露违法违规案件只要符合立案追诉标准,则大概率将被移送刑事。根据《最高人民检察院公安部关于公安机关管辖的刑事案件立案追诉标准的规定(二)》第 6 条,法定标准主要分为两类:一类是数据标准;另一类是情节标准。

数据标准是指违规信披的数据达到一定比例的即构成犯罪,例如,虚增或者虚减资产达到当期披露的资产总额 30% 以上的。

情节标准是指违规信披的行为达到一定效果即构成犯罪,例如,致使公司、企业发行的股票或者公司、企业债券、存托凭证或者国务院依法认定的其他证券被终止上市交易的。

六、信息披露违法后各方主体责任如何承担?

(一)责任主体

不论是行政还是刑事,信息披露违法行为主要处罚对象有两类:一类是无条件责任对象,即信息披露义务人及其直接负责的主管人员和其他直接责任人员;另一类是附条件责任对象,即发行人的控股股东、实际控制人以及他们的直接负责的主管人员和其他直接责任人员。附条件责任对象只有在参与组织、指使违法行为发生,或者隐瞒相关事项导致违法行为发生的情况下才需要承担责任。

(二)责任认定

1. 行政责任

关于责任认定,行政与刑事有所不同。根据《信息披露违法行为行政责任认定规则》,在行政处罚案件中,董监高的责任采用过错推定原则,除能够证明自己没有过错的外,应当视情况认定为直接负责的主管人员或其他直接责任人员;董监高之外的其他人员采用过错责任原则,确有证据证明他的行为跟违规信披有直接因果关系的,视情况认定为直接负责的主管人员或其他直接责任人员。

2. 刑事责任

刑事要求对当事人的责任认定需达到排除合理怀疑的证明标准,两者对于证据的获取方式、证据要求不完全一致。在该种情况下,也可能发生公安机关在刑事侦查过程中发现,对原主要负责人或其他直接责任人员的认定无法达到刑事证明标准,或原主要负责人或其他直接责任人员责任加重。

此外,刑事责任采取单罚制,上市公司并不会成为最终定罪处罚的对象,而是以负直接责任的主管人员和其他直接责任人员或者控股股东、实际控制人作为处罚对象。如控股股东、实际控制人为单位,则实行单位和直接责任人员双罚制。

第三节

上市公司重大资产重组中的证券合规风险

2024 年 9 月 24 日，中国证监会推出《关于深化上市公司并购重组市场改革的意见》（以下简称《重组意见》），并于 2025 年 5 月 16 日发布修改后的《上市公司重大资产重组管理办法》（以下简称《重组管理办法》），支持上市公司围绕科技创新、产业升级布局，引导更多资源要素向新质生产力方向聚集。《重组意见》一方面提出要适当提高对并购重组的监管包容度，另一方面也明确欺诈发行、财务造假、内幕交易等违法行为系并购重组监管中不可触碰的红线。笔者拟从上市公司及中介机构两个角度，对重大资产重组中潜在的证券合规风险进行梳理和分析。

一、上市公司重大资产重组的主要形式有哪些？

根据 2025 年《重组管理办法》的定义，上市公司资产重组是指上市公司及其控股或者控制的公司在日常经营活动之外购买、出售资产或者通过其他方式进行资产交易的行为，而重大资产重组特指前述行为达到规定的标准，导致上市公司的主营业务、资产、收入发生重大变化。上市公司资产重组通常分为产业并购、整体上市和重组上市三大类。

（一）产业并购

产业并购的宗旨在于资源整合，《重组意见》积极鼓励各类产业并购模式，其中也提到了产业并购常见的三种方式：

一是横向并购，将同属于一个行业的不同公司进行合并，从而扩大市场规模，例如，2019 年某滴出行公司收购另两家同行业境内外公司，很大程度上奠定了后 2 年某滴出行公司占领专车出行市场的基调。《重组意见》中提到，鼓励引导头部上市公司立足主业，加大对产业链上市公司的整合，其中包括支持非同一控制下上市公司之间的同行业吸收合并。

二是纵向并购，主要发生于产业链上下游，对经营上存在密切关联的上下游企业进行并购，例如，2023 年中某某原钛白股份有限公司收购贵州某某双阳磷矿有限公司，旨在通过优化上市公司上游企业的产业布局，减少原材料价格波动对生产成本的影响。关于该类并购，《重组意见》中提到，支持非同一控制下上市公司之间的上下游吸收合并，支持传统行业上市公司并购上下游资产，合理提升产业集中度。

三是混合并购，主要发生于既不属于同一产业链，也不属于同一行业的企业之间，目的是降低主营业务风险，达成多元化企业发展战略，例如，字某某动集团公司自 2014 年至 2022 年投资并购 160 余家公司，其中收购占比近 30%，涉及教育、金融、汽车、房产、医疗、游戏、文娱、人工智能、企业服务、元宇宙等近 20 个领域。混合并购系《重组意见》中助力新质生产力发展的重点措施，主要支持运作规范的上市公司围绕产业转型升级、寻求第二增长曲线等需求开展符合商业逻辑的跨行业并购,从而加快向新质生产力转型步伐。

(二)整体上市

整体上市的主要方式与重组上市较为重合,但发起方通常为上市公司控股股东,通常发生于集团公司体系内,控股股东通过换股合并、定向增发、资产置换等方式,将控股股东主要的资产和业务注入上市公司体内,实现集团内部同类或相关资产整体上市的目的,同步增加上市公司本身价值。

就整体上市和产业并购而言,根据 2025 年《重组管理办法》第 12 条第 1 款[①]规定,一旦上市公司所收购或出售的资产价值、产生的收入达到最近一个会计年度特定财务指标 50% 以上的,即具备重大性,构成重大资产重组。

(三)重组上市

重组上市,即"借壳上市",通常以非上市公司为主体反向收购上市公司,收购人通过直接收购上市公司存量股份获取控制权,或通过资产置换将收购方体内资产置换至上市公司,并由此获取上市公司股份,达到间接上市目的,例如,2016 年某丰速运(集团)有限公司就是通过将其全部股权与已经上市的某泰新材料公司全部资产进行置换的方式完成重组上市,置换完成后某丰速运(集团)有限公司的股东将成为上市公司的股东,而上市

① 《上市公司重大资产重组管理办法》第 12 条第 1 款　上市公司及其控股或者控制的公司购买、出售资产,达到下列标准之一的,构成重大资产重组:(一)购买、出售的资产总额占上市公司最近一个会计年度经审计的合并财务会计报告期末资产总额的比例达到百分之五十以上;(二)购买、出售的资产在最近一个会计年度所产生的营业收入占上市公司同期经审计的合并财务会计报告营业收入的比例达到百分之五十以上,且超过五千万元人民币;(三)购买、出售的资产净额占上市公司最近一个会计年度经审计的合并财务会计报告期末净资产额的比例达到百分之五十以上,且超过五千万元人民币。

公司原有资产、负债、业务被全部剥离，某丰速运（集团）有限公司则作为一个整体进入上市公司体系。

根据2025年《重组管理办法》第13条第1款①规定，上市公司控制权发生变更之日起36个月内向收购人及其关联人购买资产，导致上市公司主营业务发生根本变化，或购买资产对应的价值、产生的收入达到上市公司控制权发生变更前特定财务指标100%以上的，构成重大资产重组。

重组上市此前风靡一时，但因其涉及各类违规"保壳"行为，监管越发严格。2024年4月12日，中国证监会发布《关于严格执行退市制度的意见》，提出以更严格的证券监管执法打击各种违法"保壳""炒壳"行为，着力削减"壳"资源价值，严格落实"借壳等同IPO"要求。

二、上市公司重大资产重组期间可能产生什么证券合规风险？

上市公司重大资产重组期间存在两类比较典型的证券合规问题：一是信息披露的管理；二是内幕信息的管理。

（一）信息披露的证券合规风险

根据证券相关法律规定，上市公司重大资产重组系法定应当披露的事

① 《上市公司重大资产重组管理办法》第13条第1款　上市公司自控制权发生变更之日起三十六个月内，向收购人及其关联人购买资产，导致上市公司发生以下根本变化情形之一的，构成重大资产重组，应当按照本办法的规定履行相关义务和程序：（一）购买的资产总额占上市公司控制权发生变更的前一个会计年度经审计的合并财务会计报告期末资产总额的比例达到百分之一百以上；（二）购买的资产在最近一个会计年度所产生的营业收入占上市公司控制权发生变更的前一个会计年度经审计的合并财务会计报告营业收入的比例达到百分之一百以上；（三）购买的资产净额占上市公司控制权发生变更的前一个会计年度经审计的合并财务会计报告期末净资产额的比例达到百分之一百以上；（四）为购买资产发行的股份占上市公司首次向收购人及其关联人购买资产的董事会决议前一个交易日的股份的比例达到百分之一百以上；（五）上市公司向收购人及其关联人购买资产虽未达到第（一）至第（四）项标准，但可能导致上市公司主营业务发生根本变化；（六）中国证监会认定的可能导致上市公司发生根本变化的其他情形。

由，且该等披露包含两个板块：一是对重大资产重组事件的临时披露；二是重大资产重组后定期报告中的披露义务。

1. 重大资产重组事件的临时披露

对于重大资产重组事件的临时披露，上市公司应当对重组所涉资产定价公允性、权属情况等作出说明，其间，上市公司应当聘请符合《证券法》规定的独立财务顾问、律师事务所以及会计师事务所等证券服务机构就重大资产重组出具意见。该等信息披露的完整性极可能直接影响并购重组是否成功，例如，某丰电子材料股份有限公司（以下简称某丰电子）拟以发行股份及支付现金方式购买某公司股份一案，[①]某丰电子未能充分披露标的资产定价的公允性，且未能充分披露商誉减值风险对上市公司未来盈利能力的影响，因此，中国证监会于2020年6月11日否决其收购计划。

此外，需要特别注意的是，越来越多的上市公司在并购重组过程中因被并购方财务造假陷入"违规披露、不披露重要信息"或"欺诈发行"的违法风波，上市公司面对不同业务范围的被并购方，应当加强财务资料审核意识，承担必要的审核义务。例如，南京某尼机电股份有限公司（以下简称某尼机电）收购广东某昕科技有限公司（以下简称某昕科技）一案中，[②]某昕科技于2015年至2017年财务造假，导致某尼机电据此作出的2017年《重组报告书》存在虚假记载，虽然某昕科技相关人员在刑事判决中构成合同诈骗，但中国证监会仍认为本次收购属于跨界资产重组，交易标的金额高达34亿元，上市公司面对如此重大的交易，应当对影响交易标的评估价格的经营业绩、财务情况等进行重点核查，上市公司未采取有效核查措施，存在过失，因此最终对上市公司作出行政处罚。

---

① 中国证监会决定，证监许可〔2020〕1133号。

② 中国证监会处罚决定书，〔2021〕54号。

2. 重大资产重组后定期报告中的披露义务

对于重大资产重组完毕后在定期报告中对财务数据的更新披露，其风险通常延续自前述临时披露存在的既有问题，即前述临时披露的虚假内容持续未予以更正或解决导致对应的定期报告产生信息披露违法违规风险，该类情况多出现于并购重组中存在对赌协议的情形，该类情形中，交易各方通常会约定对赌期或过渡期，该期间内被并购标的仍由原管理团队或原股东进行管理，上市公司极易对被并购标的失去控制，原股东或原管理团队为达成对赌协议，极有可能采取财务造假措施。例如，广东某传媒股份有限公司信息披露违法违规案①中，上市公司所收购的子公司上海某某丽传媒股份有限公司（以下简称某丽公司），自收购前即开始财务造假，包括以某丽公司的名义签订、制作虚假合同、走账冲抵应收账款等虚增业绩和利润，导致合并报表后，上市公司披露的《收购报告书》及后续年度的 2 份定期报告都存在虚假记载，上市公司因此被行政处罚。

（二）内幕信息的证券合规风险

重大资产并购重组是内幕交易、泄露内幕信息违法违规行为的高发领域，且极其容易形成窝案，大多涉及参与重大资产并购重组的上市公司董监高、控股股东、实际控制人等，风险情况通常可以分为两种：一是自己交易或指使他人交易并从中获取利益；二是将信息传递给他人，放任他人交易。

第一种情况下，上市公司董监高、控股股东、实际控制人作为内幕信息的知情人将直接被认定为构成内幕交易，即使使用的并非本人账号，或者本人并未实际操作交易。例如，某春股份股票内幕交易案②中，上市公司董

① 中国证监会行政处罚决定书，〔2023〕66 号。
② 中国证监会行政处罚决定书，〔2023〕66 号。

事长、实际控制人缪某某在内幕交易期间通过其自有的证券账户及其名下另一家公司的证券账户实施内幕交易，本案中因缪某某同时兼具个人主体身份和单位直接负责的主管人员身份，被中国证监会分别处以罚款。

第二种情况下，上市公司董监高、控股股东、实际控制人具有保密内幕信息的义务，即便并非出于建议他人交易的目的，且未实际获利，亦将被认定为泄露内幕信息。例如，某金科技股票内幕交易案[①]中，上市公司董事长李某某随手将定向增发消息转发给赵某某后，赵某某实施了内幕交易行为，其间，李某某未获取任何利益亦未提出购买建议，最终仍被认定构成泄露内幕信息。

需要注意的是，如果内幕信息知情人交易股票系基于其他交易安排的，应当及时留存公司内部决策文件，保留交易决策痕迹，避免在内幕敏感期内因二级市场股票买卖被认定为内幕交易。例如，某春股份股票内幕交易案[②]中，作为处罚对象之一的福建某春投资有限公司，系上市公司股东，提出其交易上市公司股票的行为并非出于股票买卖，而是借款合同的担保，与第三方存在在先的交易安排，但因该公司未向中国证监会提供有效的证据材料，不足以对抗交易发生的公示效力，因此未被中国证监会采纳。

三、上市公司能否以交易方欺骗为由免除信息披露违法违规责任？

如前文所述，许多并购重组场景中，存在信息披露违法违规现象，特别是上市公司100%收购被并购方股权但仍保留原管理团队的情况。该等场景下，信息披露违法违规多由财务造假引起，而财务造假行为多系被并购

① 辽宁监管局行政处罚决定书，〔2024〕1号。
② 中国证监会行政处罚决定书，〔2023〕66号。

方管理团队实施。理由有二:一是并购重组初期,被并购方拟通过财务造假提高被并购方的股权价值;二是并购重组之后,被并购方为达成与上市公司的对赌协议持续造假提高利润水平。

根据《信息披露违法行为行政责任认定规则》第 14 条规定,对于其他违法行为引起信息披露义务人信息披露违法的,应当综合信息披露义务人是否存在过错、是否因违法行为获益或避损、认定其他违法行为行政责任或刑事责任是否能更好体现对违法行为的惩处等情形综合判断。

结合以往监管实践,监管机构存在两种不同判断方式:一是认为上市公司应当承担信息披露的无过错责任,即便存在被骗情形仍应受到处罚。例如,鞍山某某矿山机器股份有限公司信息披露违法违规案,[①]财务造假实施方为被并购方浙江某某办公服务集团有限公司,但中国证监会并未考虑上市公司被骗情节,认为上市公司披露的重大资产重组材料中存在虚假记载、重大遗漏,并据此对上市公司作出处罚。

二是认为上市公司应当部分承担信息披露责任,对重组阶段的财务造假免责,对重组完成后的财务造假担责。例如,宁波某力股份有限公司信息披露违法违规案,[②]被并购方深圳市某供应链有限公司为提高并购时的公司估值实施了财务造假行为,并在重组完成后为达成与上市公司的业绩对赌持续造假。本案行政处罚决定书出具前,已经刑事程序审理认定被并购方及其实控人李某某构成合同诈骗罪。基于此,行政程序中中国证监会充分考虑上市公司的主客观情况,没有认定上市公司重组阶段信息披露违法,而是将被并购方作为其他信息披露义务人,追究其行政责任。但重组完成后,被并购方成为上市公司全资子公司,上市公司应对其负有监督管

---

① 中国证监会行政处罚决定书,〔2017〕35 号。

② 中国证监会行政处罚决定书,〔2021〕2 号。

理职责,应当承担因内部监管问题导致的信息披露违法违规责任。

因此,从目前法律规定和监管实践来看,上市公司尚无法以交易相对方存在欺诈行为为由,完全免除其本身信息披露合法合规义务。

第四节

中介机构参与重大并购重组的合规风险

2024年10月10日，上交所举行券商座谈会，召集8家大型券商参加会议，并强调提出，希望证券公司切实承担起“看门人”责任，提升专业能力和执业质量。本节笔者拟从中介机构角度，对重大资产重组中潜在的证券合规风险进行梳理和分析。

一、上市公司重大资产重组中中介机构的角色怎样演变的？

在上市公司重大资产重组过程中，中介机构的角色不可或缺，承担包括尽职调查、审计、评估、出具专业意见等关键职责，类型包括证券公司、律师事务所、审计机构和评估机构。近年来，监管机构对中介机构的要求逐步提高，中介机构角色逐步从单一的“服务者”转化为“具备监督职责的优质服务者”和“市场撮合者”。

根据中国证监会2024年3月15日发布的《关于加

强上市公司监管的意见(试行)》以及同年6月29日国务院办公厅转发的中国证监会等六部门《关于进一步做好资本市场财务造假综合惩防工作的意见》,监管机构一方面要求中介机构提高对上市公司的质量评价机制,加强执业质量控制;另一方面要求中介机构发现上市公司存在造假的,及时向财政部门、证券监管部门通报,并且明确提出,中介机构主动报告的,依法从轻、减轻处罚。此时,中介机构的"服务者"角色就被戴上了"具备监督职能"的帽子。

而后,9月24日中国证监会发布的《重组意见》要求中介机构提升服务水平,引导证券公司充分发挥交易撮合作用,积极促成并购重组交易,并且督促所有中介机构归位尽责。该等要求从激发市场活力的角度,进一步强化中介机构在并购重组中的"服务者"水平要求,也就是希望中介机构成为"优质服务者",并且特别强调证券公司应当具备"市场撮合者"的角色。

二、重大资产重组过程中介机构可能产生什么证券合规风险?

中介机构在重大资产重组过程中的常见证券合规风险分为两类:一是职责类合规风险;二是规范类合规风险。

(一)职责类合规风险

根据2019年《证券法》及2025年《重组管理办法》第17条,重大资产重组过程中上市公司应当聘请符合《证券法》规定的独立财务顾问、律师事务所以及会计师事务所等证券服务机构,就重大资产重组出具意见。在出具意见的过程中,各个中介机构需要综合审查相关材料,在本机构专业范围内起到特别注意义务,在本机构专业范围外起到一般注意义务。而职责类风险在于中介机构未勤勉尽责,未履行或未完全履行该等注意义务。有两种典型情况:一是违反审慎原则和独立评价原则;二是故意提供虚假证明文件。

1. 违反审慎原则和独立评价原则

根据笔者总结,违反审慎原则是指,中介机构未完全履行其应当履行的流程即出具意见,或对于其应当审核确认的材料未按照规范要求审核、注意。违反独立评价原则是指,不同中介机构间材料内容有交叉的,一方在使用另一方材料前未进行应有的独立评价。

两种情况都是导致中介机构在财务造假案件中承担未勤勉尽责责任的主要原因。例如,某商证券股份有限公司(以下简称某商证券)未勤勉尽责案中,①上市公司某安科股份有限公司(以下简称某安科)拟开展重大资产重组,聘用某商证券为该项目独立财务顾问。交易过程中,被并购方将明显难以继续的项目计入《盈利预测报告》,导致审计报告、资产评估结论严重失实,而某商证券在其对外公告的《财务顾问报告》中采用了资产评估值及盈利预测审核报告,导致《财务顾问报告》出现误导性陈述。中国证监会认为,某商证券未对相关项目予以必要关注及审慎核查已属于未勤勉尽责,没收其全部业务收入。

在该案的虚假陈述民事案件②中,某商证券提出其出具的结果与其他中介机构专业意见无巨大差异,应认定其已尽到勤勉之责。而法院认为,无证据证明其对涉案重点项目的实际情况予以审慎核查,且其在知悉该项目真实情况后,未对质疑此前的评估值和交易定价合理性和公允性,反而是在之后更新的财务顾问报告中仍然认可了之前的收益、预测数据和评估值,属于未充分尽到勤勉尽责义务。可见,对其他中介机构材料的适用无法免除该中介机构本身的职责和审慎义务。

---

① 中国证监会行政处罚决定书,〔2022〕50 号。

② 上海金融法院民事判决书,(2019)沪 74 民初 1049 号。

2. 故意提供虚假证明文件

中介机构故意出具虚假意见一般会发生于利益交换场合，即相关工作人员收受被并购方或其他相关利益人贿赂，故意出具虚假证明文件的情况。在并购重组中，考虑到中介机构通常由并购方聘请，而并购重组中大部分的财务造假行为系由被并购方发起，一般不会存在故意提供虚假证明文件的情况。

但需要注意的是，提供虚假证明文件不以收受贿赂为违法前提，只要中介机构明知其提供的证明文件虚假仍提供的，则已触及违法底线。在笔者处理过的一起并购重组财务造假刑事案件中，中介机构是否收取额外费用并非法院关注的重点问题，法院更多将焦点放在中介机构提供的证明文件内容本身是否虚假上，只要材料本身虚假，是否收取额外费用不影响法院对于提供虚假证明文件进行认定。

（二）规范类合规风险

在履行职责之外，中介机构及其相关人员可能实施违反法律规定的行为，导致规范类合规风险。考虑到重大资产重组本身具有重大性，中介机构及其相关工作人员是天然的内幕信息知情人，极可能触及的规范类合规风险分为两类：一是内幕交易风险；二是泄露内幕信息风险。

1. 内幕交易风险

内幕信息知情人直接或间接交易内幕信息所涉上市公司股票的，构成内幕交易。通常，中介机构相关人员会对内幕交易处罚范围存有侥幸心理，认为如果自己交易金额较小，不会被发现，更不会被处罚。在行政处罚的角度上，该等行为本身即违法，不因交易金额大小，影响处罚力度。

例如，冉某某内幕交易案①中，冉某某系上市公司年度财务报表审计报

① 山西监管局行政处罚决定书，〔2024〕9 号。

告签字注册会计师,其于上市公司重大资产重组期间持续接受董秘关于该项目财务处理等事项的咨询沟通。其在得知上市公司拟实施重大资产重组事项的内幕信息后,在内幕敏感期内多次向其母亲李某推荐买入上市公司股票,其母亲总计成交金额225.12万元,获利13.40万元。此外,其本人委托其母亲使用其自己名下的证券账户,买入上市公司股票,交易金额为36,000元,获利3749.93元。该案件中,冉某某本人及其母亲被分别处罚,其本人交易金额虽小,但结合其泄露内幕信息的情况,被处以60万元罚款,而其母亲也被处以55万元罚款。

2. 泄露内幕信息风险

除内幕交易外,对中介机构人员而言,泄露内幕信息同样高频发生,且金额有大有小。该等泄露内幕信息风险通常引发于中介机构人员本身对家属的保密意识较低,且家属的合规意识薄弱。

例如,秦某乔泄露内幕信息一案[①]中,秦某乔系重大资产重组项目中审计机构经办人员,其获悉重大资产重组信息后在微信聊天中向其配偶邹某泄露了该内幕信息。邹某获悉信息后又将该信息与其母亲同步,并与其母亲共同控制证券账户买入上市公司股份共计1,155,640元,账户盈利金额为6211.89元。该案件中,无论是交易金额还是获利金额都远低于大部分案件,秦某乔被认定泄露内幕信息,罚款50万元,其配偶和配偶母亲被没收违法所得,合计罚款50万元,显然是“因小失大”。

三、证券合规风险可能给中介机构带来什么样的法律责任?

根据目前的监管政策体系,证券合规风险给中介机构带来的法律责任

① 上海证监局行政处罚决定书,〔2022〕22号。

是全方位的，包括民事责任、行政责任和刑事责任。

（一）民事责任

民事责任分为两类：一类是投资人的索赔，目前较为常见的是虚假陈述的民事赔偿责任，根据《国务院关于加强监管防范风险推动资本市场高质量发展的若干意见》第 9 条，国家正在推动出台内幕交易民事赔偿的司法解释，不排除后续有具体司法解释后，中介机构会产生较高内幕交易民事赔偿风险。

另一类是并购方聘请中介机构产生的合同违约责任，可能发生于中介机构明显未勤勉尽责导致并购方产生重大损失的情况。例如，前面提到的招某证券股份有限公司（以下简称招某证券）未勤勉尽责案中，[①]上市公司被投资人索赔 15 亿元后，又向作为财务顾问的招某证券提起诉讼，基于其未勤勉尽责的违约行为，要求其赔偿上市公司产生的该 15 亿元实际损失。也就是说，招某证券不仅已经承担了该项目虚假陈述产生的民事赔偿责任，还可能面临由上市公司提起的违约损失赔偿责任。

（二）行政责任

并购重组中中介机构的行政责任较为常见，最直接的就是中国证监会及其派出机构、地方证监局作出的行政处罚和交易所作出的纪律处分。从近年监管案例来看，并购重组中，中介机构本身被行政处罚的，高发于财务造假，仅中介机构人员被行政处罚的，高发于内幕交易、泄露内幕信息。

其中，根据《关于进一步做好资本市场财务造假综合惩防工作的意见》第 15 项规定，监管对于涉及重大违法违规行为的中介机构，采用趋严的监

① 中国证监会行政处罚决定书，〔2022〕50 号。

管策略，对存在重大违法违规行为的中介机构依法暂停或禁止从事证券服务业务，严格执行吊销执业许可、从业人员禁入等制度。

需要注意的是，中介机构的行政责任不仅来源于中国证监会，还可能来源于其他行政监管部门，例如，某华永道会计师事务所（特殊普通合伙）（以下简称某华永道）未勤勉尽责一案中，某华永道不仅受到中国证监会的处罚，还受到中国财政部处罚，总计罚款金额4.41亿元。

（三）刑事责任

中介机构本身刑事责任多与财务造假行为直接相关，主要包括提供虚假证明文件罪和出具证明文件重大失实罪。其中，出具证明文件重大失实罪为过失类犯罪，以造成严重后果为构成要件，最高刑期为3年，容易构成，但处罚较轻。而提供虚假证明文件罪的责任结果严重性相较前者显著提升，最高刑期为10年。

提供虚假证明文件罪在《刑法修正案（十一）》之后发生了明显的变化，特别是对于参与并购重组的中介机构而言，风险显著增加。提供虚假证明文件罪分为两个量刑区间，“五年以下”和“五年以上十年以下”。《刑法修正案（十一）》之前，该罪名“五年以上十年以下”的情节仅有索取他人财物或者非法收受他人财物这一项。而《刑法修正案（十一）》之后，索取他人财物或者非法收受他人财物不再成为升档的量刑情节，“五年以上十年以下”的情节调整为将报告用于三类具体事项，其中一项就是重大资产交易（见表1－1）。

表1-1　提供虚假证明文件罪的变化

刑法(2017)	刑法(2023)
第二百二十九条　承担资产评估、验资、验证、会计、审计、法律服务等职责的中介组织的人员故意提供虚假证明文件,情节严重的,处五年以下有期徒刑或者拘役,并处罚金。 前款规定的人员,索取他人财物或者非法收受他人财物,犯前款罪的,处五年以上十年以下有期徒刑,并处罚金。	第二百二十九条　承担资产评估、验资、验证、会计、审计、法律服务、保荐、安全评价、环境影响评价、环境监测等职责的中介组织的人员故意提供虚假证明文件,情节严重的,处五年以下有期徒刑或者拘役,并处罚金;有下列情形之一的,处五年以上十年以下有期徒刑,并处罚金: (一)提供与证券发行相关的虚假的资产评估、会计、审计、法律服务、保荐等证明文件,情节特别严重的; (二)提供与重大资产交易相关的虚假的资产评估、会计、审计等证明文件,情节特别严重的; (三)在涉及公共安全的重大工程、项目中提供虚假的安全评价、环境影响评价等证明文件,致使公共财产、国家和人民利益遭受特别重大损失的。 有前款行为,同时索取他人财物或者非法收受他人财物构成犯罪的,依照处罚较重的规定定罪处罚。

除中介机构本身的刑事风险外,中介机构人员可能产生的刑事风险还包括内幕交易和泄露内幕信息罪,此处笔者不再赘述。

四、重大资产重组过程中中介机构应当如何承担“看门人”责任?

综合前述合规风险,中介机构在重大资产重组过程中又当如何承担“看门人”责任,是目前亟待解决的问题。笔者认为可以分为三个阶段:事前、事中、事后。

(一)事前评价项目风险,避免自身卷入风波

1.评估准备。中介机构应当在业务开始之前就根据委托人提供的公

开信息,对项目的风险情况进行初步的评价。部分重大资产重组开展模式本身即存在违规可能性,例如,交易双方借用合法手段掩盖非法目的,作为专业人员,应当及时发现风险,评估风险,审慎决策是否参与该等项目,避免后续风险无法控制。

2. 规则准备。中介机构参与此类重大项目前,应当充分熟悉目前的监管规则及相关业务规则,避免因规则上的错误判断陷入合规风险。例如,《最高人民检察院经济犯罪检察厅关于办理财务造假犯罪案件有关问题的解答》中提到违反会计准则,在会计账目上进行跨期确认的行为,亦构成财务造假,那么中介机构在面临跨期确认操作时,就应当理解规则,审慎考量。

(二)事中保持专业履职,避免缺失勤勉尽责

1. 保留底稿。在并购重组过程中,中介机构必须切实履行核查职责,确保工作底稿的准确性和完整性。工作底稿是中介机构勤勉尽责的证据和保障,在大部分行政处罚案例中,中介机构由于无法提供底稿被认为没有做到勤勉尽责。

2. 独立履职。对重大事项保证独立评价与审查,避免过度信任其他中介机构材料。由于工作量问题,撰写材料时,不少中介机构会参考其他中介机构的信息。需要注意的是,如笔者前面提到的案例一样,参考其他中介机构出具的材料这一抗辩不能成为自身已经勤勉尽责的“挡箭牌”。

(三)事后保持警惕心理,及时寻求合规支持

1. 保持警惕。中介机构的重大资产重组工作结束后,如发现潜在风险事项,应及时厘清风险内容,妥善采取补救措施,并在必要情况下及时与监管机构同步,尽可能在发现风险的初期,减轻中介机构责任,降低中介机构风险。

2. 信赖专业。对于发生风险事项的情况，中介机构应当及时寻求专业帮助，虽然中介机构人员均为专业人员，但在遇到民事、刑事、行政风险事项时仍存在专业短板，为避免错误预判结果和风险走向，应当积极寻求第三方专业律师的帮助。

第五节

供应链金融环节中的上市公司合规风险

一、什么是供应链金融？

（一）供应链金融的概念

2024年4月，国家金融监督管理总局、工业和信息化部、国家发展改革委联合发布《关于深化制造业金融服务　助力推进新型工业化的通知》，其中提道“规范发展供应链金融，强化对核心企业的融资服务，通过应收账款、票据、仓单和订单融资等方式促进产业链条上下游企业协同发展”。

供应链金融本质就是结合上下游企业的资金流、货物流、信息流链条，通过第三方仓储或物流监督，完成企业融资。其起源于供应链管理，是全球供应链网络逐步清晰、稳定过程中，衍生的金融创新产物。供应链金融的出现，一方面是借助供应链核心企业的信用，缓解供应链中其他中小企业融资压力；另一方面是强化整个供应链企业经营效率和市场竞争力，从而降低单个企业的市场经营风险。

（二）供应链金融的发展

单丝不成线，独木不成林。供应链金融虽尚无针对性明确法律规定予以引导和规制，但其带来的市场优化效果以及集聚辐射效应十分显著，尚处于可强化发展阶段。

2024年6月，上海金融监管局联合人民银行上海市分行、上海市发改委、上海市财政局、上海市金融委办公室、上海市国资委、上海市工商联等部门，印发了《上海银行业保险业建设供应链金融示范区行动方案》，提出了："至2025年末，实现上海龙头企业、'链主'企业及重要产业链供应链金融服务全覆盖。""通过供应链金融提升上海对关键产业链供应链的掌控力，增强集聚辐射带动效应，推动长三角一体化高质量发展，带动长江经济带金融服务发展，服务全国高质量发展大局。"

根据目前政策趋势，供应链金融的发展未来拟依托于银行、保险等机构的联动合作，以及区块链、物联网、大数据及人工智能等科技赋能，实现安全、稳定、合规、发展的目的。

二、供应链金融的主要开展模式有哪些？

目前，供应链金融的开展模式比较主要有三种，可以分为两类：一是卖方融资；二是买方融资。

（一）卖方融资

所谓卖方融资，就是供应链金融中的上游企业（供应商）为获取流动资金，通过供应链担保，进行融资的行为，含两类模式：

1. 应收账款融资模式。

应收账款融资模式高度依赖于应收账款本身的稳定性和可靠性，即应收账款的付款方需具备一定支付能力，因此应收账款融资模式通常是由供应链中核心企业的上游企业发起，分成以下三个步骤：

（1）融资企业会向核心企业提供货物，并与核心企业之间形成一定期限的应收账款；

（2）而后融资企业将其对核心企业的应收账款质押给银行或其他金融机构，并提供应收账款相关单据；

（3）同时融资企业也会对应收账款的支付提供额外担保，以确保即便应收账款无法收回，其自身也需要承担还款义务。

该等步骤下，银行或其他金融机构会向上游企业提供流动资金，如后续应收账款发生回款，则该等回款将被用于偿还相应融资。

2. 存货融资模式。

存货融资模式的本质为动产质押，以企业存货为质押标的，将存货静态的资金流转化为动态的资金流，达到补足融资企业流动资金的效果。存货融资模式极易受存货本身的存储情况和价值波动影响，因此，通常会引入第三方仓储或物流机构作为融资监管方，融资方式可简化分为两步：

（1）融资企业将其持有的存货以质押形式交由第三方物流机构或存入第三方仓库，由该等第三方监管机构进行登记、录入、检验，并确认货物价值。

（2）银行或其他金融机构在货物的价值范围内，根据第三方监管机构确认的货物情况，向融资企业发放融资资金。

如该等货物为供应链流转货物，则融资企业可将货物销售给下游公司，下游公司将款项支付至融资企业在银行开立的账户，第三方仓储或物流机构获悉信息后发放相应货物，从而完成融资回款。该等模式中除静态的货物质押外，还包括动态货物质押和仓单质押。

（二）买方融资

买方融资相较于卖方融资更为复杂，主要方式为预付款项融资模式，又称为保兑仓融资模式，系充分联结上下游企业贸易，实现杠杆采购的一种融资模式，主要分为以下四个步骤：

1. 融资企业和核心企业签订购销合同，约定融资企业向核心企业购买货物，并约定基于该购销合同，由融资企业向银行或其他金融机构融资，用于支付货款。

2. 融资企业凭借购销合同向银行或其他金融机构申请仓单质押贷款。

3. 经银行或其他金融机构确认核心企业资信情况后，与核心企业签订回购及质量保证协议，以确保核心企业后续货物生产风险可控。

4. 核心企业将货物存入银行或其他金融机构指定的第三方仓储机构，由第三方仓储机构对货物进行监管与管理，银行或其他金融机构据此向融资企业提供资金。

该模式下融资企业可灵活调动资金，避免大额资金因购销合同被短期占用，后续融资企业将通过向银行支付保证金的方式，从被监管仓库中提取相应货物，待货物提取完毕，保证金金额等于应偿还款项时，融资回款完成。

三、供应链金融给上市公司带来的风险？

供应链金融虽有利于激活市场供应链活力，但仍存在不可忽视的风险，特别对于通常作为核心企业的上市公司来说，更需谨慎，主要包括外部风险和内部风险两个方面。

(一)外部风险

1. 法律风险

作为具备良好资信情况的上市公司,在供应链金融中通常发挥至关重要的信用担保作用。匹夫无罪,怀璧其罪,基于该等作用,即便上市公司没有作出任何动作,也可能被卷入外部法律风险中。

例如,被第三方恶意私刻公章,构造虚假供应链条,并以此骗取融资。在曾轰动一时的"某兴系"合同诈骗案[①]中,罗某控制的承某系和员工,利用其与某宁易购集团股份有限公司(以下简称某宁易购)、北京某东世纪贸易有限公司(以下简称北京某东)两家知名公司的供应链贸易背景,伪造两家公司印章,虚构与两家公司相关的合同关系,并通过冒充两家公司员工身份的方式,骗取多家金融机构融资约300亿元。罗某持续骗取融资,借新还旧,最终给前述金融机构造成的损失共计80亿余元。

由于罗某等屡次冒充某宁易购和北京某东两家公司员工对接被害单位访谈、交接资料,向金融机构展示虚假的公司网页,拦截金融机构向两家公司寄送的债权转让材料,并在材料上加盖虚假公章后寄回,金融机构均对此信以为真,发生还款障碍后,将矛头转向某宁易购和北京某东。两家毫不知情的公司深陷4年恶意诉讼泥潭,公司声誉及权益造成重大损失。

2. 信用风险

从供应链金融的整体架构来看,除金融机构需评估核心企业的信用度外,对核心企业而言,供应链上中小企业的信用能力、行为合规性也十分关键。由于供应链金融中,相关手续办理通常系由融资方完成,对作为核心企业的上市公司而言,如监管缺失,则可能需要承担金融机构提起的连带

① 上海市第二中级人民法院判决书,(2020)沪02刑初83号。

违约责任。

例如，多年前的上海钢贸诈骗案，大量融资企业利用金融机构间质押信息互不相同的信息差，通过与仓储企业合作，伪造、出具虚假仓单，将存放在仓库里的同一批钢材，重复抵押给多家金融机构，额外套取1000亿元融资款项。经当时官方机构统计，上海用于抵押的螺纹钢总量是螺纹钢社会库存的2.79倍。

当时，上海钢贸企业采用联保联贷运作模式，也就是早期的供应链金融，一般由3～5家企业组成一个小组，联合向银行申请授信，而小组成员对于银行贷款承担连带担保责任。案发后，金融机构纷纷对上海钢贸企业提起诉讼，上海法院曾因此在1年内办理2500余件钢贸违约案件，导致大量钢贸企业发生信用危机，宣告破产。

（二）内部风险

1. 操作风险

所谓操作风险，是指上市公司在开展供应链金融的过程中需严格落实内控，避免因员工行为导致公司需承担合规风险。供应链条中，部分上市公司不仅作为核心企业出现，还可能会作为第三方物流或仓储机构，而第三方作为约定的监管方，如发生内控问题，极可能产生严重违约风险，更有甚者，会成为刑事诈骗案件的帮助犯。

例如，在云南某嘉进出口有限公司（以下简称云南某嘉）供应链贸易诈骗案①中，某粮油食品产业上市公司下属子公司某海（广州）粮油工业有限公司（以下简称广州某海）即被卷入其中。该案中，云南某嘉通过安徽某文国际经贸股份有限公司（以下简称安徽某文）的代理，从国外进口棕榈油，广州某海是中转仓储方。按照正常供应链金融模式，云南某嘉应当先支付

① 淮北市人民检察院起诉书，淮检刑诉（2023）16号。

货款后提货,但该案中,云南某嘉通过向安徽某文工作人员行贿,并利用广州某海的仓储服务,伪造货权转移文件,先货后款,使用同样的货物重复融资,骗取安徽某文超过50亿元贷款。

司法机关认定广州某海作为供应链仓储公司,擅自变更发货条件,为融资方骗取融资资金提供帮助,构成帮助犯。广州某海收到检察院起诉书后,上市公司股价大幅下跌。

2. 合规风险

供应链金融中常见的另一大内部风险,即合规风险,其中最为突出的就是证券合规风险,许多上市公司虚构供应链条,不仅达到自银行或其他金融机构融资的目的,还达到虚增收入或利润的效果,该等情况下,上市公司不仅面临诈骗贷款的风险,同时还可能受到违规信披的处罚。

例如,在2023年某网通信案中,上市公司江苏某天就因虚构与上游供应商以及下游客户的业务洽谈、合同签订、发票流转、资金收付、货物验收等环节,虚增营业收入103.33亿元,虚增营业成本94亿元,虚增利润总额9.3亿元,被证监会认定构成违规信披,并处以1000万元罚款。

四、上市公司如何避免供应链金融带来的风险?

综上所述,供应链金融对上市公司而言收益与风险并存,在市场大力推动供应链金融发展的情况下,如何查漏补缺,择优汰劣是上市公司亟须面对的问题,笔者认为应当结合风险,针对性作出应对。

(一)加强外部风险防控措施

1. 上市公司应当综合自身在供应链金融中的作用和地位,强化对外部风险的防控与监管,包括事前对涉及融资的中小企业进行信用评估,事中加强物流、仓储中的货物监控,事后确认融资款项归还情况,排除自身法律风险。

2. 上市公司应严格防范内部保密信息及重要印章材料泄露,避免“惹祸上身”,并积极开放外部举报渠道,加强公司与外部合作商、供应商及供应链上下游的关联度,避免发生“张冠李戴”“真假猴王”的风险事件。

3. 上市公司应强化政策灵敏度与反应能力,供应链金融尚处政策变化与建立时期,更需要上市公司对于国家、地方的政策规定反应迅速,避免因政策的变化导致上市公司发生无心之失,踩踏合规红线。

(二)建立内部风险应对机制

1. 上市公司应当在充分把握供应链金融带来市场机遇的同时,正本清源,行稳致远,强化内部合规意识。从根本上加强员工对于供应链金融中可能产生的风险认识,避免因为内部作风与行为失控,导致风险扩展至上市公司本身,导致牵一发而动全身,严重影响上市公司声誉。

2. 上市公司应当面对监管,拥抱监管,从制度、架构和机制上遵循监管趋势。在证券监管“零容忍”“长牙带刺”的背景下,严格规范自身行为,避免因小失大,不仅失去投资者的支持,导致资金上的损失,还可能让“关键少数”面临刑事风险。

第六节

上市公司虚假陈述民事索赔案件的归责与应对

一、上市公司应对虚假陈述民事案件有何重要性与必要性？

近年来，虚假陈述索赔已成为上市公司面临的民事赔偿风险之一，极易引发巨额资金损失，同时致使公司社会声誉受到严重损害。因此，上市公司应意识到积极应对此类风险的重要性与必要性。具体而言，上市公司应从以下两个方面看待此问题。

（一）实体层面：投资者数量众多且损失数额重大

从实体层面上看，此类案件的投资者数量众多，且损失数额较大。以最为常见的公开发行股票为例，在公开交易的二级市场上，每只股票的投资者数量往往动辄上万；而上市公司因信息披露违法违规被证监会予以立案或者收到行政处罚事先告知书的消息一旦公告，易引发股价连续下跌，在此期间持有上市公司股票的投资者往往损失重大。

(二)程序层面:诉讼渠道畅通与司法程序完善

从程序层面上看,随着立法、司法的完善,投资者诉讼渠道更加畅通透明、司法处理程序更加成熟便捷、维权机制宣传更加充分到位。就诉讼制度而言,法院已落地适用“示范判决”“支持诉讼”“普通代表人诉讼”“特别代表人诉讼”等制度,其中特别代表人诉讼制度以一个案件涵盖所有适格投资者的特点成为虚假陈述案件的追责利器。就司法审判规则而言,2022年《最高人民法院关于审理证券市场虚假陈述侵权民事赔偿案件的若干规定》(以下简称《虚假陈述案件司法解释》)出台后,取消了2003年虚假陈述案件司法解释前置程序的规定,法院立案门槛降低,收案数量快速增加。就投资者索赔意识而言,近年来,政府机关和市场主体对此类赔偿责任的宣传力度大幅增强,投资者维权意识显著提升。

综合以上两个方面,上市公司一旦陷入虚假陈述索赔,如果缺乏快速反应、妥善处理的能力,就易引发巨额赔偿金额,对上市公司后续的正常运营造成极大影响。

二、上市公司需要对其发行的何种证券金融产品承担虚假陈述民事责任?

(一)法定证券金融产品

根据法律明确规定,上市公司应对其在国家批准设立的证券交易场所发行、交易的股票、公司债券、存托凭证承担虚假陈述民事责任,同时2022年虚假陈述司法解释明确排除“在国家批准设立的证券市场上通过协议转让方式进行的交易”所引发的民事纠纷的适用。需要注意的是,一级市场发行文件中存在虚假记载的，上市公司同样需要承担虚假陈述民事责任。[①]

（二）"类证券"产品的争议与实践

由于虚假陈述司法解释并没有释明适用对象，因此在实务中对于其他"类证券"产品是否适用虚假陈述民事赔偿制度的问题存在一定争议。从司法解释规定和权威解读来看，相较2003年《虚假陈述案件司法解释》"本规定所称证券市场，是指发行人向社会公开募集股份的发行市场"和相应的解读文件，[②]2022年《虚假陈述案件司法解释》并未排除私募股权或其他非公开发行产品的适用。从近期的司法实践来看，对于非公开发行股票、[③]资产支持证券、[④]银行间债券[⑤]这些金融类产品，已有多起案例以证券虚假陈述责任纠纷案由立案，或者已经获得法院适用虚假陈述相关规则的支持。

（三）一般民事侵权与合同违约责任的兜底

上市公司应当注意，即使法院最终认定其发行的证券金融产品不适用虚假陈述相关规则，但法院仍可能从一般民事侵权角度或者合同违约责任角度，判定上市公司对其信息披露违法违规行为承担损失赔偿责任。从实质上说，上市公司因信息披露违法违规所引发的民事赔偿风险并不因发行标的的类型区别而排除。

---

① 某达易盛证券虚假陈述责任纠纷案，上海金融法院（2023）沪74民初669号民事裁定书，裁定"向社会公众首次公开发行的股票"的投资者亦属于证券虚假陈述责任纠纷案件权利人范围。

② 李国光主编：《最高人民法院关于审理证券市场虚假陈述案件司法解释的理解与适用》，人民法院出版社2015年版，第48页，"如私募和转让私募股份的市场，发生侵权行为引起的民事关系，不属于本《规定》调整和适用范围"。

③ 陈某明等诉云南某锌电股份有限公司证券虚假陈述责任纠纷案，云南省昆明市中级人民法院（2024）云01民初318号。

④ 中国某储蓄银行股份有限公司诉昆山某管理有限公司等证券虚假陈述责任纠纷案，上海金融法院民事判决书（2020）沪74民初1801号。

⑤ 某资产管理有限公司诉大连某集团有限责任公司等证券虚假陈述责任纠纷案，北京金融法院民事裁定书（2021）京74民初1号。

三、哪些主体需要承担虚假陈述民事责任？ 需要承担何种责任？

根据现行法律法规，就上市公司内部而言，虚假陈述民事责任主体主要包括上市公司本身、控股股东、实际控制人、董事（包括独立董事）、监事（包括外部监事和职工监事）、高级管理人员和其他直接责任人员。

（一）民事责任主体及归责原则

在归责原则和过错认定的问题上，2019年《证券法》明确规定上市公司和其他主体需要分别承担“无过错”责任和“过错推定”责任。即上市公司实施虚假陈述行为致使投资者受损的，无论上市公司的主观态度为何，均需要承担赔偿责任；其他内部主体则需要基于举证责任倒置原理，通过自我举证，证明自身不存在过错进而免责，若举证不力，将会因实施虚假陈述行为承担投资者损失赔偿责任。

（二）过错认定标准及免责事由

在过错含义的问题上，2022年《虚假陈述案件司法解释》第13条对“过错”作出了原则性判断标准规定，区分为“故意或明知”和“严重违反注意义务”两种，后者可通俗理解为重大过失。若涉诉董事、监事、高管和其他直接责任人员提交了证据，法院将根据其工作岗位和职责、在信息披露资料的形成和发布等活动中所起的作用、取得和了解相关信息的渠道、为核验相关信息所采取的措施等实际情况进行审查。并且，2022年《虚假陈述案件司法解释》提到，如“不参与日常经营管理”“无相关职业背景和专业知识”“相信发行人或者管理层提供的资料”“相信证券服务机构出具的专业意见”等常见答辩理由并非绝对免责事由，这对董监高履行勤勉尽责义务提出了更高的要求。

(三)责任形式与责任份额的认定

在责任形式和责任份额的问题上,由于投资者基于不同的诉讼策略考量,会选择不同的对象起诉,根据民事诉讼案件不告不理的基本审判原则,法院只会对投资者起诉的被告进行审理,判决其是否承担赔偿责任与具体赔偿金额。若投资者在诉讼中将上市公司与内部主体均列为被告,上市公司作为基本信息披露义务人与组织、指使上市公司实施虚假陈述行为的控股股东、实控人对投资者损失承担全部连带责任。而董监高由于存在不同的职责划分和勤勉尽责表现,司法实践中存在与上市公司承担全部连带责任、比例连带责任、补充连带责任等多种区分情况。

四、虚假陈述民事案件的应对关键是什么?

2022 年《虚假陈述案件司法解释》落地后,取消原告起诉需要提交行政处罚决定、刑事判决文书的前置程序要求,投资者索赔通道更加畅通。综上所述,近年来,证券虚假陈述责任纠纷的案件数量和索赔金额持续增加,案件类型不断丰富,除上市公司被行政处罚、采取监管措施或纪律处分后被投资者起诉索赔的,还出现了投资者基于交易所问询函、会计差错更正公告、新闻媒体报道等信息起诉的情况。由此可见,无论是存在潜在问题暂未显化还是已经被立案调查或者被处罚的上市公司,目前都面临着异常严峻的虚假陈述民事赔偿风险。以下将从关键应对策略和关键法律问题两个方面为上市公司应对此类风险提供建议。

(一)关键应对策略

第一,上市公司应当从源头上规范信息披露管理制度,避免投资者获悉公司因违规信披受到行政处罚或刑事判决后采取维权行动。首先，上市公司需要建立专门的信息披露部门，指定相关事务负责人，畅通与子公司、关联方、并购重组交易对手方之间的信息渠道。其次，应定期聘请外部专业人员如外部律师进行培训，帮助信披义务人和其他关键员工及时了解掌握新法新规，提高识别潜在法律风险的能力。最后，上市公司需要及时跟进行业监管动态，谨防因滞后性无知触法，并建立风险监测机制，做好各类风险的应对预案。

第二，如果涉及诉讼，上市公司应当积极应诉，聘请专业律师妥善化解风险。由于虚假陈述纠纷案件存在群体效应，一旦出现不利于上市公司的判例，将极有可能引发大量其他投资者起诉，因此上市公司应当及时将不利风险最小化，如采取诉前调解等方式，避免诉讼时间、诉讼费用上的诉累。

（二）关键法律问题

除上述信披制度的建立与诉讼策略的选择外，上市公司在制定诉讼方案时，应当从以下几个法律问题入手审验原告诉讼请求，据此撰写答辩意见。

第一，重大性问题。2022 年《虚假陈述案件司法解释》明确规定，上市公司只需对达到重大性标准的虚假陈述行为承担损失赔偿责任。因此，如上市公司能够全部或部分证明原告所诉虚假陈述行为未导致相关证券交易价格或者交易量明显变化的，将会大幅减免赔偿责任。具体而言，上市公司可以从披露事项不属于 2019 年《证券法》、规章、规范性文件规定的重大事件，虚假陈述行为实施时间、更正或揭露时间前后的证券交易价格和交易量变化幅度较小等角度入手进行答辩。

第二，“三日一价”问题。其中，“三日”包括实施日、揭露日或更正日以及基准日，将直接决定适格投资者的范围与损失计算基数。根据 2022 年虚假陈述司法解释规定，上市公司仅对投资者在虚假陈述实施日之后、揭露日或更正日之前因诱多型虚假陈述行为买入或者因诱空型卖出的证券所受的损失金额承担赔偿责任。且2022年《虚假陈述案件司法解释》以揭露日或更正日后的某个时间节点（基准日）为限，合理划定虚假陈述行为的辐射范围和所致损失。而基准日的确定将直接影响"一价"，即基准价的计算。据此，上市公司应当根据相关法律规定合理确定相对有利的"三日一价"。

第三，因果关系问题。对于虚假陈述行为与投资者损失之间是否存在因果关系的问题，相较原告，上市公司承担更高的举证责任和证明标准，需从交易因果关系和损失因果关系两个角度入手阻断此种因果关系的存在。实践中，除虚假陈述行为外，还存在大量其他市场因素导致投资者交易或受损。由于该类问题较为复杂、专业性较高，上市公司可申请法院或自行委托专业测算机构予以量化。

第四，损失计算问题。司法实践中存在多种损失计算方式，即使已经确定"三日一价"、投资者索赔范围等基础信息，同样交易份额的不同买卖顺序仍会导致不同损失计算结果。因此，对于原告提交的证券账户对账单和损失计算表，上市公司不仅需要逐笔核对，还需要充分检视、综合评估多种计算方式下的损失金额，选择适宜的计算方式应诉答辩。

第七节

上市公司市值管理的合规风险问题

对上市公司而言,市值是最能直观反映公司经营质量的外化指标,如果市值被低估,公司进行再融资时的成本就会上升,规模就会下降;如果市值被高估,极有可能在一段时间后跌落到应有水平,并且伴有人为操纵股价的合规风险。2024 年,中国证监会正式发布了《上市公司监管指引第 10 号——市值管理》(以下简称《市值管理指引》),为上市公司的市值管理工作设定了更为清晰的标准与要求。因此,如何实现内在价值与市场价值的动态平衡,综合提升公司的经营质量、塑造市场所看好的公司前景,是上市公司在当前形势下的重要课题。

一、上市公司应当如何认识市值管理?

资料显示,“市值管理”最早出现于 2005 年,彼时正值我国股权分置改革,上市公司股权结构市场化、流通化的重要变化使股东更为关注持股市值,上市公司对于市值管理的需求也就应运而生。近年来,由于某些“伪市值管理”的恶性事件的发生,使尚未形成有效经验的市值管理,在发展初期就被误解是“钻营取巧”的违法手段,令市场主体“谈虎色变”。值此《市值管理指引》发布实施的契机,上市公司应当从以下两个层面“重新”认识市值管理,正视市值管理对上市公司的重要意义。

(一)市值管理的正当性:从正名到规范

上市公司应当认识市值管理的正当性。2014 年,国务院发布《关于进一步促进资本市场健康发展的若干意见》,首次提出“鼓励上市公司建立市值管理制度”,市值管理得以官方正名。但后续,市场上出现多起假借市值管理之名,实质操纵市场的恶性事件。中国证监会针对此问题,已作出多次厘清,明确市值管理与操纵市场有着清晰的边界,对于“伪市值管理”等违法行为,需要重点打击,而对于实实在在创造公司价值的市值管理,则保持鼓励支持的态度。

(二)市值管理的必要性:从探索到制度化

上市公司应当认识市值管理的必要性。官方首提市值管理 10 年后,市场对上市公司市值管理的能力和水平提出新的要求,市值管理的概念再度活跃于市场:2024 年,以《关于加强上市公司监管的意见(试行)》《国务院关于加强监管防范风险推动资本市场高质量发展的若干意见》为代表的多份文件提出要“推动上市公司加强市值管理,提升投资价值”“研究将上市公司市值管理纳入企业内外部考核评价体系”。而《市值管理指引》首次从官方层面明确了市值管理的概念,对市值管理的定义、具体方式、注意事项等内容作出规定。2024 年年末,在上交所举办的沪市公司“提质增效重回报”专题座谈会上,9 家沪市上市公司的代表也纷纷表态将着手优化自身的市值管理制度。因此,市值管理的概念历经首创、探索和误解,最终得以正名,市值管理已成为上市公司的一项重要日常工作。

二、如何识别"真""伪"市值管理的界限?

上市公司应当如何正确辨别"真""伪"市值管理的界限?证监会提出的"三条红线"和"三项原则"可作为衡量尺度,帮助上市公司把握"真""伪"市值管理的界限。

具体而言,"三条红线"包括严禁操纵上市公司信息、严禁进行内幕交易和操纵股价、严禁损害上市公司利益及中小投资者合法权益等;"三项原则"指的是主体适格、账户实名和披露充分,这也是开展市值管理的底线。其中,主体适格是指市值管理的主体必须是上市公司或者其他依法准许的适格主体,除法律法规明确授权外,控股股东、实际控制人和董监高等其他主体不得以自身名义实施市值管理,这主要是市值管理的服务主体,即上市公司,防止"关键少数"以上市公司名义谋取个人利益。

概括而言,"真""伪"市值管理最重要的区别表现在信息披露和行为目的上:第一,在信息披露层面,良性的市值管理需要与投资者建立良好的互动交流,让创造的公司内在价值经过市场的检验,最终反映在市场价值上,这就需要上市公司在公开市场公开操作,遵守信息披露规则;而"伪"市值管理的有关各方都会选择隐瞒或否认为一己私利的真实意图,违规披露或不披露相关信息。第二,在行为目的层面,实行市值管理的上市公司以公司的长远发展为出发点和落脚点,通过建立合法合规的市值管理制度、苦练内功创造价值,旨在实现盈利、提高市场估值;而"伪"市值管理则是以股价为先,一切向股价看齐,忽视公司内在能力的提升和内在价值的创造,一味地在股价上做文章,以求实现快速获利。

三、“伪市值管理”的行为表现和合规风险?

《市值管理指引》规定,“上市公司及其控股股东、实际控制人、董事、高级管理人员等应当切实提高合规意识,不得在市值管理中从事以下行为”,其中包括“违规信息披露”“操纵证券市场”“内幕交易”等。下文将着重解析伪市值管理的三大典型模式和各自的合规风险。

(一)虚假信息披露式市值管理:编织的谎言网

最为典型的方式就是编造与现实状况不符的热点题材或业务前景、虚构未来可实现性极小的概念话题进行披露,后续又随意终止该事件的进程或发展。由于在此期间不明所以的投资者容易受到误导涌入市场,上市公司的股价往往会迎来一波上涨。此种行为假借自愿披露之名,行伪市值管理之实。此类行为极易引发违规信披的处罚风险。实务中,单独的违规信披式的“市值管理”较少见,往往会和有直接牟利目的的操纵证券市场行为结合起来。

(二)操纵市场式市值管理:扭曲的价格信号

上市公司大股东、实控人为实现高位减持、缓解资金压力等目的,往往存在抬高股价的冲动。在实际操作时,大股东看似寻求“专业服务”会联合一些资产管理机构,但实际并无实实在在提升公司内在价值的需求,而是要在短期内操纵二级市场的股价。这种行为虽然冠名为市值管理,但其实质不外乎利用资金优势、持股优势、信息优势通过连续交易、虚假申报、对倒和对敲等市场操纵手法实现对标的股票的价格操纵。2024 年典型案例某 * ST 上市公司实控人操纵证券市场案中,实控人为规避上市公司因股价低于 1 元面值而退市的风险,借概念热潮公告收购教育公司,实则修改报表掩盖交易公司负资产的真实情况，不仅忽视上市公司的收购支付能力，还委托公关公司操纵舆情诱导投资者，同时筹措资金与操盘方合作操纵股价。[①] 尽管上述一系列操作在短期内助力公司暂时摆脱了退市危机，但后续公司公告终止重大资产重组事项，且基本面并未得到实质性改善，最终仍未能逃脱退市的结局。

(三)内幕交易式市值管理：暗箱操作的游戏

相较于广大中小投资者，"伪市值管理"的参与主体通常具备天然的信息优势，易于滋生利用信息优势非法获利之动机。以几年前热度居高不下的某概念股为例，北京某创意建筑设计股份有限公司前实控人甄某利用自己对上市公司的优势地位和决策便利，在向外界发布某概念利好信息公告之前，动用股票质押及其他途径来源获得的巨额资金，暗中拉拢、暗示和指使下属买卖上市公司的股票，进行内幕交易，非法获利近 700 万元，经证监会调查后移送追究刑事责任。

以上三种行为虽然结合了市值管理的概念巧立名目，但均采用违法手段，其本质仍为违规信披、操纵市场、内幕交易，在目前监管部门严厉打击的高压态势下，面临着巨大的行政处罚风险，严重者更是将面临刑事犯罪风险和民事赔偿风险。

四、如何进行合法合规的市值管理？

《市值管理指引》回应了市场普遍关注的、以往规定不清的一些问题。首先，对市值管理作出明确定义，即"上市公司以提高公司质量为基础，为提升公司投资价值和股东回报能力而实施的战略管理行为"。其次，《市值

---

① 中国证监会行政处罚决定书，〔2024〕58 号。

管理指引》确立了公司内部董事会、高管、董秘、控股股东等主体在市值管理中的责任义务。同时,对主要指数成份股公司、长期破净公司这两类公司提出了强制性的特殊披露要求。

整体而言,《市值管理指引》的规定较为笼统,给市场主体留下了尝试探索的空间。与此同时,上市公司也要注意在当前严打证券类违法犯罪活动的强监管背景下,从以下几点开展合法合规的市值管理,严防法律红线。

(一)摒弃"唯股价论"

上市公司"关键少数"需要从意识上摒弃"唯股价论"的错误观点。市值管理的本意是通过资本运作工具实现公司市值与内在价值的动态平衡,让市场价值反映公司的真实实力,是一种"内外兼修"的管理手段,无法单纯通过改变二级市场的股价表现实现此种目的。相反,如果某种"策略"或者"方案"能够帮助上市公司在短期内人为地干预股价,而非通过正常的市场反应实现价值发现,那么此种方式就极有可能属于"伪市值管理"。

(二)落实内部责任分工

上市公司内部需要遵守《市值管理指引》,落实董事会、董事长、董秘等机构、人员的市值管理工作分工。具体由董事会负责制定长期目标、重大事项决策、建立薪酬体系和推动股份回购等;董事长需负责督促执行董事会决议、完善内部制度和协调各方措施;董事会秘书则专注于投资者关系管理、信息收集分析和舆情监测等方面的工作。三者各司其职,共同推动上市公司市值管理工作的有效实施。

(三)用好市值管理工具

上市公司应当根据公司需求使用实体经营和资本工具相结合的方式进行市值管理。目前,常见的市值管理工具可分为以下几类:

第一类是平稳股价波动的分红、回购和股东增持等，能够提振市场信心，稳定公司的合理估值。

第二类是助力市值提升的工具，包括实体产业转型、股权激励和并购交易等，通过这些方式能够促使公司发展内在价值、出清不良资产、整合优质资源。

第三类是投资者关系管理工具，包括上市公司业绩发布会、路演等，上市公司需要与投资者保持良好沟通，畅通沟通渠道，稳定投资者预期。

（四）关注信息披露问题

市值管理并非孤立的管理手段，上市公司还应当关注市值管理引发的信息披露问题。合法合规的市值管理必定是在公开市场上发生的行为，上市公司需要严格遵循信息披露规则，在决策、实施、进展等各个阶段及时披露市值管理事项的情况，建立透明有序的投资市场。

第八节

跨境上市双重监管模式与合规要素审查

一、跨境上市包括哪些情形?

跨境上市作为一种多元融资方式,对境内企业而言有着独特的吸引力。在“市场化、法治化、国际化”的改革目标下,2023 年 2 月《境内企业境外发行证券和上市管理试行办法》(以下简称《境外上市管理办法》)及配套规则落地,为境内企业跨境上市擘画出新的监管蓝图。在此情境下,无论是处于跨境上市准备阶段的企业还是已经成功跨境上市的企业,都应重新学习、认识跨境上市过程中的双重监管模式和具体的合规要素。

(一)两种境外上市模式

认识双重监管模式的前提是要明确境内企业跨境上市的具体情形。目前,企业跨境上市的主流模式分为直接境外上市和间接境外上市,《境外上市管理办法》第 1 ~3 条填补了过往的监管空白,回应了该种现实需求,特别是将间接境外上市模式纳入统一监管框架。

具体而言，境内企业直接境外发行上市，指的是在境内登记设立的股份有限公司境外发行上市。证券发行上市的主体是境内企业。境内企业间接发行上市，是指主要经营活动在境内的企业，以在境外注册的企业的名义，基于境内企业的股权、资产、收益或其他类似权益在境外发行上市。而实务中常用的“红筹”“红筹架构”“红筹股”等通俗称呼，指的是间接境外上市模式，即证券发行上市的主体是有境内背景的境外企业。

(二)间接境外上市的认定

在过往的市场实践中，间接境外上市模式往往采用协议控制架构或直接持股架构实现境内企业的控制目的。其中，协议控制架构下可能存在有意规避外商投资等禁止性法律法规的情形。为防止某些境内企业规避监管到境外发行上市，《境外上市管理办法》第15条特别规定，对于境内企业间接境外发行上市的认定，采用“实质重于形式的原则”，只要境内企业最近一个会计年度的某项财务指标达到发行人同期经审计合并报表财务指标的50%，并且经营活动的主要环节在境内开展或者主要场所位于境内，或者负责经营管理的高级管理人员多数为中国公民或者经常居住地位于境内的，就属于境内企业境外发行上市，进而受到新规的规制。

二、如何认识跨境上市的双重监管模式？

(一)双重监管模式的概念

需要明确的是，本书探讨的跨境上市双重监管模式与“双重上市”“二次上市”面临的双重监管概念存在差异，前者指向境内企业跨境上市所需完成的以备案为主的境内合规审查和所需满足的境外交易所上市要求,而后者侧重在两个国家或地区的交易所发行证券时面临的两种监管要求。

实践中,双重监管模式是管辖原则使然的结果:一家注册地或主营业务地在境内的企业,当然面临境内监管部门对其经营、投融资、税收等方面的监管,无论是这家企业本身作为上市主体直接跨境上市还是通过搭建VIE等架构实现间接上市,都需符合境外上市规则,受到境外证券监管部门的管辖。

(二)双重监管模式的现实应用

因此,面临双重监管的跨境上市企业一旦涉及违法,往往需要在两个法域承担多重责任。以轰动一时的某幸咖啡财务造假案为例,某幸咖啡支付近2亿美元与美国证券交易委员会达成和解;国家市场监督管理总局就其境内运营主体的虚假宣传行为进行处罚。但中国证监会并未对境内运营主体直接处罚,而是对某幸咖啡境内关联的新三板挂牌公司及相关责任人员作出信息披露违规的行政处罚。本次《境外上市管理办法》的出台强化了双重监管模式的境内监管部分,对跨境上市备案问题作出统一规范,细化了2019年《证券法》赋予的中国证监会处罚跨境上市行为的权力。

具体而言,《境外上市管理办法》及配套规则从以下几方面强化了境内企业跨境上市的监管要求:第一,明确对境内企业直接和间接境外上市实施统一备案管理,改善以往无法可依的监管真空问题;第二,以负面清单的形式明确不得赴境外上市的企业类型;第三,针对不同类型的境外发行活动,明确相应的备案主体、备案时点、备案材料等监管事项;第四,对未履行备案程序、备案材料披露违法违规等行为,参照境内证券发行上市的罚则规定了相应的行政责任,为后续的执法行为提供制度支持。

三、跨境监管合作对企业跨境上市有何影响?

(一) 监管政策导向

值得注意的是,2021 年 7 月中共中央办公厅、国务院办公厅联合印发的《关于依法从严打击证券违法活动的意见》中,第五部分专门强调跨境监管执法司法协作,其中要求深化跨境审计监管合作,探索加强国际证券执法协作的有效路径和方式。此后,在跨境监管合作的问题上,无论是《境外上市管理办法》还是 2024 年新“国九条”等政策文件均传达出较强的合作意向,提出要深化国际证券监管合作,中国证监会或有关主管部门依据双多边合作机制对境外监管提供必要的协助,相关市场主体在有关主管部门同意的前提下配合境外调查。

(二) 监管政策影响

因此,在前述合作框架下,如境外监管部门在调查取证的过程中不涉及敏感性内容,从预期上来说,调查执法的便利性和信息的交互性都将会在一定程度上实现提升;同时,《境外上市管理办法》完善了跨境证券监管合作安排,规定境内企业境外发行上市违反前述规定的,中国证监会可以通过跨境监督管理合作机制通报境外监管机构,企业的境内合规情况将会进一步影响境外上市表现。

四、跨境上市信披违规面临哪些责任风险?

(一) 行政责任风险

2019 年《证券法》规定,境外证券发行交易活动扰乱境内市场秩序,损害境内投资者合法权益的,依照该法有关规定处理并追究法律责任。同时,前述提及《境外上市管理办法》规定中国证监会对跨境上市违规备案行为亦有直接处罚的权力。在此种管辖模式下,某幸咖啡案中通过间接性制裁规制违法行为的执法困境得到改善,中国证监会有权对新法、新规实行后的跨境上市行为进行直接管制,境内企业面临的行政责任风险显著提升。

(二)刑事责任风险

刑事监管在跨境上市中尚无公开适用的案例,但根据《刑法》属人管辖原则,信披违规行为对应违规披露、不披露重要信息罪,该罪名在《刑法修正案(十一)》实施后,最高刑由"三年以下"调整为"十年以下",符合"属人管辖权"中应当追究刑事责任的条件。因此,跨境上市过程中发行人涉嫌违规披露、不披露重要信息罪,且发行当地亦认为属于犯罪行为的,境内刑事执法、司法机关对此亦有相应管辖权。

五、跨境上市需要关注哪些合规要素?

由于境外上市规则因上市地和交易所的不同存在较大的差异性和个体性,因此本部分将主要针对境内监管要求和实务,重点梳理跨境上市企业需要关注的境内合规要素。

(一)备案与信息披露

1. 备案要求

《境外上市管理办法》针对首次公开发行或上市、境外上市后境外发行证券、全流通等情形制定了不同的备案材料标准和备案时间要求。但从中国证监会的问询关注要点来看,除下述将另行探讨的安全审查问题、协议控制架构安排外,备案材料中披露的关键事项与境内上市监管问询问题近似,主要集中于股权架构、股东情况、股权激励、主要境内运营实体情况等方面,意在明晰股权架构,关注财务状况和公司治理情况。

2. 备案时点

除需要在递交境外发行上市申请后及时完成备案外,办结备案后、发行人境外发行上市前与境外发行上市后发生重大事项的,发行人都应当及时向中国证监会报告,更新备案材料。

3. 披露标准

由于备案制度的天然属性,中国证监会对备案报告、法律意见书等材料仅进行形式审查,境内企业及其"关键少数"群体等主体应确保信息的真实、准确、完整,并承担披露不实的行政责任。有关备案材料不实的罚则参考了 2019 年《证券法》对虚假记载、误导性陈述和重大遗漏的处罚规定,与后者在具体处罚措施和罚款金额区间上保持一致。

(二)安全审查问题

由于境外上市涉及投资、数据、网络等要素的跨境流转,各监管部门对此类安全问题给予特别关注。

1. 行业领域的问题

《境外上市管理办法》第 8 条明确规定不得境外上市的监管红线情形,如境内主要运营实体经营范围涉及《外商投资准入特别管理措施(负面清单)》规定的禁止或限制外商投资的领域,影响国家安全的,境外发行上市的境内企业应当根据有关主管部门要求,采取及时整改、作出承诺、剥离业务资产等措施,消除或者避免跨境上市对国家安全的影响。如境内企业违反监管红线跨境上市的,将被处以 100 万元至 1000 万元的罚款。

2. 数据出境合规问题

跨境上市企业需要完成数据出境合规程序。如境内企业属于关键信息基础设施运营者或者向境外提供的数据达到法定数量的个人信息或构成重要数据的，将触发数据出境安全评估。

3. 网络安全审查问题

对于网络安全审查，如掌握超过100万用户个人信息的网络平台运营者赴国外上市或者境内企业属于存在影响或者可能影响国家安全情形的关键信息基础设施运营者或网络平台运营者，需由中央网络安全和信息化委员会等主管部门进行网络安全审查，并需在向境外提交首次公开发行上市申请文件后3个工作日内向中国证监会提交《国务院有关主管部门出具的安全评估审查意见》以备案。

（三）协议控制架构安排

从目前中国证监会接收与通过的备案企业数量来看，尽管协议控制架构本身并不构成跨境上市的实质障碍，但与选择直接境外上市、股权控制架构的企业相比，协议控制架构的备案流程更长，中国证监会及行业主管部门对于协议控制架构企业的审查和判断更为审慎。

境内企业应尽可能对是否进行了按照《关于境内居民通过特殊目的公司境外投融资及返程投资外汇管理有关问题的通知》（汇发〔2014〕37号）登记，境外直接投资（ODI）的备案，协议控制下相关主体之间的具体交易安排以及协议控制架构搭建过程中的利润划转、税收等监管重点问题进行详尽说明。以外汇资金出入境问题为典型代表，《境外上市管理办法》第11条明确了目前对跨境上市资金汇兑与流动的监管仍以国家跨境投融资、外汇管理和跨境人民币管理等规定为准，即外汇管制的部分仍参照前述已施行的相关规则。

第九节

上市公司控股子公司监管问题研究

一、上市公司控股子公司所涉的哪些事项需要履行信息披露义务?

上市公司控股子公司是指上市公司持有其50%以上的股份,或者能够决定其董事会半数以上成员的当选,或者通过协议或其他安排能够实际控制的公司。在拟上市阶段,控股子公司的合并报表处理关系发行人是否满足上市发行的实质条件;成功上市后,控股子公司重大事项的认定关乎上市公司信息披露是否合法合规。以下将对控股子公司信息披露典型事项进行梳理汇总。

(一)原则性规定

沪深北交易所的股票上市规则均规定,上市公司控股子公司发生的"重大事项"视同上市公司发生的重大事项,适用相同的信息披露检验标准和披露时效规定。

其中,“重大事项”主要包括重大交易、日常交易、关联交易等“应当披露的交易”以及重大诉讼、破产事项、会计政策变更等“应当披露的其他重大事项”。

(二)应当披露的交易类事项

对于信息披露违法违规行为高发的“应当披露的交易”类事项,原则上,由于采用并表的会计处理模式,上市公司与控股子公司发生的或者控股子公司与上市公司控制的其他主体之间发生的交易,可以免予披露和履行决议程序。例外情况下,需额外注意上市公司为控股子公司提供财务资助与为控股子公司提供担保的情形。

1. 提供财务资助

上市公司为控股子公司提供财务资助的,除科创板规定需要适用“成交金额”指标检验该事项的重要性,履行披露义务及决策程序外,其他交易所板块原则上对满足一定条件的财务资助事项均持豁免披露及决策程序的态度。

2. 提供担保

上市公司为控股子公司提供担保的,根据《上市公司监管指引第8号——上市公司资金往来、对外担保的监管要求》与各交易所股票上市规则规定,属于对外担保,原则上不论金额大小,均须进行信息披露与董事会决议,并按照担保金额占经审计净资产的比例、担保对象的属性与资产负债率决定是否需经股东大会审议。例外情况下,上交所科创板、深交所创业板、北交所规定,上市公司为全资子公司提供担保,或者为控股子公司提供担保且控股子公司其他股东按所享有的权益提供同等比例担保,不损害上市公司利益的,可以豁免股东大会审议的步骤。

3. 关联交易

需要注意的是,对于关联交易,不仅是上市公司本身发生的交易,上市公司控股子公司及控制的其他主体与上市公司关联人之间发生的转移资源或者义务的事项亦属于关联交易，还需遵守相关披露与决议程序要求。

（三）设立、增资与注销事项

一般认为，设立、增资子公司属于“重大交易”事项中的“对外投资”，注销子公司的属于“已披露的事项发生重大变化”，慎重起见，均应按照各交易所股票上市规则中的“重大交易”规定，逐项衡量相应设立、增资、注销过程中涉及的各项财务指标是否超过标准，决定是否提交股东大会审议和公开披露。

值得注意的是，在对全资子公司进行增资时，深交所创业板、北交所上市公司可豁免进行相关信息披露与提交股东大会审议程序的义务，其他上市板块对此则未予明确豁免规定。

二、如何理解非经营性资金占用的监管要求？

除上述常见的审议与披露监管问题外，控股子公司在经营过程中，还需注意上市公司控股股东、实际控制人及其附属企业对控股子公司的非经营性资金占用问题。

（一）非经营性资金占用的概念与常见表现形式

非经营性资金占用是指控股股东、实际控制人（以下简称双控人）及其附属企业在无商业背景和交易实质的情况下与上市公司发生资金往来，占用上市公司资金。

非经营性资金占用的常见表现形式包括上市公司为双控人及其附属企业垫付工资、福利、保险、广告等费用和其他支出，代双控人及其附属企业偿还债务，向双控人及其附属企业有偿或无偿、直接或间接拆借资金，为双控人及其附属企业承担担保责任形成债权，为双控人及其附属企业开具没有真实交易背景的商业承兑汇票等情形。

（二）非经营性资金占用的典型案例与合规风险

需要注意的是，对于有些占上市公司业务量比例较高或者资金较为充沛的控股子公司而言，双控人及其附属企业还会占用该公司的资金，该行为同样属于非经营性资金占用的规制范围。以下将以某得公司案为例，集中分析非经营性占用子公司资金的表现形式和法律风险。

2019 年至 2020 年，上市公司直接控股股东与间接控股股东由于资金紧张，向上市公司寻求资金帮助。某营销有限公司作为上市公司全资子公司，与上市公司控股股东及其关联方发生非经营性资金往来。上市公司自查后发现这一情况，并主动予以信息披露，彼时资金占用余额接近 5 亿元。针对此事项，监管部门对董事长、副董事长等相关责任人员处以行政监管措施，①证券交易所对上市公司、直接控股股东、间接控股股东、实控人与关联公司、董事、高管给予声誉罚。② 刑事风险层面，部分相关高管人员因涉嫌背信损害上市公司利益罪被公安机关立案调查。民事责任上，法院判决间接控股股东全额返还所占用的上市公司子公司资金及利息。

因此，非经营性资金占用一旦发生，严重者将涉及行政、刑事和民事三方面的风险：

首先，非经营性资金占用行为本身受到中国证监会与交易所层面的明令禁止。

其次，由于非经营性资金占用可能暴露公司董监高未勤勉尽责、管理制度混乱的问题，引发交易所的问询关注，上市公司往往会选择不予披露，

① 四川监管局行政处罚决定书，〔2020〕34 号。

② 上海证券交易所纪律处分决定书，〔2021〕102 号。

进一步导致信息披露违法违规的处罚风险;并且,根据最新的退市规则,资金金额较高或者占比较大的非经营性资金占用将触发上市公司退市风险。

最后,主要责任人员还可能面临职务侵占、背信损害上市公司利益罪等刑事追责的问题。

三、上市公司控股子公司的责任人员是否需要承担信息披露义务?

(一)常见误区与纠正

实务中存在一种误区,认为信息披露是法律法规对上市公司的约束和规制,自然应由上市公司及其董监高作为主体,承担相应的责任。但事实上,信息产生方、信息处理方都有可能成为信息披露责任主体。根据《上市公司信息披露管理办法》和《信息披露违法行为行政责任认定规则》规定,除上市公司及"关键少数"外,收购、重大资产重组、再融资、重大交易等事项的有关各方主体,破产管理人及其成员都属于信息披露主体;上市公司董监高之外的其他人员与信息披露违法行为如存在直接因果关系的,也应当视情形认定为责任人员。因此实践中,上市公司控股子公司的有关人员也可能成为信息披露处罚对象。

(二)典型案例与启示

以某发公司违规信披案为例,上市公司收购某全资子公司后,子公司为完成业绩承诺,虚增收入、虚增或虚减营业成本和利润,造成上市公司年报披露存在虚假记载。上市公司被处以 800 万元的罚款;同时兼任上市公司与子公司董事、高管职位的人员,由于缺乏对子公司的有效管理和监督,亦受到深圳监管局的处罚。除此之外,仅在子公司任职的部分高管人员虽未担任上市公司董监高职务，但由于其组织策划造假行为，与上市公司信息披露违法行为具有直接因果关系，同样被认定为该信披违规事项的责任人员，被处以100万元至350万元不等的罚款。①

类似地，在某实公司违规信披案中，上市公司未及时披露控股子公司的预计经营业绩亏损、全资子公司的重大合同，同时控股子公司董事长曹某组织、策划控股子公司财务造假，导致上市公司连续6年年度报告存在虚假记载。本案中，上海监管局认定的责任主体不仅包括上市公司中知悉经营业绩预计亏损、审批重大合同、未勤勉核查情况即签署年报的分管责任人，还包括组织、策划财务造假的子公司董事长曹某。并且，因曹某财务造假的违法情节较为严重，还被采取10年证券市场禁入措施。②

可见，在实务案例中，控股子公司的重大交易和财务指标均属于信披的重要组成部分，无论是直接管理控股子公司的子公司董监高还是分管子公司经营、统管上市公司信息披露的上市公司董监高，抑或在多家公司均有任职的人员，都应当对控股子公司的合规制度建设给予高度重视。

四、如何管控上市公司控股子公司合规运行？

控股子公司作为上市公司的战略分支，往往能够拓宽经营范围，提振上市公司综合业绩。但由于控股子公司与上市公司分属两个独立的民事主体，一旦管控不当，极易出现合规风险。笔者认为，上市公司可以从以下三个方面入手，提高管理质效，防范合规风险。

（一）合理制定业绩考核标准

对从外部购买、与上市公司有业绩承诺的子公司而言，它们有更高的

① 深圳监管局行政处罚决定书，〔2024〕9号。

② 上海监管局行政处罚决定书，沪〔2024〕10－16号、沪〔2024〕025号。

造假动力，且上市公司对此类公司往往缺乏熟悉度和管控能力，由此引发上市公司信披虚假记载的风险。上市公司在收购子公司前，应通过充分的尽职调查，了解子公司的经营状况和业绩能力，并在此基础上制定合理的业绩承诺或业绩考核标准，谨防子公司不惜以造假为手段达成业绩指标。

（二）董监高选任与勤勉尽责

在人员安排上，控股子公司的董监高往往由上市公司委派，或由上市公司董监高兼任。与此同时，相关人员在任职过程中亦应当勤勉尽责。以上述某发公司和某实公司为例，两公司的董监高均未发挥监督作用，某实公司董监高更是在派驻至子公司的财务总监向其报告财报异常情况后，仍采取放任态度，未予重视和核查，最终导致年报存在虚假记载。

（三）畅通信息披露机制

前已述及，原则上控股子公司的信披事项范围和标准与上市公司基本一致，均适用较高的披露要求，因此需要从制度设计上畅通公司之间的信息同步与互联。

第一，上市公司应要求控股子公司及时以书面形式向上市公司报送董事会决议、股东会决议及会议纪要等重要文件。此举在强化管理的同时，亦能由上市公司对审议事项进行有关信息披露的二次检验，防范控股子公司有关人员不熟悉信披规则的风险。

第二，上市公司应定期获取、分析控股子公司的财务报告，并委托会计师事务所内部审计控股子公司的财务报告。对于阻碍、不配合内部审计的行为和线索，予以高度重视。以上述某得公司案为例，上市公司就是在自查过程中发现间接控股股东占用子公司资金的问题，并主动发布提示性公告，及时避免上市公司自身风险的进一步扩大。

第二章

上市公司合规履职指引

第一节

“关键少数”忠实勤勉义务及相关法律责任

2023 年《公司法》的修订，首次以立法形式对忠实义务和勤勉义务的内涵进行界定，同时也明确了忠实勤勉义务责任主体的范围，相关义务责任主体不仅包括公司的董事、监事和有关管理人员，还包括被视为“影子董事”的公司控股股东和实际控制人。① 可以说，忠实勤勉义务是对公司利益至上原则的直接要求，也是“关键少数”合规履职的应有之义。

一、如何认定“关键少数”是否违反忠实义务？

忠实义务要求“关键少数”在管理经营公司业务和

① 2023 年《公司法》第 180 条　董事、监事、高级管理人员对公司负有忠实义务，应当采取措施避免自身利益与公司利益冲突，不得利用职权牟取不正当利益。董事、监事、高级管理人员对公司负有勤勉义务，执行职务应当为公司的最大利益尽到管理者通常应有的合理注意。公司的控股股东、实际控制人不担任公司董事但实际执行公司事务的，适用前两款规定。

履行职责时应注意避免个人利益和公司利益之间发生冲突,不得以权谋私。最高人民法院在(2020)最高法民申640号案件中指出,“忠实义务是指公司高级管理人员应当忠实履行职责,其自身利益与公司利益发生冲突时,应当维护公司利益,不得利用高级管理人员的地位牺牲公司利益为自己或者第三人牟利”。具体来说,根据2023年《公司法》第181～184条规定,上市公司“关键少数”履行其忠实义务,不得违规自我交易或关联交易,不得违规同业经营,不得剥夺公司商业机会,不得擅自披露公司秘密、侵害公司市值和商誉。

(一)不得违规自我交易或关联交易

公司与董事、监事、高级管理人员或其他关联人员之间发生的、可能导致公司利益转移的交易即自我交易或关联交易。虽然关联交易或自我交易并非一定构成违法犯罪,但“关键少数”在履职时发生关联交易或自我交易时仍应当注意:第一,根据公司章程的规定,将其进行的关联交易情况向上市公司披露并报告,相关交易信息披露应当充分、准确。第二,关联交易事项经董事会或者股东会合法程序决策通过,关联的“关键少数”回避表决。第三,关联交易的实质内容符合正常的商业逻辑,交易价格是市场公允价格。

(二)不得违规同业经营

2023年《公司法》规定了“关键少数”同业经营时向董事会或者股东会报告的义务。[①] 虽然《公司法》未对同业经营做出定义,但根据最高人民法

① 2023年《公司法》第184条　董事、监事、高级管理人员未向董事会或者股东会报告,并按照公司章程的规定经董事会或者股东会决议通过,不得自营或者为他人经营与其任职公司同类的业务。

院指导性案例 190 号案件，[①]是否存在同业竞争关系，应从登记经营范围是否重合，实际经营内容、服务对象或者产品受众、对应市场是否重合等方面进行综合判断。

（三）不得剥夺公司商业机会

“关键少数”是否剥夺公司商业机会，参照司法实务，[②]可以从以下三点进行判断：第一，根据上市公司业务范围、交易资质、交易条件等方面判断，该商业机会是否专属于公司。第二，上市公司为获取该商业机会是否做出实质努力。第三，上市公司“关键少数”是否采取欺骗、隐瞒或者威胁等不正当手段，使公司被迫放弃该等商业机会，或者在不知情的情况下放弃该等商业机会。应注意的是，如果“关键少数”已经充分履行了报告义务，上市公司董事会或股东会知悉该商业机会，则“关键少数”利用该机会的行为不构成剥夺公司商业机会。

（四）不得擅自披露公司秘密、侵害公司市值和商誉

对于擅自披露公司秘密，由于上市公司秘密是一种重要的信息资源，通常在内部利益分配、公司间商业竞争等领域起到了举足轻重的作用，因此“关键少数”基于忠实义务应当对上市公司秘密予以保护，未经同意不得随意披露或向第三人泄露。

对于“关键少数”侵害上市公司市值和商誉，实务中应注意相关主体利用职务便利从事内幕交易、短线交易、违规减持等行为。该类行为涉及“关键少数”利用其身份职位优势，偷看“底牌”，控制信息披露、炒作热点、安排股评、囤积股票、对倒拉抬、抢先交易，从而影响上市公司市值和商誉。

---

① 参见王某诉万某信息技术股份有限公司竞业限制纠纷案，最高人民法院指导性案例 190 号(2022 年)。

② 参见林某、李某、涂某损害公司利益纠纷案，载《最高人民法院公报》2014 年第 11 期。

二、如何认定"关键少数"是否违反勤勉义务?

勤勉义务要求"关键少数"了解公司的经营状况,尽到谨慎注意义务,为上市公司利益采取必要措施,以避免公司经营风险。最高人民法院在(2020)最高法民申640号案件中认为,"公司高级管理人员履行职责时,应当为公司的最佳利益,具有一个善良管理人的细心,尽一个普通谨慎之人的合理注意"。相较于忠实义务为"关键少数"的履职行为画定红线,勤勉义务更多的是一项积极作为义务,既包括监督层面的勤勉,亦包括决策层面的勤勉,鞭策着相关主体不得"懒政"。

(一)核查上市公司的资本充实情况

一方面,2023年《公司法》将董事明确作为核查出资情况的义务人,因此董事应对核实资本实缴情况负有勤勉义务。从董事风险控制的角度,应由全体董事而非个别董事对股东出资情况进行核实,并形成固定议案在董事会上进行汇报讨论,并将出资相关注意事项及时反馈给股东。另一方面,上市公司的"关键少数"应防范股东抽逃出资。如"关键少数"放任相关股东抽逃出资而未采取积极防范措施,则可能构成对勤勉尽责义务的违反。

(二)关注上市公司信披报告

上市公司的信披报告是投资者获取公司信息的重要来源,也是证券监管的重点方向。因此,对于信披报告的发布,"关键少数"亦应勤勉尽责,积极组织报告的编制,审议信披报告的内容是否真实、准确、完整,督促相关报告及时对外发布。对于公司不合理的信披报告制作和审议安排,"关键少数"应当及时指正,并在必要情况下向监管机构进行报告。

根据实务中证券领域的高频处罚事由,“关键少数”应当重点关注以下三个事项:第一,关注公司重组预测性信息、公司常规经营性信息披露的准确性;第二,财务数据修正后出现大幅变动,披露更正报告的及时性;第三,定期报告是否在法定期限内披露。

(三)决策错误不一定构成对勤勉义务的违反

实务中,上市公司“关键少数”经常需要对公司投资事项作出决策。例如,公司董事会经决议将公司资金投资到新项目中,但由于政策环境变化、业务款未能及时回流、融资杠杆拉高等原因引发公司现金流断裂,此时不能仅凭投资失误的后果去逆推董事会所作决策违反了勤勉义务,应综合考虑“关键少数”在上市公司的职权、职责、与决策事项关联度等因素,审慎判断其在决策时是否尽到了与之匹配的注意义务。例如,在(2020)最高法民申640号案件中,盖某作为公司总经理,虽然其决策造成公司损失,但因其履职行为并未超越某之杰公司章程规定的职责范围,故法院认定盖某并未违反公司高级管理人员的勤勉义务。①

三、“关键少数”违反忠实勤勉义务可能带来何种法律风险?

(一)可能的行政风险

“关键少数”可能触发的行政风险主要分为两类:一类是交易类风险,另一类是信息披露类风险。其中,交易类风险多发于“关键少数”作为法定内幕信息知情人实施的内幕交易、泄露内幕信息行为,或“关键少数”作为

① 最高人民法院民事裁定书,(2020)最高法民申640号。

上市公司股权持有人实施的短线交易、违规减持行为。实务中，短线交易是"关键少数"受到行政处罚的高频事由，其中"亲属误操作"的现象更是屡见不鲜。2024 年 4 月，某欧集团的正副董事长两兄弟即因其母买卖自家股票而被证监会立案调查。①

相较于交易类风险，信息披露类风险常被动发生于"关键少数"，除违规减持产生的信息披露风险外，大多"关键少数"涉及的信息披露风险集中于上市公司虚假陈述。应注意的是，"未参与、不知情、不存在主观故意、未正常履职、未参与业务管理、信任审计机构、不具备专业背景、未获取不当利益、任职时间短等"②均不应当成为"关键少数"的免责理由。

(二)可能的刑事风险

"关键少数"在履职过程中可能触发"非法经营同类营业罪"、"为亲友非法牟利罪"和"徇私舞弊低价折股、出售公司、企业资产罪"这三项背信类犯罪。其中，根据《刑法修正案(十二)》的修订，"非法经营同类营业罪""为亲友非法牟利罪"均以公司法等前置法的规定是追究刑事责任的前提。与 2023 年《公司法》不同在于，该两项罪名规定作为"影子董事"的控股股东和实际控制人不会单独构成犯罪，但仍可能成立教唆犯或帮助犯。"徇私舞弊低价折股、出售公司、企业资产罪"的犯罪主体是直接负责的主管人员，且不以违反法律法规作为本罪的入罪前提。

(三)可能的民事风险

一方面，如"关键少数"违反忠实义务，其非法收入应当归上市公司所有。例如，"关键少数"利用职务便利，未经董事会、股东会批准违规进行关

① 深圳证券交易所公告，某欧股份 2024 年 4 月 18 日《关于公司相关人员收到立案告知书的公告》。

② 广西监管局行政处罚决定书，〔2021〕5 号。

联交易,相关受益应当归公司所有。[①] 另一方面,“关键少数”违反勤勉义务,执行职务不当、滥用其权利给上市公司造成损失的,应承担赔偿责任。此类不当职务行为包括但不限于未尽催缴义务、对公司利润分配不合规、利用关联关系损害公司利益等。

① 2023 年《公司法》第 186 条 董事、监事、高级管理人员违反本法第一百八十一条至第一百八十四条规定所得的收入应当归公司所有。

第二节

“关键少数”关联交易的合规与风险

关联交易是公司与关联方之间发生的转移资源或义务事项的安排，在商事活动中十分普遍，有着降本增效、优化资源配置等一系列优势，该行为本身并不为法律所禁止。但是，由于上市公司控股股东、实际控制人、董事、监事、高级管理人享有决策和管理公司的便利条件，对公司负有忠实义务，因此上述主体与上市公司之间发生的关联交易容易引发损害公司及其他股东利益等一系列合规风险。

一、什么是关联交易？

第一，关联交易以关联关系的存在为前提。在《公司法》层面，关联关系是指公司控股股东、实际控制人、董监高及其近亲属与其直接或间接控制的企业之间的关系，及可能导致公司利益转移的其他关系。

而在证券监管层面，根据《上市公司信息披露管理办法》、沪深交易所《股票上市规则》等规定，上市公司关联关系的相对方（也称关联方）指向了关联法人和关联自然人，具体如图2－1所示：

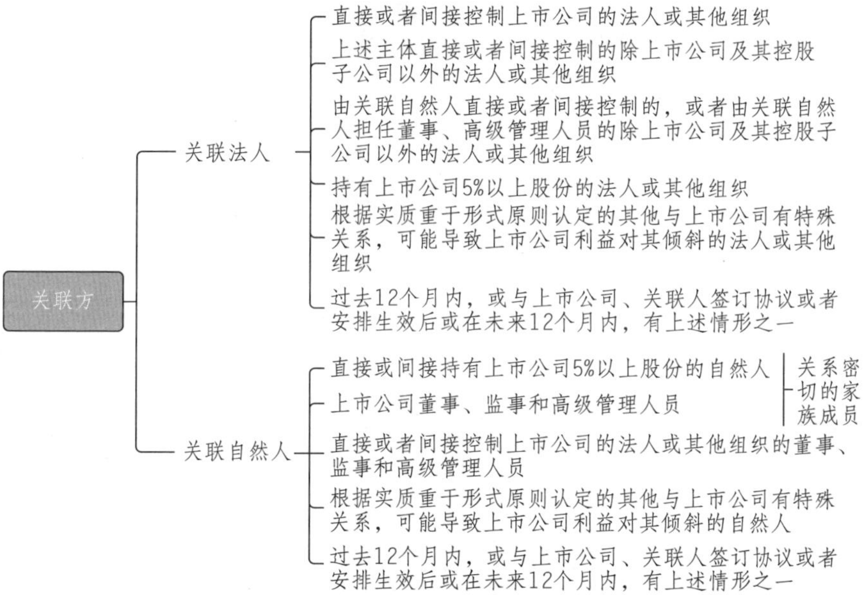

关联方
关联法人
直接或者间接控制上市公司的法人或其他组织
上述主体直接或者间接控制的除上市公司及其控股子公司以外的法人或其他组织
由关联自然人直接或者间接控制的，或者由关联自然人担任董事、高级管理人员的除上市公司及其控股子公司以外的法人或其他组织
持有上市公司5%以上股份的法人或其他组织
根据实质重于形式原则认定的其他与上市公司有特殊关系，可能导致上市公司利益对其倾斜的法人或其他组织
过去12个月内，或与上市公司、关联人签订协议或者安排生效后或在未来12个月内，有上述情形之一
关联自然人
直接或间接持有上市公司5%以上股份的自然人
上市公司董事、监事和高级管理人员
关系密切的家族成员
直接或者间接控制上市公司的法人或其他组织的董事、监事和高级管理人员
根据实质重于形式原则认定的其他与上市公司有特殊关系，可能导致上市公司利益对其倾斜的自然人
过去12个月内，或与上市公司、关联人签订协议或者安排生效后或在未来12个月内，有上述情形之一

图2－1 关联方的范围

第二，关联关系的认定也会受到交易范围的限制。一般而言，上市公司日常关联交易包括购买原材料、燃料、动力，销售产品、商品，提供或者接受劳务，委托或者受托销售，在关联人财务公司存贷款等与日常经营密切相关的事项。非日常关联交易则包括购买或出售资产，对外投资，提供财务资助，提供担保等事项。

二、什么是不正当的关联交易？

上市公司与“关键少数”的交易是否构成不正当的关联交易，需要从交易信息披露是否充分、交易程序是否合法以及交易对价是否公允三个方面同时进行认定。

第一，关于交易信息披露是否充分，需要根据作为关联方的“关键少数”是否将交易主体、交易内容、交易条件等内容真实、准确、及时、完整地披露给公司、股东等利益相关者进行判断。即便公司章程未对此等披露义务作出规定，实务中法院通常也会认为“关键少数”未充分披露交易信息的关联交易构成不正当的关联交易。

第二，关于交易程序是否合法，需要从董事会、股东会召集程序、表决方式是否违反法律、行政法规或者决议内容是否违反公司章程等方面予以考虑。相关行为人往往会以其行为已经履行了合法程序而进行抗辩，具体抗辩事由包括相关交易已经过公司股东会或董事会决议批准，关联股东或董事按照规定回避表决等。

第三，关于交易对价是否公允，实务中一般会结合交易合同约定、合同履行是否符合正常商业逻辑以及交易价格是否公允等进行判断。[①] 其中交易价格公允要求关联交易的交易价格在同等条件下不高于其他供应商价格、市场价格以及关联方与其他交易方间的价格。可以说，交易对价公允是判断关联交易是否正当的实质要件，如果交易价格偏离市场，畸高、畸低，或是交易本身不符合公司经营的正常商业逻辑，则会引起法院或监管机构对交易合法性的怀疑。在此情形下，即便“关键少数”以已履行合法披露、审议程序进行抗辩，相关交易也会被认定为不正当。

三、“关键少数”不正当的关联交易可能引发哪些合规风险？

（一）行政风险

实践中，监管机构对“关键少数”不正当的关联交易所做的行政处罚、

① 最高人民法院民事判决书，(2021)最高法民再181号。

监管措施主要集中在“关键少数”故意规避公司关联交易审议程序和未回避表决程序等问题。具体而言，常见风险包括以下两种：

第一，“关键少数”隐瞒关联关系，故意规避公司审议程序，将实质上的关联方交易转换为形式上的非关联方交易。实务中，“关键少数”为隐瞒关联关系，常把非关联方安排成公司直接交易对手，再通过设计多道交易，使由自己控制或与自己有利益输送的关联公司成为实际的交易对手。例如，在某宇生化公司和王某等处罚案中，王某作为某宇生化公司的副董事长，是该公司的关联自然人，经其组织、决策，某宇生化公司全资子公司某舟制药公司通过资金划拨不入账的方式向某舟置业公司划拨资金，某舟置业公司的隐名股东即王某本人。王某隐瞒了自己在某舟置业公司的股份代持情况，使某宇生化公司全资子公司与某舟置业公司发生关联交易。最终江苏证监局对上市公司给予警告、罚款，对王某及其他董监高给予警告、罚款。①

第二，“关键少数”未规范进行关联交易决策程序。一般来说，关联股东或董事未回避表决，关联交易审议滞后等都是常见的处罚事由。例如，在某能控股山西电力公司受监管措施案中，由于公司董事会审议关联交易议案时，关联董事史某未回避表决，且公司未在相关公告中将史某披露为关联董事。最终山西证监局认为该公司违反《上市公司信息披露管理办法》规定，对该公司做出了行政监管措施。②

可见，“关键少数”在关联交易中的不当行为通常会产生溢出风险，上市公司很可能会因涉关联交易信披违规等事由而受到监管机构的关注。

（二）民事风险

“损害公司利益责任纠纷”是“关键少数”涉民事纠纷时最常见的案由，

① 江苏证监局行政处罚决定书，〔2020〕1 号。

② 山西证监局行政监管措施决定书，〔2024〕6 号。

有以下两点需要公司及“关键少数”重点关注：

第一，如果公司通过关联交易将资产从公司转移给“关键少数”，而“关键少数”未支付合理对价，实务中一般认定“关键少数”通过关联关系进行抽逃出资。例如，在（2021）最高法民申 2170 号案件中，法院认为中网某投资公司利用其对中网某水电公司的控制地位，与其关联公司中网某建设公司以工程款名义将出资转出，归还其出资借款，构成注册资本抽逃。

第二，相关关联交易因损害非关联股东利益被认定为无效。一般而言，不可仅凭借上市公司与其“关键少数”之间存在关联交易而径行认定该关联交易无效，实务中认定关联交易无效的高频情形主要包括交易损害第三人利益或公共利益。例如，在（2020）京 03 民终 709 号案件中，公司与其控股股东之间发生关联交易，案涉《股权转让协议》因损害第三人利益而被认定为无效。

（三）刑事风险

如果关联交易不受信息披露、决策程序和交易价格的约束，就有可能沦为“关键少数”利益输送、资产转移、虚增利润、抽逃出资的手段，在情节严重的情况下，不能排除相关人员触发刑事责任。相关罪名包括违规披露、披露不重要信息罪，背信损害上市公司利益罪，挪用资金罪，职务侵占罪，非法经营同类营业罪，为亲友非法牟利罪，虚假出资、抽逃出资罪等。例如，在轰动一时的（2019）沪刑终 110 号案件中，鲜某作为上市公司董事长，违背对公司的忠实义务，利用职务便利，以支付工程款和往来款的名义，将子公司资金累计 1.2 亿元划入其控制的多个公司和个人账户，最终因犯背信损害上市公司利益罪判处有期徒刑 1 年 8 个月，并处罚金人民币 180 万元。

四、“关键少数”关联交易时有哪些合规注意事项?

考虑到“关键少数”关联交易存在行政、民事和刑事层面的诸多风险,在此笔者建议可以通过上市公司和“关键少数”的协同发力、形成联动,将不正当关联交易的风险降到最低。

(一)上市公司进行事前控制和事后干预

第一,完善公司各项管理制度。在公司章程中,对关联交易事项的股东、董事表决权和表决程序进行限制;在内控制度中,规定公司进行重大交易时的定价依据,定期向公司大股东、高管了解其本人及亲属对外投资、任职情况,并明确公司股东、高管实施损害公司利益的关联交易行为的后果。

第二,关联交易事项的披露应及时、准确、完整。一旦发生与“关键少数”的关联交易,上市公司应当在规定期限内在定期或临时报告、财报或公告中对相关情况进行披露,并写明关联交易的目的、交易定价的依据、关联交易对公司利润的影响等内容。

(二)“关键少数”积极履行合规义务

第一,定期进行自我排查,履行注意义务和报告义务。“关键少数”作为上市公司发展的核心力量,应当审慎对待自身的履职风险,根据公司制度的规定,定时向公司反馈自己及亲属对外投资和任职情况,以帮助公司进行关联方的识别和核查工作。

第二,通过董事会、股东会对关联交易事项进行审议时,应保持独立性和公正性。如自身是交易关联方,应对表决事项进行回避;如自身是交易非关联方,也不应受到关联方的干预和影响,对于损害公司利益的关联交易,应当予以反对。

第三节

泄露内幕信息的归责方式与“窝案”风险

泄露内幕信息行为、交易行为和建议他人交易行为是《证券法》规定的三种禁止性交易情形。[①] 其中，泄露作为内幕信息被扩散传递的源头，通常意味着行为人违反了保密义务，具有严重的社会危害性，因此法律对泄露行为单独进行规制。在此需特别提示，在《证券法》上，泄露内幕信息和建议他人交易皆为独立的禁止行为类型；而在《刑法》层面上，建议行为被称作为明示、暗示他人进行交易。在本节中，笔者将着眼于泄露内幕信息

① 《证券法》第53条第1款　证券交易内幕信息的知情人和非法获取内幕信息的人，在内幕信息公开前，不得买卖该公司的证券，或者泄露该信息，或者建议他人买卖该证券。

《刑法》第180条第1款　证券、期货交易内幕信息的知情人员或者非法获取证券、期货交易内幕信息的人员，在涉及证券的发行，证券、期货交易或者其他对证券、期货交易价格有重大影响的信息尚未公开前，买入或者卖出该证券，或者从事与该内幕信息有关的期货交易，或者泄露该信息，或者明示、暗示他人从事上述交易活动，情节严重的，处五年以下有期徒刑或者拘役，并处或者单处违法所得一倍以上五倍以下罚金；情节特别严重的，处五年以上十年以下有期徒刑，并处违法所得一倍以上五倍以下罚金。

(不含建议交易)行为,对该行为的行刑责任、归责方式与窝案风险进行分析,并在文末给出相应合规建议。

一、泄露内幕信息有哪些常见的违法犯罪情形?

在泄露内幕信息案件中,一方是内幕信息的泄露方,通常是内幕信息知情人;另一方是内幕信息的接收者,为非法获取内幕信息人员,或被动获取内幕信息的人。从内幕信息传递链条来看,泄露内幕信息可以细分为以下两种情况。

(一)内幕信息知情人向信息接收者泄露内幕信息

在私人谈话、日常饭局等场合,内幕信息知情人将内幕信息作为谈资泄露给他人,很可能成立泄露内幕信息,面临被追究行政、刑事责任的风险。

例如,在“俞某泄露内幕信息”处罚案中,[①]上市公司实控人俞某将公司与政府建立战略投资合作关系这一重要信息泄露给朋友,导致他人内幕交易股票。后证监局对俞某泄露内幕信息的行为作出行政处罚,对其处以50万元罚款。

再如,在(2016)沪刑终141号案件中,汪某作为上市公司高管,多次通过深夜通话的方式向其姐夫彭某泄露内幕信息。案发后,司法机关结合通话记录、犯罪嫌疑人供述、证人证言等在案证据,最终认定汪某构成泄露内幕信息罪。

(二)非法获取内幕信息的人再次转泄内幕信息

内幕信息多级传递链条上,处于信息传递中间环节的主体,既是上一

---

① 新疆证监局行政处罚决定书,〔2022〕1号。

环节内幕信息的接收者，又成为下一环节内幕信息的泄密者。此时，如果“二传手”再次向他人泄露内幕信息，同样可能面临行政追责、刑事追责。

例如，在“吴某莉泄露内幕信息”处罚案中，[①]吴某莉并非法定知情人，而是从知情人处获知内幕消息后又泄露给其好友，最终因泄露内幕信息被处以 50 万元罚款。

再如，在丁某泄露内幕信息案[②]中，丁某作为非法获取内幕信息人员，承担“二传手”的角色，系帮助被告人陈某泄露内幕信息给他人，最终因犯泄露内幕信息罪被判一缓一，并处罚金 10 万元。

当然，如果不是非法获取内幕信息人员再次传递内幕信息，为避免无限制拉长对内幕交易、泄露内幕信息的打击链条，一般不会予以追责。在（2015）粤高法刑二终字第 215 号案件中，王某系内幕信息知情人冯某的司机，自冯某处获知了内幕信息，并将该信息进一步对外传递给他人。由于法院在审理时并未将其认定为非法获取内幕信息的人，因此未追究其刑事责任。

二、泄露内幕信息能否适用推定规则？

所谓“推定”，是对特定待证事实进行法律拟定，只有在当事人举出反例的情况下才能推翻。推定规则的适用具有法定性，不得随意扩张使用，以防打击的泛化。本书认为，泄露内幕信息不得使用推定规则，理由如下。

（一）推定规则无法律明文规定

目前，规制泄露内幕信息的法律主要包括《证券法》《关于审理证券行

---

① 山西证监局行政处罚决定书，〔2023〕4 号。

② 参见丁某泄露内幕信息案，载上海市第一中级人民法院内线交易类证券期货犯罪典型案例之四。

政处罚案件证据若干问题的座谈会纪要》《关于办理内幕交易、泄露内幕信息刑事案件具体应用法律若干问题的解释》等,但其中仅规定了内幕交易的推定适用情形,[①]未规定内幕信息敏感期内交易行为人与内幕信息知情人员联络、接触并交易涉案证券,交易行为明显异常且无正当理由或者正当信息来源的,可以推定内幕信息知情人为非法泄露内幕信息的人员。

(二)适用推定规则有违推理逻辑

考虑到内幕信息本身具有隐蔽性特征,其信息来源很可能不止一个,此时如果泄密人不自认,但交易行为人供述其得到的内幕信息来源于泄密人,在没有直接证据的情况下,径行推定出泄密行为的存在缺乏逻辑支撑。

实践也证明了这一点。在“王某内幕交易”处罚案中,[②]某翔药业筹划实施股权激励计划,王某为某翔药业实际控制人,也是内幕信息知情人。在内幕信息敏感期内,交易行为人潘某根与王某存在多次通话,存在借入

---

① 《关于审理证券行政处罚案件证据若干问题的座谈会纪要》五、关于内幕交易行为的认定问题会议认为,监管机构提供的证据能够证明以下情形之一,且被处罚人不能作出合理说明或者提供证据排除其存在利用内幕信息从事相关证券交易活动的,人民法院可以确认被诉处罚决定认定的内幕交易行为成立:(一)证券法第七十四条规定的证券交易内幕信息知情人,进行了与该内幕信息有关的证券交易活动;(二)证券法第七十四条规定的内幕信息知情人的配偶、父母、子女以及其他有密切关系的人,其证券交易活动与该内幕信息基本吻合;(三)因履行工作职责知悉上述内幕信息并进行了与该信息有关的证券交易活动;(四)非法获取内幕信息,并进行了与该内幕信息有关的证券交易活动;(五)内幕信息公开前与内幕信息知情人或知晓该内幕信息的人联络、接触,其证券交易活动与内幕信息高度吻合。

《关于办理内幕交易、泄露内幕信息刑事案件具体应用法律若干问题的解释》第2条　具有下列行为的人员应当认定为刑法第一百八十条第一款规定的“非法获取证券、期货交易内幕信息的人员”:(一)利用窃取、骗取、套取、窃听、利诱、刺探或者私下交易等手段获取内幕信息的;(二)内幕信息知情人员的近亲属或者其他与内幕信息知情人员关系密切的人员,在内幕信息敏感期内,从事或者明示、暗示他人从事,或者泄露内幕信息导致他人从事与该内幕信息有关的证券、期货交易,相关交易行为明显异常,且无正当理由或者正当信息来源的;(三)在内幕信息敏感期内,与内幕信息知情人员联络、接触,从事或者明示、暗示他人从事,或者泄露内幕信息导致他人从事与该内幕信息有关的证券、期货交易,相关交易行为明显异常,且无正当理由或者正当信息来源的。

② 中国证监会行政处罚决定书,〔2018〕16号。

资金买入“某翔药业”的情形。据此，中国证监会认定潘某构成内幕交易，但未认定王某构成泄露内幕信息。

三、能否根据间接证据认定内幕信息知情人泄露内幕信息？

间接证据与直接证据是诉讼程序中相对应的一组概念。直接证据是指能够直接证明案件事实的证据。如内幕信息知情人与交易行为人一致承认泄露行为的存在，或内幕信息知情人发给交易行为人的邮件或短信中告知了内幕信息，这些都是直接证据，则凭此即可认定内幕信息知情人泄露了内幕信息。间接证据是指虽无法直接证明案件事实，却与待证事实有关联性、具有证明力的证据。

从行政监管和刑事司法实践来看，当全案缺乏直接证据，但间接证据充分，综合这些证据已经形成了足够清晰、完整的证据链条，完全符合证明标准，也可以认定成立泄露内幕信息。

在(2015)粤高法刑二终字第134号案件中，没有直接证据证明被告向喻某泄内幕信息，但被告相关供述、两人手机通话记录与喻某购买涉案股票的时间高度吻合，且被告对此不能作出符合逻辑和常理的解释说明，最终法院据此认定被告构成泄露内幕信息罪。

在“曹某泄露内幕信息”处罚案中，①该案并无认定曹某泄露内幕信息的直接证据，但中国证监会认为间接证据已形成一个完整的证明链条，当事人不能作出合理的解释说明，最后根据一般经验和逻辑，认定了曹某的泄露行为。

① 中国证监会行政处罚决定书，〔2016〕117号。

四、“关键少数”的“暗示”是否构成泄露内幕信息?

实践中一种常见的情况是,内幕信息知情人仅向他人“暗示”了上市公司近期的工作安排,但并未将内幕信息直接告知,他人却通过被“暗示”信息推测出了内幕信息的部分乃至全部。在这种情况下,“暗示”的内容可能包括内幕信息形成之后上市公司的动议、筹划、决策等。这些工作安排本身虽然不属于法定的内幕信息范畴,[①]但如果具有倾向性,能够让他人通过该关联信息判断出内幕信息的内容,则同样会构成泄露内幕信息。

例如,在(2014)沪一中刑初字第167号案件中,王某在一次朋友聚会上将其商业交流的日程安排、工作情况透露给屠某,屠某从中判断某源石油可能出现重大事项,随即将该信息透露给庄某、徐某,明示二人购买某源石油股票。结合被泄露人后续的行为加以判断,王某提供的信息是明显具有倾向性的,屠某后续明示他人去进行内幕交易也能表明屠某能够了解王某向其传达的信息,因此法院也认定王某的“暗示”构成了泄露内幕信息。

五、“关键少数”的过失是否构成泄露内幕信息?

“关键少数”的过失主要表现:近亲属之间的日常闲聊、通话时未避讳无关人员,撰写重要文件未回避同事,载有重大信息的U盘被遗忘在公共场所等。本书观点认为,过失是否构成泄露内幕信息这一问题上,刑法和行政法上的认定并不一致。

---

① 《证券法》第52条 证券交易活动中,涉及发行人的经营、财务或者对该发行人证券的市场价格有重大影响的尚未公开的信息,为内幕信息。本法第八十条第二款、第八十一条第二款所列重大事件属于内幕信息。

《刑法》第180条第3款 内幕信息、知情人员的范围,依照法律、行政法规的规定确定。

(一)刑事层面:主观过失不构成泄露内幕信息罪

在刑事责任上,过失不是泄露内幕信息罪的主观方面。根据《刑法》第15条第2款规定,[①]对于过失犯罪,法律有规定的才负刑事责任。但目前并无法律明文规定过失泄露内幕信息构成泄露内幕信息罪。

(二)行政层面:实务中存在因过失受罚情况

在行政责任上,中国证监会主要是以过错作为泄密行为行政违法性的判断标准,但是实践中也存在泄密人因过失而遭受行政处罚的案例。在"况某泄露内幕信息案"中,[②]内幕信息知情人况某因经常在家中与人电话沟通某星科技卖壳、某力地产买壳等事宜,其妻将所听到的电话内容又转述给他人,从而导致了内幕信息泄露。中国证监会以况某"未采取必要的保密措施"为由,对其作出了罚款3万元等行政处罚。但由于况某并非主动、故意实施泄露行为,最终并未被移送至公安机关。

六、"关键少数"泄露内幕信息将引发哪些行政、刑事风险?

(一)行政责任

行政责任层面,2019年《证券法》已经大幅提升了处罚上限。根据《证

---

① 《刑法》第15条第2款　过失犯罪,法律有规定的才负刑事责任。

② 中国证监会行政处罚决定书,〔2010〕32号。该案亦为首例过失泄露内幕信息的行政处罚案例。

券法》第 191 条第 1 款规定，[1]泄密人和交易行为人一样，除会被没收违法所得外，最高还可能面临违法所得十倍罚款。即便无利或者微利案件，也要处以 50 万元以上 500 万元以下的罚款，可见监管对内幕交易、泄露内幕信息行为“零容忍”的打击态势。

（二）刑事责任

刑事责任层面，《证券法》明确了“违反本法规定，构成犯罪的，依法追究刑事责任”的刑事追责原则。[2] 该罪的入罪需要满足“情节严重”标准，根据 2022 年《最高人民检察院、公安部关于公安机关管辖的刑事案件立案追诉标准的规定（二）》规定，当泄密导致的内幕交易获利或者避免损失数额在 50 万元以上，或证券交易成交额在 200 万元以上，即符合刑事立案条件。[3] 当获利或避免损失数额在 75 万元以上，或证券交易成交额在 250 万元以上的，则被视为“情节特别严重”的情形，[4]泄密的“关键少数”将面临

---

① 《证券法》第 191 条第 1 款　证券交易内幕信息的知情人或者非法获取内幕信息的人违反本法第五十三条的规定从事内幕交易的，责令依法处理非法持有的证券，没收违法所得，并处以违法所得一倍以上十倍以下的罚款；没有违法所得或者违法所得不足五十万元的，处以五十万元以上五百万元以下的罚款。单位从事内幕交易的，还应当对直接负责的主管人员和其他直接责任人员给予警告，并处以二十万元以上二百万元以下的罚款。国务院证券监督管理机构工作人员从事内幕交易的，从重处罚。

② 《证券法》第 219 条　违反本法规定，构成犯罪的，依法追究刑事责任。

③ 《最高人民检察院、公安部关于公安机关管辖的刑事案件立案追诉标准的规定（二）》第 30 条第 1 款　证券、期货交易内幕信息的知情人员、单位或者非法获取证券、期货交易内幕信息的人员、单位，在涉及证券的发行，证券、期货交易或者其他对证券、期货交易价格有重大影响的信息尚未公开前，买入或者卖出该证券，或者从事与该内幕信息有关的期货交易，或者泄露该信息，或者明示、暗示他人从事上述交易活动，涉嫌下列情形之一的，应予立案追诉：（一）获利或者避免损失数额在五十万元以上的；（二）证券交易成交额在二百万元以上的；（三）期货交易占用保证金数额在一百万元以上的；（四）二年内三次以上实施内幕交易、泄露内幕信息行为的；（五）明示、暗示三人以上从事与内幕信息相关的证券、期货交易活动的；（六）具有其他严重情节的。

④ 《最高人民法院、最高人民检察院关于办理内幕交易、泄露内幕信息刑事案件具体应用法律若干问题的解释》（以下简称《内幕交易司法解释》）第 7 条　在内幕信息敏感期内从事或者明示、暗示他人从事或者泄露内幕信息导致他人从事与该内幕信息有关的证券、期货交易，具有下列情形之一的，应当认定为刑法第一百八十条第一款规定的“情节特别严重”：（一）证券交易成交额在二百五十万元以上的；（二）期货交易占用保证金数额在一百五十万元以上的；（三）获利或者避免损失数额在七十五万元以上的；（四）具有其他特别严重情节的。

最高10年的有期徒刑。①

七、如何防范因泄露内幕信息而导致的"窝案"风险?

考虑到内幕交易的隐蔽性、复杂性和广泛性,一旦内幕信息被泄露,则很可能造成"窝案"。根据2023年全年中国证监会执法统计数据,因内幕信息泄露共发生12起窝案,其中部分案件同时涉及5个以上当事人。从窝案特征看,由于内幕信息传播具有隐蔽性、广泛性、流转链长等特点,因此往往牵连人数较多。从窝案发生领域来看,并购重组领域是内幕交易窝案的"重灾区",2023年查处的12起窝案中有9起发生于并购重组领域。

因此,为避免"窝案"带来的法律风险,上市公司和"关键少数"分别可从事前预防和事后补救两端入手采取如下措施。

(一)上市公司的事前预防

第一,公司应建立一套完善的内部控制系统,对内幕信息进行分类分级管理,确保信息安全。一方面,对于核心信息,应实行严格的保密措施,如限定知情人范围、采用加密存储等。另一方面,对信息的访问权限进行严格限制,只允许授权人员在必要时接触相关信息。

第二,公司应精简业务流程,减少决策和交易环节,缩短内幕信息内部流转链条。同时,与外部合作伙伴签订保密协议,明确双方在内幕信息管理方面的责任和义务。

---

① 《刑法》第180条第1款　证券、期货交易内幕信息的知情人员或者非法获取证券、期货交易内幕信息的人员,在涉及证券的发行,证券、期货交易或者其他对证券、期货交易价格有重大影响的信息尚未公开前,买入或者卖出该证券,或者从事与该内幕信息有关的期货交易,或者泄露该信息,或者明示、暗示他人从事上述交易活动,情节严重的,处五年以下有期徒刑或者拘役,并处或者单处违法所得一倍以上五倍以下罚金;情节特别严重的,处五年以上十年以下有期徒刑,并处违法所得一倍以上五倍以下罚金。

第三,公司严格遵守信息披露的法律规定,确保所有重要信息都通过正规渠道公平、及时地向公众披露。公司应避免员工在非公开场合讨论敏感信息,确保所有的披露行为都有文档记录,并经过适当的审核流程。

(二)“关键少数”的事后补救

第一,根据执法情况来看,由于“窝案”多发于并购重组领域,该领域涉及人员较为复杂,不仅包括“关键少数”,还包括券商、会计师等中介机构。因此,“关键少数”应格外注意信息保密义务,以免因“误触”而在工作群聊中发送内幕信息。在信息可撤回情况下,应第一时间撤回相关信息,减少信息传播面。

第二,一旦不参与特定涉密项目的“关键少数”因职务特性被动获知了相关重大信息,即应依法自觉履行保密和戒绝交易义务。例如,在此后的通话中隔离外部人员,发送涉密文件通过公司邮箱,对载有重要文件的电脑设备设置密码等。

第三,当相关重大信息具有公告的条件,“关键少数”应及时将该情况告知上市公司,并建议按照临时信息披露的要求及时发布公告。

第四节

内幕交易的责任认定与推定

内幕交易是指证券内幕信息的知情人员或者非法获取证券内幕信息的人员，在涉及证券发行、证券交易或者其他对证券交易价格有重大影响的信息尚未公开前，买入或者卖出该证券的行为。禁止内幕交易的法理基础在于维护市场公平交易秩序，保障投资者合法权益，对此现行法律体系已作出了较为全面的规定。同前篇论述的泄露内幕信息一样，“关键少数”如涉嫌内幕交易，除存在行政处罚风险外，一旦符合刑事立案追诉条件，更将面临刑事追责。本节将围绕内幕交易的行政、刑事责任认定与推定展开分析，并在文末给出合规建议。

一、什么样的信息属于内幕信息？

《证券法》采用“定义 + 列举”的方式来界定内幕信

息。[①] 但由于内幕信息形式多样,列举范围之外的事项也会被认定内幕信息,因此实务中基于兜底条款进行规制的情况并不鲜见。根据通说,构成内幕信息,其实质上必须同时满足重大性和秘密性两个标准。

(一)内幕信息核心认定标准之一:重大性

重大性是指该信息足以对发行人的证券市场价格产生显著影响,通常需结合股价波动程度、公司财务指标等因素进行综合考量。部分法院在裁判文书中会对内幕信息的"重大性"展开说理。例如,在(2020)京行终667号行政诉讼案件中,法院认定某翔药业的股权激励方案从价格、总额、对象等内容看皆具有重大性,该方案属于能够对证券交易价格产生显著影响的重要信息,在其公开前属于内幕信息。

---

① 《证券法》第52条　证券交易活动中,涉及发行人的经营、财务或者对该发行人证券的市场价格有重大影响的尚未公开的信息,为内幕信息。本法第八十条第二款、第八十一条第二款所列重大事件属于内幕信息。

第80条第2款　前款所称重大事件包括:(一)公司的经营方针和经营范围的重大变化;(二)公司的重大投资行为,公司在一年内购买、出售重大资产超过公司资产总额百分之三十,或者公司营业用主要资产的抵押、质押、出售或者报废一次超过该资产的百分之三十;(三)公司订立重要合同、提供重大担保或者从事关联交易,可能对公司的资产、负债、权益和经营成果产生重要影响;(四)公司发生重大债务和未能清偿到期重大债务的违约情况;(五)公司发生重大亏损或者重大损失;(六)公司生产经营的外部条件发生的重大变化;(七)公司的董事、三分之一以上监事或者经理发生变动,董事长或者经理无法履行职责;(八)持有公司百分之五以上股份的股东或者实际控制人持有股份或者控制公司的情况发生较大变化,公司的实际控制人及其控制的其他企业从事与公司相同或者相似业务的情况发生较大变化;(九)公司分配股利、增资的计划,公司股权结构的重要变化,公司减资、合并、分立、解散及申请破产的决定,或者依法进入破产程序、被责令关闭;(十)涉及公司的重大诉讼、仲裁,股东大会、董事会决议被依法撤销或者宣告无效;(十一)公司涉嫌犯罪被依法立案调查,公司的控股股东、实际控制人、董事、监事、高级管理人员涉嫌犯罪被依法采取强制措施;(十二)国务院证券监督管理机构规定的其他事项。

第81条第2款　前款所称重大事件包括:(一)公司股权结构或者生产经营状况发生重大变化;(二)公司债券信用评级发生变化;(三)公司重大资产抵押、质押、出售、转让、报废;(四)公司发生未能清偿到期债务的情况;(五)公司新增借款或者对外提供担保超过上年末净资产的百分之二十;(六)公司放弃债权或者财产超过上年末净资产的百分之十;(七)公司发生超过上年末净资产百分之十的重大损失;(八)公司分配股利,作出减资、合并、分立、解散及申请破产的决定,或者依法进入破产程序、被责令关闭;(九)涉及公司的重大诉讼、仲裁;(十)公司涉嫌犯罪被依法立案调查,公司的控股股东、实际控制人、董事、监事、高级管理人员涉嫌犯罪被依法采取强制措施;(十一)国务院证券监督管理机构规定的其他事项。

(二)内幕信息核心认定标准之二:秘密性

所谓秘密性,是指该信息仅由少部分内部人员掌握,尚未公开。对应的,内幕信息去密,一方面,包括以法定形式在交易所网站、符合条件的媒体平台上发布,如《中国证券报》《上海证券报》《证券时报》《证券日报》、巨潮资讯网、沪深交易所网站等。另一方面,也包括在法定形式公布前,经媒体揭露被不特定多数投资者知悉和理解,相关信息即已实质性公开,不再具有秘密性。如(2014)一中行初字第2441号案件,法院在判决书中承认了此种信息公开的方式。

值得一提的是,如果某一信息属于不确定信息,但同时具备重大性和秘密性,则亦为内幕信息。行政监管和司法在认定内幕信息时,要求这种不确定性信息能够将内幕信息和虚假信息、谣言、猜测等相区分,还原内幕信息的本质。例如,在(2017)京行终2185号案件中,法院认为,内幕信息的认定并不要求有关事件完全按照所涉事项发生,只要启动重组谈判的情形符合内幕信息的认定标准,内幕信息即已形成。再如,在(2017)鲁05刑初3号案件中,法院认为即便最终收购结果无法确定,但该未公开信息对股价具有影响,且这个信息涉及重大投资行为,已具备内幕信息特征。

二、如何认定内幕信息敏感期?

内幕信息敏感期,即内幕信息自形成至披露的期间。一般来说,内幕信息的公开意味着敏感期的结束,因此敏感期的结束时点较为确定。相较之下,立法以"重大事件"的发生时间、"计划、方案"的形成时间、影响内幕信息形成的动议、筹划、决策或者执行的初始时间作为敏感期的起算点,表意较模糊。[①] 然而，是否属于敏感期直接关系到证券交易行为是否异常以及违法所得的认定，故敏感期的判断也是实践中的争议焦点之一。

对内幕信息的敏感期判断，笔者认为，应结合该信息达到重大性与一定程度确定性的时间节点进行综合考量。

（一）敏感期认定标准之一：信息具有重大性

内幕信息的本质是其对证券价格产生重大影响的可能性，这种可能性会影响证券投资市场的公平交易，造成股价的异常波动。因此，判断内幕信息形成时间点时，应当寻找内幕信息演变过程中满足“重大性”特征的标志性事件或者节点，这个事件或节点足以使普通投资者作出不一样的投资决策。实践中，启动尽职调查、[②]签署保密协议、[③]高层达成初步合作意愿、[④]就主要事实达成一致、[⑤]形成战略合作框架协议、[⑥]正式达成合作等事项均可能影响投资者的投资决策，成为内幕信息敏感期的起算时间节点。

（二）敏感期认定标准之二：信息具有相对确定性

从立法规定的敏感期形成时间来看，立法者主要考虑到此时该信息实质上已具备一定程度的确定性，进而可能影响证券交易的价格。在（2020）京行终 7895 号案件中，某公司利润分配方案在 2016 年 11 月 18 日得到管理

---

① 《内幕交易司法解释》第 5 条　本解释所称“内幕信息敏感期”是指内幕信息自形成至公开的期间。证券法第六十七条第二款所列“重大事件”的发生时间，第七十五条规定的“计划”、“方案”以及期货交易管理条例第八十五条第十一项规定的“政策”、“决定”等的形成时间，应当认定为内幕信息的形成之时。影响内幕信息形成的动议、筹划、决策或者执行人员，其动议、筹划、决策或者执行初始时间，应当认定为内幕信息的形成之时。内幕信息的公开，是指内幕信息在国务院证券、期货监督管理机构指定的报刊、网站等媒体披露。

② 北京监管局行政处罚决定书，〔2022〕28 号。

③ 福建监管局行政处罚决定书，〔2015〕2 号。

④ 中国证监会行政处罚决定书，〔2018〕2 号。

⑤ 中国证监会行政处罚决定书，〔2023〕4 号。

⑥ 中国证监会行政处罚决定书，〔2023〕16 号。

层签字确认,法院在认定内幕信息形成时间时表述为“不晚于2016年11月13日”,即类似的签字、批准、决议等将该内幕信息作形式上确认前,该内幕信息的形成已在实质上达到一定程度的确定,进而推断敏感期的节点。

三、明示或暗示他人交易属于泄露内幕信息还是内幕交易?

明示或暗示他人交易作为内幕交易的一种常见行为样态,指的是行为人在其获知内幕信息的基础上,通过明示或暗示的方式建议他人进行证券、期货交易,如提出交易时机、交易证券、期货合约的种类、交易证券期货的价位、交易量的大小等。[①] 明示抑或暗示的区分,关键在于行为人的提示内容中是否明确包含内幕信息内容。如明确告知现有重组计划而提示他人进行相关交易则属于明示,仅说明股价即将上涨、建议买入则为暗示。从实务控辩角度而言,没有将内幕信息明确透露给他人或交易人并不知悉具体信息内容,通常无法成为不予构罪的有效抗辩,该观点已在前文做出分析,此处不再详述。

明示或暗示他人交易在证券法中直接表述为“建议他人买卖相关证券”,而在《刑法》上属于“内幕交易罪”还是“内幕交易”“泄露内幕信息罪”还持续存在争议。对此笔者认为,“明示或暗示他人交易”行为模式如何定性,应当回归到行为人自身系泄露故意还是交易故意、客观上是否存在通过他人达成本人交易的行为。

如(2021)京02刑初154号案件,内幕信息知情人建议同案交易人买入标的股票,但经查客观上本人未从中获利,也无证据证实其泄露行为具有个人牟利目的,亦不能证实其与交易人具有共同交易的主观故意和客观

① 参见刘宪权:《论内幕交易犯罪最新司法解释及法律适用》,载《法学家》2012年第5期。

行为,最终被判泄露内幕信息罪。该情形下,法院认为“明示、暗示他人交易”是泄露内幕信息的一种手段行为,所以按泄露处理。

再如,江苏省南通市中级人民法院(2010)通中刑二初字第0005号(人民法院案例库入库号:2024－04－1－120－00)案件,内幕信息知情人在内幕信息尚未公开前,向其配偶泄露该信息,共同利用所知悉的内幕信息进行股票交易,被判内幕交易罪。该情形下,因其除泄露行为外亦有单独的交易行为的事实,同时具备交易故意,被法院认定成立内幕交易。

四、传递型案件中内幕交易责任在传递型案件中如何推定?

内幕交易案件推定规则系“谁主张、谁举证”原则的例外情形。内幕交易的推定规则主要规定在《最高人民法院关于审理证券行政处罚案件证据若干问题的座谈会纪要》(以下简称《座谈会纪要》)①和《内幕交易司法解释》②两份司法文件中。

---

① 《座谈会纪要》五、关于内幕交易行为的认定问题　会议认为,监管机构提供的证据能够证明以下情形之一,且被处罚人不能作出合理说明或者提供证据排除其存在利用内幕信息从事相关证券交易活动的,人民法院可以确认被诉处罚决定认定的内幕交易行为成立:(一)证券法第七十四条规定的证券交易内幕信息知情人,进行了与该内幕信息有关的证券交易活动;(二)证券法第七十四条规定的内幕信息知情人的配偶、父母、子女以及其他有密切关系的人,其证券交易活动与该内幕信息基本吻合;(三)因履行工作职责知悉上述内幕信息并进行了与该信息有关的证券交易活动;(四)非法获取内幕信息,并进行了与该内幕信息有关的证券交易活动;(五)内幕信息公开前与内幕信息知情人或知晓该内幕信息的人联络、接触,其证券交易活动与内幕信息高度吻合。

② 《内幕交易司法解释》第2条　具有下列行为的人员应当认定为刑法第一百八十条第一款规定的“非法获取证券、期货交易内幕信息的人员”:(一)利用窃取、骗取、套取、窃听、利诱、刺探或者私下交易等手段获取内幕信息的;(二)内幕信息知情人员的近亲属或者其他与内幕信息知情人员关系密切的人员,在内幕信息敏感期内,从事或者明示、暗示他人从事,或者泄露内幕信息导致他人从事与该内幕信息有关的证券、期货交易,相关交易行为明显异常,且无正当理由或者正当信息来源的;(三)在内幕信息敏感期内,与内幕信息知情人员联络、接触,从事或者明示、暗示他人从事,或者泄露内幕信息导致他人从事与该内幕信息有关的证券、期货交易,相关交易行为明显异常,且无正当理由或者正当信息来源的。

根据上述文件，在传递型内幕交易中进行责任认定时，应对内幕信息知情人采取“身份证明 + 行为推定”方式，对非法获取内幕信息的人员采取“身份证明”或“身份推定 + 行为推定”方式。

(一)内幕信息知情人责任推定："身份证明 + 行为推定"

对于内幕信息知情人，实务中需有证据证明内幕信息知情人身份，即身份证明。如当事人已获取内幕信息知情人主体身份，则其在敏感期内进行的与内幕信息对应股票相关的交易即被推定成立内幕交易。例如，在(2010)通中刑二初字第0005号案例中，行为人因所任职务参与改革重组相关会议，知悉资产重组的内幕信息，被认定为内幕信息知情人。其个人从事内幕交易，最终成立内幕交易罪。

(二)非法获取内幕信息人员责任推定："身份证明"或"身份推定 + 行为推定"

对于非法获取内幕信息的人员，《内幕交易司法解释》第2条将其分类为三类：非法手段型、特定身份型和积极联系型。其中非法手段型的证明方式与内幕信息知情人一致，身份上需证明当事人系通过非法手段获取内幕信息，行为上则根据当事人在敏感期内交易相关股票推定为内幕交易。特定身份型与积极联系型的证明方式则均采取“身份推定 + 行为推定”。特定身份型将内幕信息知情人近亲属及与其关系密切人员推定为非法获取内幕信息的人员，而积极联系型将与内幕信息知情人联络、接触的人员推定为非法获取内幕信息的人员。如上述行为人的交易行为与内幕信息高度吻合，则推定构成内幕交易。

五、多次传递案件中是否适用“二次推定”？

多次传递是指内幕信息知情人近亲属、密切关系人和联络接触人等知悉内幕信息主体涉及二次及以上的信息传递。值得注意的是，对多次传递进行责任认定时，行政和刑事的处理方式有所不同。

（一）行政监管层面：对“二次推定”持谨慎态度

在行政监管层面，在此类长距离内幕交易案件中，监管机构对于“二次推定”的适用持谨慎态度，但也不能完全排除“二传手”被追责的风险。如在韩某内幕交易某大网新案中，[①]马某在敏感期内与法定知情人赵某有过联络接触，而韩某与马某关系密切，并在敏感期内交易了某大网新股票，最终被监管认定构成内幕交易。

（二）刑事层面：基于主体要件进行推定

在刑事惩处层面，需结合“二传手”是否具有特殊主体身份进行责任判别。

若“二传手”属于内幕信息知情人或非法获取内幕信息的人员，则有可能推定构成内幕交易罪。如（2015）粤高法刑二终字第151号案件，二手获取内幕信息并交易的人员魏某被推定为“非法获取人员”，进而构成内幕交易罪。

若“二传手”既不属于内幕信息知情人，也不属于法定的三类非法获取内幕信息人员，则无需对其后续信息接收者的行为担责。例如，在（2015）粤高法刑二终字第215号案件中，“二传手”陈某系内幕信息知情人员冯某

① 浙江证监局行政处罚决定书，〔2019〕1号。

姻亲,自冯某司机处获悉了内幕信息,后又对外传递信息并进行交易。法院未推定陈某为非法获取内幕信息人员,最终也未判其构成内幕交易罪。

六、上市公司应如何防范内幕交易风险?

内幕交易网络错综复杂,交易手段隐蔽多样,上市公司在日常经营过程中稍有不慎就可能引发一系列合规风险。为规避风险,上市公司应做到以下四点"高度关注"。

(一)高度关注监管合规,避免出现合规事件

涉上市公司"关键少数"的内幕交易不仅会给公司经营和市值带来恶劣市场影响,还会触发多重法律风险。结合交易所"异动快报"等线索,以及监管、司法机关的立体化追责态势,内幕交易极易被发现且查处难度较低。一旦被行政立案,不仅可能面临巨额罚款,还有被追究刑事责任的风险。因此,上市公司应当重视合规管理体系的建设,明确合规部门的职责和权限,定期对公司内部的合规政策进行审查和更新,提升包括"关键少数"在内的各方主体的合规意识,为公司营造良好的合规环境。

(二)高度关注收并购和重大资产重组中的内幕交易风险

据统计,超过80%的内幕交易、泄露内幕信息案发生在重大资产重组和收并购环节,可见这些领域中的交易问题监管调查的重点所在。故而在收并购和重大资产重组过程中,上市公司需要严格控制信息披露的流程,确保所有与交易相关的信息在正式公告前不被泄露,尤其加强对交易相关人员的管理和监控。具言之,针对参与收并购和重大资产重组的关键人员,公司可以考虑通过签署保密协议等形式,实施信息屏障,明确相关主体责任,避免内幕信息在不同部门之间的随意流动。

（三）高度关注“关键少数”的主体风险

根据笔者团队办案经验，上市公司的实控人、大股东和董监高等“关键少数”，甚至是被并购方，都是内幕交易风险高发群体。因此，上市公司董事长和董秘作为内幕信息管理第一责任人，在日常管理过程中，应当依据最小知情人范围原则，严格限制、规范登记知悉内幕信息的主体，做好内幕信息敏感期内关键主体的股份变动监控，并在公司内部制度中明确内幕信息泄露者的责任并严格问责。同时，其余的“关键少数”，也应当充分注重履职的合规性，加强自我约束，避免职权的滥用。

（四）事后掌握程序规则，高度关注案件走向

“长牙带刺”监管态势下，证券违法犯罪“行刑衔接”机制不断完善。对于内幕交易类案件，有未经监管处罚直接移送公安机关的实例，也有案件是在行政处罚后的一段时间被移送至公安机关。结合笔者团队的办案实务，上市公司及“关键少数”应当做到以下“三个关注”：

第一，关注预警，及时应对。在前期收到内幕交易行政处罚立案告知书后，应当第一时间决策出风险处置方案，避免“久拖不决”，导致问题持续发酵。此外，公司应摒弃“以行阻刑”的错误思想，避免贻误最佳风险处置时间。

第二，关注申辩，积极行权。由于内幕交易案件在行政阶段认定的证据有很大概率会被刑事阶段所采纳，对此应充分注重与行政监管机构的解释与沟通工作，及时自主梳理案件事实，妥善且充分行使听证权、陈述申辩权等。

第三，关注红线，避免误判。如经专业证券合规律师评估，案件已经达到了内幕交易的刑事追诉标准、刑事移送成为必然，公司及“关键少数”则应当从经营管理、信息披露、危机应对、及时整改等多个方面入手降低刑事风险负面影响。

第五节

上市公司股份减持合规性指引

近年来,上市公司股东减持股份行为层出不穷,一纸减持公告导致股价大跌的情况屡见不鲜,这也引发了监管层面频频"亮剑"。2024 年 5 月 24 日,中国证监会公布《上市公司股东减持股份管理暂行办法》[①]及配套规则(以下简称减持新规),旨在通过"实质重于形式"的原则,强化对"绕道减持"等行为的穿透式监管。本节将聚焦于股东减持承诺、离婚减持、司法处置减持、破发、破净、分红不达标减持、借用工具减持等情形下的常见问题,并于文末给出合规建议。

---

① 为贯彻落实新《公司法》,2025 年 3 月 27 日,中国证监会对《上市公司股东减持股份管理暂行办法》《上市公司董事、监事和高级管理人员所持本公司股份及其变动管理规则》予以修改,本次修改删去《上市公司股东减持股份管理暂行办法》第二条、第二十四条中的"监事",将第二十四条中的"《上市公司董事、监事和高级管理人员所持本公司股份及其变动管理规则》"修改为"《上市公司董事和高级管理人员所持本公司股份及其变动管理规则》"。

一、什么是股东减持承诺?

上市公司首发前,股东通常都会在首次公开发行股票的招股说明书中作出关于股票减持意向的承诺。由于减持意向承诺一经签署即具有相应法律效力并最终会公开披露,因此相关股东应慎重对待该承诺,以避免违规减持风险。

(一)减持承诺的作出主体

根据中国证监会《监管规则适用指引——发行类第4号》规定,[①]公开发行前持股5%以上的股东应当出具减持意向承诺。具体而言,可以分为三类承诺主体:一是控股股东;二是持股5%以上同时担任董事或高管的股东;三是其他持股5%以上的股东。

(二)违背减持承诺的常见情形

根据减持新规,[②]上市公司大股东、董事和高级管理人员就其所持股份

---

① 《监管规则适用指引——发行类第4号》4-19首发相关承诺

(4)关于持股5%以上股东持股意向

发行前持股5%及其以上的股东必须至少披露限售期结束后24个月内的减持意向,减持意向应说明减持的价格预期、减持股数,不可以"根据市场情况减持"等语句敷衍。招股说明书及相关申报材料应披露该等股东持有股份的锁定期安排,将在满足何种条件时,以何种方式、价格在什么期限内进行减持;并承诺在减持前3个交易日予以公告,通过证券交易所集中竞价交易首次减持的在减持前15个交易日予以公告。如未履行上述承诺,要明确将承担何种责任和后果。

② 《上市公司股东减持股份管理暂行办法》第4条　上市公司股东应当遵守《公司法》、《证券法》和有关法律、行政法规,中国证券监督管理委员会(以下简称中国证监会)规章、规范性文件以及证券交易所规则中关于股份转让的限制性规定。上市公司股东就限制股份转让作出承诺的,应当严格遵守。

《上市公司董事和高级管理人员所持本公司股份及其变动管理规则》第2条　上市公司董事和高级管理人员应当遵守《公司法》、《证券法》和有关法律、行政法规,中国证监会规章、规范性文件以及证券交易所规则中关于股份变动的限制性规定。上市公司董事和高级管理人员就其所持股份变动相关事项作出承诺的,应当严格遵守。

变动相关事项作出承诺的，应当严格遵守。

实践中，常见的违反承诺情形包括36个月锁定期内减持，一定期限内的超比例减持，一定期限内的减持价格低于承诺价，减持前3个交易日未履行披露义务等。

例如，盐城某合伙企业作为持有某上市公司首次公开发行前发行股份的股东，曾在上市公司《招股说明书》中承诺减持股份时提前3个交易日通知公司予以公告，并按照有关规定及时、准确地履行信息披露义务。但该合伙企业于2024年4月23日至24日减持上市公司股票269，313股，未按承诺提前通知上市公司予以公告。最终，广东监管局决定对该合伙企业采取了责令改正的行政监管措施。①

二、离婚分割股份是否受减持规则限制？

上市公司“关键少数”离婚，无论是分割股份本身还是其配偶后续减持股份，都可能会对上市公司及中小股东利益产生不同程度的影响，因此离婚减持也受到减持新规的规制。

（一）离婚时的股份转让限制

第一，对处在锁定期的上市公司股份，“关键少数”因离婚割股后，受让股份的非股东配偶也要受到该名“关键少数”所受锁定期约束。以某泉华实控人张某与窦某离婚案为例，②窦某在取得公司股份时，同时承诺将继续履行张某作出的股份锁定、减持等承诺。

第二，“关键少数”和其配偶离婚后，需要共同遵守减持比例限制，不得

① 广东监管局采取责令改正措施的决定，〔2024〕45号。

② 参见某泉华：《关于实际控制人权益变动的提示性公告》，载巨潮资讯网，http://static.cninfo.com.cn/finalpage/2022-04-13/1212901228.PDF。

通过技术性离婚实现资本市场巨额套现。实践中,“天价离婚案”屡见不鲜。例如,某知名互联网公司曾在股价高位时发布公告称,[①]公司实控人周某已与配偶胡某解除婚姻关系,周某拟将其直接持有的公司6.25%股份分割至胡某名下。此时,周某与胡某二人仍需恪守诸如集中竞价交易任意连续90个自然日内减持不超过1%等减持比例限制。

(二)离婚减持的信披义务约束

持股5%以上大股东或董监高因离婚导致股份分割,同时触发本人或配偶的股份减持行为,则需依法履行权益变动披露义务。

以上市公司大股东及其配偶的信披义务为例,如离婚导致所持股份比例增减5%的,需要自离婚之日起3日内编制权益变动报告,并发布提示性公告。如离婚导致所持股份比例增减1%的,则需在事实发生的次日通知上市公司并予以公告。

当然,实践中一种常见情形是“不分股、只分钱”,即离婚双方仅约定分割所持上市公司股份的收益权,股份所有权并未因离婚而发生变动。一方在仅取得股份收益权的情况下,无需进行信息披露。

三、上市公司股票司法处置是否受减持规则约束?

上市公司股票流动性强、具有财产价值,已经逐渐成为当下司法实务中常见的被执行财产。在对上市公司股票进行司法强制执行背后,不仅关系到申请人与被执行人的合法权益,还关系到该公司和投资者的切身利益,故减持新规再次强调了股票司法处置相关问题。

---

① 参见某六零:《关于股东权益变动的提示性公告》,载巨潮资讯网,http://static.cninfo.com.cn/finalpage/2023-04-05/1216331111.PDF。

（一）司法处置的常见方式

在司法实践中，上市公司股票司法处置的方式包括当事人协商自行交易、和解以股抵债、二级市场处置、直接划扣和司法拍卖的变价措施。法院在制定处置方案之前，需要告知当事人各类处置方式及相应的风险并征询处置意见，如果当事人之间协商一致通过自行交易或者以股抵债以清偿债务的，经审查不违反相关规定和市场秩序的，法院可以准许。

（二）司法处置的减持限制

根据减持新规，[①]对于上市公司股票进行司法处置过程中是否需要受到减持限制，实际取决于具体的司法执行方式。

1. 通过二级市场处置股票需要遵循减持规则

集中竞价交易和大宗交易都是借助于二级市场对上市公司股票进行的市场化处置，因此两种处置方式均需要遵守相关减持规定，[②]否则将面临违规减持风险。

例如，在锁定期内，某卡拉支付股份有限公司股东陈某所持500万股股份被司法拍卖，并完成了过户登记手续。其后，北京监管局决定对陈某采取出具警示函的监督管理措施，并记入证券期货市场诚信档案。[③]

---

① 《上市公司股东减持股份管理暂行办法》第15条第1款　股东因司法强制执行或者股票质押、融资融券、约定购回式证券交易违约处置等减持股份的，应当根据具体减持方式分别适用本办法的相关规定，并遵守证券交易所的相关规则。

② 《上市公司股东减持股份管理暂行办法》第12条　大股东通过证券交易所集中竞价交易减持股份，或者其他股东通过证券交易所集中竞价交易减持其持有的公司首次公开发行前发行的股份的，三个月内减持股份的总数不得超过公司股份总数的百分之一。

第14条　大股东通过大宗交易方式减持股份，或者其他股东通过大宗交易方式减持其持有的公司首次公开发行前发行的股份的，三个月内减持股份的总数不得超过公司股份总数的百分之二；股份受让方在受让后六个月内不得减持其所受让的股份。

③ 北京监管局行政监管措施决定书，〔2021〕185号。

2. 通过司法拍卖处置不需要遵循减持规则

对于非限售流通股,由于司法拍卖属于非交易过户,不受减持规定限制,可以一次性、大比例处置股票,但买受人的后续减持应当遵守减持比例、信息披露的规定。

对于限售流通股,根据《最高人民法院执行办公室关于执行股份有限公司发起人股份问题的复函》,[①]《公司法》中关于发起人限售流通股的规定不适用于法院强制执行。但是,股份受让人应当继受发起人的地位,承担发起人的责任。

四、破发、破净、分红不达标情形下是否会影响减持?

减持新规明确了控股股东、实控人在破发、破净、分红不达标等情形下不得通过集中竞价交易或者大宗交易减持股份,具体合规要点如下。

(一)破发、[②]破净[③]减持严格受限

减持新规下,破发、破净情形下的减持标准进一步从严从紧。监管要求控股股东、实控人在减持前,连续 20 个交易日都不得破发、破净,从而避

① 《最高人民法院执行办公室关于执行股份有限公司发起人股份问题的复函》和《公司法》第 147 条中关于发起人股份在 3 年内不得转让的规定,是对公司创办者自主转让其股权的限制,其目的是防止发起人借设立公司投机牟利,损害其他股东的利益。人民法院的强制执行不存在这一问题。被执行人持有发起人股份的有关公司和部门应当协助人民法院办理转让股权的变更登记手续。

② 《上市公司股东减持股份管理暂行办法》第 11 条第 1 款　最近二十个交易日中,任一日股票收盘价(向后复权)低于首次公开发行时的股票发行价格的,上市公司首次公开发行时的控股股东、实际控制人及其一致行动人不得通过证券交易所集中竞价交易或者大宗交易方式减持股份,但已经按照本办法第九条规定披露减持计划,或者中国证监会另有规定的除外。

③ 《上市公司股东减持股份管理暂行办法》第 10 条　存在下列情形之一的,控股股东、实际控制人不得通过证券交易所集中竞价交易或者大宗交易方式减持股份,但已经按照本办法第九条规定披露减持计划,或者中国证监会另有规定的除外:……(二)最近二十个交易日中,任一日股票收盘价(向后复权)低于最近一个会计年度或者最近一期财务报告期末每股归属于上市公司股东的净资产的。

免操纵股价配合减持的情形发生。

例如，在减持新规后首个违规案例中，某方时尚控股股东顶风作案，在股价已破发的情况下，通过大宗交易方式减持公司股份340万股，涉及金额达2203.2万元。最后，北京证监局和上交所分别对此采取了责令改正和监管警示措施，实控人也因涉嫌操纵证券市场被采取刑事强制措施。

（二）分红不达标①减持要求从严

监管要求剔除亏损的年度，实质是为防范亏损公司在仅有少量分红的情况下就减持股票。因此，如果公司连续3年亏损，即使因累计未分配利润为正而分红，控股股东和实控人也不得减持。

例如，张某作为上海某安水务股份有限公司第一大股东，因执行人民法院生效裁判，于2023年11月23日至28日通过集中竞价方式减持公司股份104.57万股，减持比例为0.16%。但是，由于公司存在最近3年未进行现金分红等情形，根据相关减持规定，张某不得通过二级市场减持股份。最终，张某因违规减持被深交所出具了监管函。②

五、借用“工具”绕道减持是否会受到限制？

根据减持新规，“关键少数”同样不得通过“工具”绕道减持。所谓“工具”包括融资融券、转融通出借股份、衍生品交易、认购ETF等。

（一）“工具”绕道的减持限制

减持新规防范上市公司“关键少数”通过各种工具变相减持，主要有以

---

① 《上市公司股东减持股份管理暂行办法》第10条第1项　最近三个已披露经审计的年度报告的会计年度未实施现金分红或者累计现金分红金额低于同期年均归属于上市公司股东净利润的百分之三十的，但其中净利润为负的会计年度不纳入计算。

② 深圳证券交易所创业板监管函，〔2024〕第66号。

下四大限制：

第一，大股东不得融券卖出本公司股份；

第二，不得开展以本公司股票为合约标的物的衍生品交易，防范借用衍生品变相实现减持；

第三，持有的股份在限制转让期限内或者存在其他不得减持情形的，股东不得通过转融通出借、融券卖出；

第四，要求股东获得有限制转让期限的股份前，需先行了结已有融券合约。

股东如因参与认购、申购 ETF 减持股份的，也应遵照集中交易减持规定，并在减持前、中、后分别依规履行信披义务。

（二）“工具”绕道减持的典型案例

某核钛白案是因借用工具减持而受到行政处罚的典型案例。[①] 该案中，实控人曾作出过减持承诺，但其后又通过场外衍生品交易安排，在公司非公开发行中“变相”减持，并隐瞒自己的实际交易情况，造成发行报告中存在虚假记载。最终，因违反限制性规定转让股票和信息披露违法，该实控人及相关共同违法行为人被没收违法所得 7000 万余元，处以罚款 1 亿 5000 万余元。

六、违规减持可能面临哪些法律后果？

（一）刑事责任

“关键少数”违规减持将触发内幕交易、操纵证券市场等多重刑事责任

① 中国证监会行政处罚决定书，〔2024〕45 号。

风险。对于内幕交易式的违规减持,通常表现为大股东或董监高在减持股份时,利用未公开的重大信息进行交易。对于操纵市场式的违规减持,则一般是大股东通过大宗交易或集中竞价交易等方式,人为制造股票市场波动,从中赚取高额利差。

某方时尚案就是因违规减持涉嫌刑事犯罪的典型案例。在 2023 年 8 月 7 日减持规定已发布的情况下,8 月 8 日,某方时尚控股股东通过大宗交易方式,"顶风"减持公司股份 340 万股,经测算存在股价破发情形。其后,不仅相关主体受到监管措施,某方时尚的实控人、董事长更是因涉嫌操纵市场罪,被上海市人民检察院第一分院批捕。①

(二)行政责任

"关键少数"违规减持的,还可能面临中国证监会及派出机构的行政处罚和行政监管措施。行政处罚手段包括责令改正,给予警告,没收违法所得,以及处以买卖证券等值以下的罚款。② 行政监管措施则涵盖记入诚信档案,监管谈话、责令公开说明、责令改正、出具警示函、认定为不适当人员等。③ 需特别注意的是,新规正式将"责令购回并向上市公司上缴价差"作为一项行政监管措施,且该回购豁免了关于短线交易的限制性规定。

---

① 参见某方时尚:《关于公司实际控制人、董事长被采取刑事强制措施的公告》,载巨潮资讯网,http://static.cninfo.com.cn/finalpage/2023-09-16/1217873376.PDF。

② 《证券法》第 186 条 违反本法第三十六条的规定,在限制转让期内转让证券,或者转让股票不符合法律、行政法规和国务院证券监督管理机构规定的,责令改正,给予警告,没收违法所得,并处以买卖证券等值以下的罚款。

第 36 条 依法发行的证券,《中华人民共和国公司法》和其他法律对其转让期限有限制性规定的,在限定的期限内不得转让。上市公司持有百分之五以上股份的股东、实际控制人、董事、监事、高级管理人员,以及其他持有发行人首次公开发行前发行的股份或者上市公司向特定对象发行的股份的股东,转让其持有的本公司股份的,不得违反法律、行政法规和国务院证券监督管理机构关于持有期限、卖出时间、卖出数量、卖出方式、信息披露等规定,并应当遵守证券交易所的业务规则。

③ 《上市公司股东减持股份管理暂行办法》第 29 条 上市公司股东减持股份违反本办法、中国证监会其他规定的,为防范市场风险,维护市场秩序,中国证监会可以采取责令购回违规减持股份并向上市公司上缴价差、监管谈话、出具警示函等监管措施。上市公司股东按照前款规定购回违规减持的股份的,不适用《证券法》第四十四条的规定。

关于上缴“价差”，目前并未有明确的法律法规规定。在实践中，行政监管措施文书中多使用“本次购回股票买入金额与卖出金额之间的金额价差”[①]“差额部分收益”等来表述上缴部分金额。在具体计算上，实际买卖均价的差额、实际卖出均价与应然卖出均价的差额、发行价与实际卖出均价的差额等均可作为价差计算公式，实务并无定论。

2024 年 7 月，江苏监管局开出了减持新规下的首例罚单。[②] 某合伙企业作为某上市科技公司的股东，在未提前公告的情况下减持。江苏证监局依据减持新规，责令购回违规减持股份并向上市公司上缴价差。随后，上市公司股东致歉，承诺购回并上缴“价差”。

(三) 民事责任

如果信息披露义务人未履行信息披露义务导致投资者遭受损失，亦将面临民事赔偿风险。根据最高人民法院出台的《关于证券纠纷代表人诉讼若干问题的规定》，投资者可以通过普通代表人诉讼和特别代表人诉讼提起索赔，并要求责任主体承担因股价下跌等造成的投资损失。

关于具体损失的计算，同上述行政风险中的待上缴“价差”，实践中尚无通行做法。以(2022)粤 03 民初 7385 号案件为例，法院参考了中国证监会在行政处罚决定中计算内幕交易收益时采用的“虚拟成本法”，以当事人应启动回购程序最后 1 日起第 10 个交易日的均价为基准价，并以被告超比例减持年度所卖出的减持均价作减法，最终计算出所得收益归入原告所有。

---

① 宁波监管局行政监管措施决定书，〔2024〕26 号。

② 江苏监管局行政监管措施决定书，〔2024〕124 号。

七、"关键少数"有哪些合规减持的注意要点?

为确保减持行为的合规性,"关键少数"可从事前、事中、事后三个维度入手,进行合规风险管理。

(一)事前:充分准备与风险预判

1. 定期自查交易情况

"关键少数"应当按时开展自查,全面梳理自身账户情况、特殊交易工具(如融资融券、收益互换等),并依据减持新规自查交易,以确认是否存在违规行为或潜在违规风险。对于离婚割股、司法处置等存在疑问、不确定是否构成违规的行为,建议提前与监管机构、上市公司以及专业律师团队进行沟通确认,从而有效预防违规风险的发生。

2. 审慎对待减持承诺

在被投企业 IPO 过程中,作为持有首发前股份的股东,应审慎对待需签署的各项承诺函,尤其关注其中"主动承诺"的内容,是否超出规则要求的限度、必要性以及对后续减持的影响,从而作出合理承诺。

在公司上市后,应当严格、审慎遵守相应承诺及监管要求。若上市时作出了违规减持将上缴收益的承诺,应主动将违规减持所得收益上缴给公司。

(二)事中:规范操作与及时信披

1. 关注减持方式与节奏

一方面,在通过二级市场减持时,应合理选择集中竞价、大宗交易、协议转让等减持方式,避免因操作方式不当引发违规。如存在破发、破净、分红不达标的情况,则不得通过大宗交易或集中竞价的方式减持公司股份。

另一方面,需控制减持节奏,确保在限制期内减持股份不得超过法定上限。例如,任意连续90个交易日内,集中竞价减持比例不超过1%,大宗交易减持比例不超过2%。再如,在董监高任职期和任期届满后6个月内,年度减持股份不得超过25%。

2. 及时履行信披义务

除减持前披露减持计划、减持后及时公告减持情况外,若遭遇离婚、司法诉讼等重大事件,同样应当予以信息披露。特别是在所持股份因司法强制执行、质押平仓等原因出现被动减持的情形下,应主动了解减持的时间节点,并向法院及质权人告知减持预披露要求和比例限制等内容,积极遵循减持规则。一旦获知股份存在被动减持风险时,应立即进行披露,并及时公布相关进展与最终结果。

(三)事后:风险补救与查漏补缺

1. 积极采取补救措施

若因疏忽或误解导致违规减持,建议主动购回违规减持股份,并向上市公司上缴差价收益。同时,发布致歉公告,并承诺未来6~12个月内不减持,以稳定市场预期,降低监管处罚风险。

2. 完善台账及审查机制

应及时纠偏、完善制度、建立长效机制。通过完善减持台账及内部审查机制,对减持行为进行全程跟踪与动态监控,发现问题立即纠正。从而构建系统化、常态化、自主化的合规监管,防范违规减持风险的再度发生。

第六节

上市公司股权代持与短线交易问题研究

在证券市场的复杂生态中，诸多违法行为如财务造假、内幕交易等往往备受瞩目，成为监管与舆论的焦点。然而，股权代持与短线交易这两类行为，犹如隐匿于暗处的暗流，往往未能得到足够的关注与重视。但实际上，这两类行为均涉及证券交易，同样会对证券市场的公平、公正与稳定秩序构成潜在威胁。

股权代持作为一种特殊的持股安排，在商业实践中虽有一定的存在合理性，在上市公司的语境下，却引发了诸多法律争议与风险考量。而短线交易，作为法律为防范内幕交易风险而构建的事前屏障，一旦违反，行为人将面临民事归入责任与行政处罚的双重法律风险。本节将深入探究以上问题，进而思考相关主体应如何有效避免此类风险。

一、上市公司股权代持是否有效？

（一）股权代持的概念与一般性规则

股权代持也称委托持股，是指实际出资人与名义出资人订立协议，约定出资和收益分配等权利义务，名义出资人作为显名股东，实际出资人作为隐名股东的行为。在商业实践中，出于股东身份保密、股东资格受限、规避竞业限制等因素考虑，股权代持是一种较为常见的持股方式。《最高人民法院关于适用〈中华人民共和国公司法〉若干问题的规定（三）（2020 修正）》将有限责任公司股权代持行为的本质认定为普通的合同行为，确立了“原则有效，例外无效”的司法规则。

（二）上市公司适用的特殊性规则

对负有信息披露义务的上市公司而言，有关股权代持的问题一直未有明确的法律规定或司法解释，属于司法实务中的争议话题。2023 年《公司法》实施前，司法实践从“违背公序良俗”的角度，认为股权代持行为导致股权结构不清晰、信息披露不准确、关联交易审查不充分，进而影响“损害市场秩序”“损害公众利益”，有损公序良俗，对股权代持协议主要持无效的态度。

2023 年《公司法》首度从法律层面回应了这一问题，规定“禁止违反法律、行政法规的规定代持上市公司股票”。笔者认为，该条款从强制性规定的角度对上市公司股票代持行为予以规制，其被认定无效的可能性进一步提升。并且,配套司法解释[①]与相关解读[②]明确该条款具有溯及过往的效力,适用范围涵盖2023年《公司法》实施前订立、施行后持续履行的股权代持行为。

当然,上市公司股权代持协议的效力仍需结合个案进行具体分析,上述裁判观点并非适用上市公司股权代持的所有情形。如某项代持安排并非旨在规避关于股东持股比例、禁售期限制、信息披露要求等法律强制性规定,且所涉及的持股比例较小,对证券市场的交易秩序及广大投资者的利益影响轻微,那么此类代持协议仍有可能依《最高人民法院关于适用〈中华人民共和国民法典〉合同编通则若干问题的解释》第16条"强制性规定虽然旨在维护社会公共秩序,但是合同的实际履行对社会公共秩序造成的影响显著轻微,认定合同无效将导致案件处理结果有失公平公正"的合同效力除外条款被认定有效。具体地,股权比例的大小标准可以参考《上交所关于进一步规范股东穿透核查的通知》《深交所关于进一步规范股东穿透核查的通知》中的规定,"持股较少可结合持股数量、比例等因素综合判断。原则上,直接或间接持有发行人股份数量少于10万股或持股比例低于0.01%的,可认定为持股较少"。

---

① 《最高人民法院关于适用〈中华人民共和国公司法〉时间效力的若干规定》第3条　公司法施行前订立的与公司有关的合同,合同的履行持续至公司法施行后……因公司法施行后的履行行为发生争议的下列情形,适用公司法的规定:(一)代持上市公司股票合同,适用公司法第一百四十条第二款的规定……

② 详见高晓力、麻锦亮、丁俊峰:《〈关于适用公司法时间效力的若干规定〉的理解与适用》,载《人民司法》2024年第19期,"公司法施行前,法律、行政法规没有直接规定禁止代持上市公司股票或股份,公司法第一百四十条规定,禁止违反法律、行政法规的规定代持上市公司股票。此修订目的在于保护投资者的权益、维护市场的公平性及稳定性,符合公司法立法目的,故可溯及适用"。

二、上市公司股权代持有哪些法律风险?

(一)合同无效引发的民事责任纠纷

如代持协议被认定无效,实际出资人的股东显名化和投资收益主张将直接受到影响。一般来说,合同无效的法律效果包括返还财产、折价补偿和过错赔偿。为避免助长股权代持的违规行为,如隐名股东不符合法定股东资格条件,名义股东所持有的股权就属于“不能返还”的财产。此种情况下,法院较大概率不会支持隐名股东的股权过户请求。

并且,除代持关系外,即便双方之间的委托投资关系仍然有效,隐名股东也可能无法获得全部投资收益。当前,司法实务主张适用公平原则,根据双方对投资收益的贡献程度以及对投资风险的承担安排分割相关投资利益。因此,鉴于名义股东在投资过程中通常实际履行了股东权利的行使职责,对于筹备公司上市、投资事务管理等事项发挥了配合作用,名义股东有权享有部分投资利益,作为对其贡献的认可。

(二)行政处罚风险

发行人或上市公司股东存在股权代持行为的,相关责任主体可能构成违规信披,面临相应的行政处罚风险。并且,无论民事权益最终归属于哪一方当事人,都不影响行政管理部门依法作出行政处罚。

无论是在注册过程中还是发行上市后,未如实披露股权代持的行为,均违反了发行上市或信息披露的规则。《首次公开发行股票注册管理办法》要求发行人的股份“权属清晰”,在审核过程中如发现有股权代持未清理完毕或解释不合理的,发行人的首次公开发行申报可能会因此被否决,例如,某合医疗的上市进程就因股权代持缺乏合理性受阻,最终终止注册。[①] 公司上市后,如被调查认定未如实披露股权代持,则需要承担信息披露违法违规的责任。如某达易盛案中,公司《招股说明书》未披露14%左右的股权代持情况,属于在证券发行文件中隐瞒重要事实,责任人员均受到相应处罚。[②]

在股票发行上市后,出现股权代持未披露的,特别是直接影响上市公司关联交易审查、高管任职回避等规则适用的较高比例的股份代持,上市公司、代持双方等责任主体均将面临信息披露违法违规的行政处罚。如在某新能源案中,某新能源经收购成为上市公司第一大股东,某新能源经上市公司披露的详式权益变动报告书中,关于股权结构的信息披露存在虚假记载,隐瞒了股权代持的情况和上市公司实控人的真实身份。最终某新能源、两位名义股东和隐名股东分别被处以100万元至150万元不等的罚款。[③]

三、短线交易规制有哪些情形?有何种法律风险?

2019年《证券法》第44条[④]有关禁止短线交易的规定,是法律为维护

---

① 详见上交所:《广东某合医疗科技股份有限公司首次公开发行股票并在科创板上市的项目动态》,载上交所,http://www.sse.com.cn/listing/renewal/ipo/index_listing_detail.shtml?auditId=595。

② 中国证监会行政处罚决定书,〔2023〕29号。

③ 中国证券监督管理委员会湖南监管局行政处罚决定书,〔2024〕1-4号。

④ 2019年《证券法》第44条 上市公司、股票在国务院批准的其他全国性证券交易场所交易的公司持有百分之五以上股份的股东、董事、监事、高级管理人员,将其持有的该公司的股票或者其他具有股权性质的证券在买入后六个月内卖出,或者在卖出后六个月内又买入,由此所得收益归该公司所有,公司董事会应当收回其所得收益。但是,证券公司因购入包销售后剩余股票而持有百分之五以上股份,以及有国务院证券监督管理机构规定的其他情形的除外。前款所称董事、监事、高级管理人员、自然人股东持有的股票或者其他具有股权性质的证券,包括其配偶、父母、子女持有的及利用他人账户持有的股票或者其他具有股权性质的证券。公司董事会不按照第一款规定执行的,股东有权要求董事会在三十日内执行。公司董事会未在上述期限内执行的,股东有权为了公司的利益以自己的名义直接向人民法院提起诉讼。公司董事会不按照第一款的规定执行的,负有责任的董事依法承担连带责任。

上市公司、中小投资者利益，对内幕交易合规风险所建立的事前防范机制。下文将结合处于征求意见阶段的《关于完善特定短线交易监管的若干规定（征求意见稿）》，对当前短线交易的有关规则进行梳理和解读，着重从主体、证券种类、行为、时间等角度解读短线交易究竟规制何种情形。

（一）监管范围

1. 规制主体

短线交易规制的主体包括上市公司、股票在国务院批准的其他全国性证券交易场所交易的公司持有5%以上股份的大股东、董监高及其配偶、父母、子女。这类特殊群体拥有获得上市公司内幕信息的天然优势，极易通过短线交易获得证券买卖利益，伴生内幕交易风险。

对于在买入或卖出股票或其他股权证券时，并不具备限制主体身份，但在未来的6个月中获得了限制主体的身份，并卖出或买入股票或其他股权证券是否构成短线交易的问题，全国人大常委会法工委在《关于证券法第四十七条第一款理解问题的答复意见》（法工办复〔2016〕1号）中明确，当事人在买入时不属于上市公司董监高，在买入后6个月内卖出时具备该身份的，或者因为买入上市公司股票才成为大股东的，又在6个月内卖出的，都应当适用短线交易规则。同样，《关于完善特定短线交易监管的若干规定（征求意见稿）》亦鲜明地表达了这一立场，向市场传递出更为严格的认定信号。

2. 规制证券种类

适用短线交易规则的证券种类包括大股东、董监高投资、任职的上市公司或新三板公司的股票，或者其他具有股权性质的证券，如可转债、可交债、存托凭证等。

3. 规制期限

短线交易禁止在买入6个月内卖出，或卖出后6个月内买入的时间限制计算时点，指的是行为人最后一笔同向交易到第一笔反向交易之间，应当间隔6个月以上。

4. 规制行为模式

对于短线交易规制的具体行为，从交易方式的角度，买入、卖出行为，是指行为人支付对价，导致特定证券数量增减的行为。

从交易账户归属的角度，实践中多采用实际持有的标准，大股东、董监高控制他人账户进行交易的，以其实际控制的账户股票总量确定其持股比例，来判断是否达到5%，并合并计算交易所得。

从交易操作人的角度，董事与其配偶、子女、父母的交叉买卖，同样构成短线交易。例如，某陵体育董事李某峰之女李某于2020年5月26日、27日累计买入20.56万股某陵体育股票，交易金额合计535.9万元；后李某峰于2020年9月2日至10月13日累计卖出97.73万股金陵体育股票，交易金额合计2953.69万元。买入与卖出交易发生时间间隔不足6个月，被深交所认定为短线交易。[①]

（二）法律风险

短线交易一旦发生，行为人的法律风险主要集中在民事归入责任与行政处罚两个方面。

民事责任方面，违反短线交易制度的，行为人的交易收益应由公司董事会收回，归公司所有。若董事会未能执行归入权，则股东有权直接提起股东派生诉讼，有义务执行归入权但未执行的董事还需承担连带责任。

行政责任方面，根据2019年《证券法》第189条规定，相关主体发生短线交易后，将被给予警告，并处以10万元以上100万元以下的罚款。另外，

① 参见深交所：《关于对李某峰给予通报批评处分的决定》，载深交所2021年12月6日，https://reportdocs.static.szse.cn/UpFiles/cfwj/2021-12-06_300651992.pdf?random=0.42431545504436396。

除证监会层面的处罚外，交易所也将予以通报批评、公开谴责等相关监管措施。

四、相关主体应如何避免此类风险?

在证券监管日趋严格的背景下，为避免上市公司股权代持与短线交易的相关风险，建议相关主体从以下三个角度入手，切实提高合规治理能力。

(一)股东严格避免股权代持和短线交易行为

股权架构和股东身份作为上市公司的重要基础信息，直接影响发行阶段的上市资格、中小投资者的投资判断，和相关的关联交易、对外担保等信息披露事项，是上市公司历史沿革和现阶段运营管理中最为重要的一环。因此，无论从股权代持合同效果的立法司法趋势角度，短线交易的禁止性规定，还是股权结构"牵一发而动全身"的联动效应，股权代持安排与短线交易都是不可取的行为。股东应当摒弃侥幸心理，遵守股权显名规定，规范交易程序，并严格履行信息披露义务。

(二)公司完善持股变动的申报机制

《上市公司董事和高级管理人员所持本公司股份及其变动管理规则》(2025 年修订)要求董监高在股份发生变动的 2 个交易日内，向上市公司报告并由上市公司在证券交易所网站进行公告。《深圳证券交易所上市公司自律监管指引第 10 号——股份变动管理》要求上市公司大股东和董监高的股份发生变动的，需在变动发生后的 2 个交易日内进行公告。深交所内有"董监高人员股份变动"的专项栏目，用于公示。

故此，上市公司应当制定专项制度，加强对大股东和董监高持有本公司股份及买卖本公司股票行为的申报、披露与监督。由上市公司董事会秘书负责管理公司大股东和董监高的身份及其所持有的本公司股份的数据和信息,统一为董事、监事和高级管理人员办理个人信息的网上申报,并定期检查董事、监事和高级管理人员买卖本公司股票的披露情况。

(三)公司内部开展定期合规审查

在中国经济迈入高质量跃升发展的新阶段,上市公司内部应当制订定期合规审查计划,核查大股东、董监高的持股情况。对于股权代持,一经发现,应督促双方及时完成股权过户,并披露股东的真实身份。对于已经发生短线交易的,无论是行为人主动汇报还是上市公司内部核查发现的,都应当及时披露,谨防不利后果的扩大。公司董事会也应及时收回行为人所得收益。

第七节

上市公司独立董事责任解读

2021 年 11 月,2019 年《证券法》实施后的首例证券集体诉讼案——某美药业虚假陈述案件作出判决,五名独立董事分别承担 5% ~20% 不等的连带责任,赔偿金额最高达人民币 4.9 亿元。该判决掀起独立董事离职浪潮,独立董事如何履职成为争议话题。而后,国内独立董事相关立法展开新的篇章。本节旨在推衍国内独立董事规定发展历程,解读上市公司独立董事责任范围,以供参考。

一、我国上市公司独立董事制度是如何演化的?

(一)萌芽发展阶段

我国独立董事制度相较西方起步较晚,最早出现于 1997 年《上市公司章程指引》中,当时,独立董事席位并非上市公司管理强制要求，直至2001年《关于在上市公司建立独立董事制度的指导意见》出台，明确要求上市公司推行独立董事制度，而后2006年《公司法》修订，明确上市公司设立独立董事，从法律层面确立了独立董事的法律地位。但前述法律规定对于独立董事如何正确履职、什么情况下可以免责、公司应当赋予其什么样的权利等规定较为模糊。

在该等背景下，独立董事的能力、在公司的地位及获得的报酬与法律赋予其的期望、需要其承担的责任严重不符，独立董事一度获得“花瓶董事”称号。例如，2001年的首例“花瓶董事”案例，①中国证监会因郑州某文股份有限公司（以下简称某文公司）财务数据披露问题对其公司董事作出处罚，其中陆某某是公司独立董事，被处以10万元罚款。陆某某认为自己从不参与公司生产经营，没有获取公司任何报酬，不应当承担该等责任，并提起行政诉讼，最终被法院驳回。

（二）快速完善阶段

独立董事地位模糊的情况在国内持续近20年，2022年1月5日，为贯彻国务院对证券市场“建制度、不干预、零容忍”的工作要求，中国证监会公布并实施了《上市公司独立董事规则》（以下简称《独董规则》，现已失效），主要解决原有各项规定不一致且较为零散的问题，《独董规则》在原有规定的基础上：

1. 调整了独立董事的提名与解聘流程；

2. 明确了独立董事的特别职权；

3. 设立专章规定了独立董事的履职保障内容，包括保证同等知情权、给予适当津贴以及建立必要独立董事责任保险制度等。

2023年4月7日，国务院办公厅发布《关于上市公司独立董事制度改

---

① 中国证监会行政处罚决定书，证监罚字〔2001〕19号。

革的意见》(以下简称《独董改革意见》),提出八项任务要求,从职责定位、履职方式、任职管理、选任制度、履职保障、履职监督、约束机制、外部监管等方面提出全新制度和机制完善建议。

而后,2023 年 8 月 1 日,中国证监会参照《独董改革意见》要求,迅速发布《上市公司独立董事管理办法》(以下简称 2023 年《独董办法》),围绕独立董事参与决策、监督制衡、专业咨询的三大定位,进一步修订原有的《独董规则》,对独立董事的实质独立和勤勉履职提出了更高的要求。同时 2023 年《独董办法》明确了独立董事尽责履职的考虑因素,为其合理合法免责提供依据。

2025 年 3 月 27 日,《上市公司独立董事管理办法》(以下简称 2025 年《独董办法》)再一次修订后发布,本次修订主要为适应新《公司法》内容,对相应条款表述进行了调整。

二、独立董事需要承担什么样的法律责任?

(一)独立董事职责范围

了解独立董事法律责任前需要厘清独立董事的职责范围,与一般董事职责分类一致:一是忠实义务;二是勤勉义务。

忠实义务是指独立董事不得实施包括侵占公司财产、挪用公司资金、未经股东大会或董事会同意将公司资金借贷给他人或者以公司财产为他人提供担保等直接侵害公司利益的行为。实践中,由于独立董事本身通常不具备公司决策权,一般不会涉及违反忠实义务的情况。

勤勉义务是指独立董事在执行其所涉公司事务时应当勤勉尽责,为公司的最大利益尽到作为独立董事应有的合理注意。从其本身的定位来看,独立董事作为中小股东利益的代表,其勤勉义务包括决策尽责、监督尽责和咨询尽责三个部分。

2023 年《独董办法》出台前独立董事的监督职责主要聚焦公司的合法决策和运行,2023 年《独董办法》出台后,适当调整了独立董事监督视角,将重点从监督上市公司本身,转化为监督上市公司与其控股股东、实际控制人、董事、高级管理人员之间的潜在重大利益冲突事项,并赋予其特别职权,对可能损害上市公司或者中小股东权益的事项发表独立意见。

(二)独立董事的责任范围

基于独立董事的职责范围以及目前全方位监管现状,独立董事的责任范围包括民事、行政、刑事三个角度。

1. 民事责任

根据《公司法》第 125 条规定,除在表决时明确表示异议并记载于会议记录的,独立董事需要对自身参与的违法决议承担民事赔偿责任。

实践中,该种民事赔偿责任的高发领域就是证券虚假陈述类案件。根据笔者检索,以“独立董事”“与公司、证券、保险、票据等有关的民事纠纷”为案由检索,“证券虚假陈述责任”纠纷数量高达 80%。

2. 行政责任

根据 2025 年《独董办法》第 44 条规定,独立董事违反本办法规定的,中国证监会可以采取责令改正、监管谈话、出具警示函、责令公开说明、责令定期报告等监管措施。依法应当给予行政处罚的,中国证监会依照有关规定进行处罚。

实践中,证券监管近年旨在精准打击,独立董事处罚人数自 2019 年起每年呈下降趋势,2023 年全年独立董事处罚人数仅占 2019 年的全年独立董事处罚人数的 22%。但由于 2019 年《证券法》大幅提高违规信披罚款金额,且证券违法行为处置逐年从严,独立董事罚款金额呈上升趋势,大多案例罚款金额为 50 万元,且罚金较高的独立董事通常担任上市公司审计委员会主任或委员。

3.刑事责任

独立董事是否涉及刑事责任还需回归至独立董事的两项义务:勤勉义务和忠实义务。

(1)对于违反勤勉尽责义务的独立董事,基本不涉及刑事责任。行政责任认定标准为“明显优势证明标准”,即证据已经基本可以证明事实情况的,即作出认定,且独立董事责任多为过错推定责任,相较于其他行政处罚更易证明。而刑事中则对所有罪名均采用“排除合理怀疑”的证明原则,也就是刑事案件判决书通常所载的“案件事实清楚,证据确实充分”。

刑事责任的证明标准更高,对证据的采用和把握也更为严格。因此,违反勤勉尽责义务的行政责任和刑事责任风险大小呈现出较大差异。2023年《独董办法》中新增、修订和删减的条款对于该等刑事风险亦未有明显影响。

(2)对于违反忠实义务的董事,因其职权较为边缘化,通常不会涉及挪用资金、背信损害上市公司利益等较为直接的利益损害型刑事风险。

前述分析并不代表独立董事在履职过程中不会涉及刑事风险。实践中较为容易被忽视的典型风险就是信息型刑事风险,如内幕交易、泄露内幕信息,如果独立董事在履职过程中获取了内幕信息,并泄露该内幕信息或进行了与内幕信息相关的证券交易,则涉及内幕交易、泄露内幕信息罪的刑事风险极高。

三、虚假陈述案件中,独立董事的责任大小如何认定?

虚假陈述案件对独立董事的责任认定在近几年发生了较大的变化。《独董规则》实施前,虚假陈述案件对独立董事采取过错推定责任,如独立董事参与签署相关材料,但对已经签署的违规材料无法自证清白的,均应当承担相应的民事责任或行政责任。

《独董规则》及2023年《独董办法》实施后，明确列举了独立董事没有主观过错的情形，大大降低了独立董事的举证困难程度，如2023年《独董办法》第46条规定，上市公司或者相关方有意隐瞒，且没有迹象表明独立董事知悉或者能够发现违法违规线索的，对独立董事不予行政处罚。

相应地，近几年虚假陈述民事案件中也出现了较多不需要独立董事赔偿的案件，通常存在两类说理：

一是虚假陈述内容不属于独立董事的职责范围。例如，在某安科股份有限公司虚假陈述责任纠纷案件[①]中，法院提出对殷某、常某、蒋某三名外部董事而言，其并非专业人士，要求其持续关注标的公司项目的履行进程，并对与公司经营状况相关的资料进行审核，显然已超出独立董事的职责范围，因此不需要承担赔偿责任。

二是独立董事不具有知悉虚假陈述的可能性，且已采取必要措施，勤勉尽责。例如，在济南某发展股份有限公司虚假陈述责任纠纷案件[②]中，法院认为：第一，刘某、佘某作为独立董事不参与公司日常经营管理，其获取信息的主要渠道是中介机构所作的审计报告；第二，两人作为独立董事勤勉尽责地进行了履职，如在年度报告的编制和披露过程中，审查了会计师事务所及会计师从业资格，并对相关报告发表独立意见；第三，本案证据未显示两人参与或知悉虚假陈述信息的制作；第四，对年度报告，专业会计师事务所已出具标准审计意见；第五，两人在发现年度报告存在重大异常的情况下，两人共同向监管机构进行了反映。因此，不需要对投资人进行赔偿。

由此可见，对于独立董事在虚假陈述中的责任在实践中逐步趋于精准化认定，司法机关将充分考虑独立董事不具有知悉路径，已经采取必要措

---

① 上海高级人民法院判决书，（2021）沪民终870号。

② 山东省济南市中级人民法院判决书，（2021）鲁01民初1694号。

施,不具有专业能力等情形,从而作出裁决。

四、独立董事如何在虚假陈述民事、行政风险中自证清白?

虽然目前司法实践对独立董事责任认定有所放松,但独立董事仍需要有效地“自证清白”。根据《信息披露违法行为行政责任认定规则》、《最高人民法院关于审理证券市场虚假陈述侵权民事赔偿案件的若干规定》以及2025年《独董办法》的相关规定,独立董事自证清白的方式主要有两种:一是事前免责;二是事后补正。

(一)事前免责

1. 提出异议并主动投出反对票。该过程中需注意提出的异议必须被记录在相关会议记录中,且仅提出异议或投反对票均不能单独成立免责事由,需两者并存。

2. 积极求证非专业领域问题。独立董事需在审议或者签署信息披露文件前,对不属于自身专业领域的相关具体问题,借助会计、法律等专门职业的帮助,如仍然未能发现问题的,则即便后续该文件存在问题,亦免除独立董事责任。

3. 无法正常履职。此处分为三类情况:一是因为拒绝、阻碍导致的无法正常履职,该种情况要求独立董事及时向中国证监会和证券交易所书面报告方可免责;二是因不可抗力、失去人身自由等无法履职;三是上市公司有意隐瞒导致的无法履职,该种情况下需要没有迹象表明独立董事知悉或者能够发现违法违规线索。

4. 充分勤勉尽责。相关行政、民事免责规定中均含兜底条款“能够证明勤勉尽责的其他情形”,即独立董事可充分证明自己已勤勉尽责的,亦符合免责条件。例如,2021 年浙江省证监局曾采纳一例独立董事已经勤勉尽责的申辩,[1]三位独立董事虽已在年度报告上签字,但三位独立董事在任职期间能较为积极地参加董事会、审阅议案材料、发表独立意见,保持与公司及相关人员的沟通,并通过出差参与收购项目调研考察、对收购前后标的公司业绩进行分析比较、委派团队到现场了解及核查等方式履行职责,证监局最后决定对其免予处罚。

(二)事后补正

1. 及时报告。独立董事在揭露日或更正日之前,发现虚假陈述后,及时向证券交易场所、监管部门书面报告的,可免除民事赔偿责任。

2. 有效改正。独立董事在揭露日或更正日之前,发现虚假陈述后,及时向发行人提出异议并监督整改的,可免除民事赔偿责任。对于在揭露日或更正日后方才发现,监督整改并获得有效进展的,法院可以结合案件事实,视情况减轻其民事责任。

根据 2025 年《独董办法》,行政案件对事后补正免责规定略有不同的是,独立董事在揭露日或更正日之前,发现虚假陈述的,应同时符合及时报告及有效改正两项条件,方可免予行政处罚。

五、独立董事如何保证自己合规履职?

(一)被选任前应做好尽职调查

独立董事的提名与选任是一次双向选择。独立董事应在答应提名人参与选举前,对上市公司进行尽职调查,从源头上减轻自己的任职风险。

---

① 浙江证监局行政处罚决定书,〔2021〕4 号。

独董需要了解的重要信息主要包括公司背景信息和财务状况、公司治理和法律合规性、公司风险管理能力和实践、公司是否有为独立董事购买董责险等。

(二) 关注法规动态，追踪行业热点

2023 年《独董办法》新增章节“监督管理与法律责任”，规定中国证监会为上市公司独立董事的监督管理机构，证券交易所、上市公司协会对独立董事进行自律监管，即后续证券交易所、上市公司协会均可能对独立董事履职作出更为细化的相关要求。2023 年《独董办法》相较于《独董规则》新增 20 余条，修订幅度亦较大，如第 23 条新增独立董事前认可事项、第 30 条新增要求独董每年在公司现场工作时间不少于 15 日等。对于新出的规定，独立董事应积极关注，并尽快在规定实施后的 1 年过渡期内调整履职方式。

(三) 强化独董风险意识，确保工作记录留档

2025 年《独董办法》第 45 条规定，就独立董事在上市公司中的履职尽责情况及其行政责任，可以结合“独立董事履行职责与相关违法违规行为之间的关联程度，兼顾其董事地位和外部身份特点”，综合几个方面进行认定，其中就包括独立董事“对相关异常情况的注意程度，为核验信息采取的措施”。独立董事还应确保所有工作文件和工作记录都得到妥善保管和备份，不仅有助于日常工作的追溯和监督，也是潜在法律风险的重要证据。

第八节

涉“关键少数”信息型操纵证券市场相关法律责任

随着资本市场的快速发展,操纵证券市场已经成为市场上最常见的违法行为之一。因操纵行为模式复杂多样,操纵手段层出不穷,中国证监会对此类案件的执法力度也不断加强。实践中,操纵按手段可分为交易型操纵和信息型操纵两类。前者依靠资金坐庄来影响证券价量;后者则通过控制信息改变供求关系,进而牟利。在各类操纵类型中,信息型操纵因涉及控制上市公司重要信息的生成与发布,常有“关键少数”牵涉其中。为防范“关键少数”信息型操纵合规风险,本节将对相关重点问题进行回应,并于节末给出合规建议。

一、信息型操纵证券市场有何特点?

本节语意下的信息型操纵证券市场,是指通过控制发行人、上市公司信息的生成或者控制信息披露的内容、时点、节奏，误导投资者作出投资决策，影响证券交易价格或者证券交易量，并进行相关交易或者谋取相关利益的行为[①]。笔者结合实务经验，总结出此类操纵的三大特点。

(一)手段与交易型操纵复合

在操纵手法上，信息型操纵行为通常与连续交易、对倒、对敲等交易型操纵相结合。但需要注意的是，信息型操纵并不等同于利用信息优势连续交易型操纵。这是因为信息型操纵的本质在于，信息公布后即会影响证券价格，无须其他交易行为配合；证券交易行为仅是“锦上添花”，而非必要要件。

例如，在徐某操纵案中[②]，徐某等在控制“高送转”方案及热门题材等利好信息的前提下，通过连续交易获取高额收益，属于典型的信息型操纵证券市场。“高于市场买价、高于市场买量”等连续交易行为，仅是利用信息优势型操纵的辅助手段。

(二)节奏上与信披相互配合

在监管实务中，行为人常通过控制“高送转”“业绩预增”“并购重组”等利好信息的发布时点，结合资金优势阶段性地推高股价，并在信息充分发酵后反向交易获利。典型模式包括：利用信息预披露制造市场预期，或

---

① 《关于办理操纵证券、期货市场刑事案件适用法律若干问题的解释》第1条 行为人具有下列情形之一的，可以认定为刑法第一百八十二条第一款第四项规定的“以其他方法操纵证券、期货市场”：

……

（四）通过控制发行人、上市公司信息的生成或者控制信息披露的内容、时点、节奏，误导投资者作出投资决策，影响证券交易价格或者证券交易量，并进行相关交易或者谋取相关利益的；

……

② 山东省青岛市中级人民法院刑事判决书，(2016)鲁02刑初148号。亦有观点认为该案属于交易型操纵，本书对此持相反观点。

在限售股解禁前释放不实利好配合减持。

例如，在孟某山操纵案中[①]，某花生物实控人孟某山以及董事会秘书杨某兴，在拟终止重组某品生物这一重大利空消息具备公告条件时故意拖延披露，同时推动某花生物自愿性披露二股东胡某军的增持消息，进而实现精准高位减持。后被中国证监会认为，此二人故意优先发布利好信息，延迟发布利空信息，操纵信息节奏进而实现操纵股价的目的。

（三）内容多为虚假夸大信息或热点炒作

信息型操纵除操控信息披露时点外，对信息披露内容下手的情形更为普遍，具体包括虚假披露、夸大披露、模糊披露、选择性披露和炒作热点题材等。

例如，在文某操纵案中[②]，文某指示相关人员发布虚假消息，抬高某益传媒股价，获取非法收益。再如，谢某华案混合了夸张披露和选择性披露。在该案中[③]，中国证监会指出其未及时、真实、准确、完整地披露对恒某医疗不利的信息，夸大恒某医疗研发能力，选择时点披露已有重大利好信息，从而操纵恒某医疗股价。

二、哪些场景是涉上市公司信息型操纵的重灾区？

（一）大股东为减持抛售，参与信息型操纵

1. 大股东自行操盘操纵

上市公司实际控制人、董事长作为筹划、决策公司转型、重大资产重组、股权转让等重大事项的核心人物，是信息产生、披露的源头。如果有充

① 中国证监会行政处罚决定书，〔2020〕93 号。
② 中国证监会行政处罚决定书，〔2018〕25 号。
③ 中国证监会行政处罚决定书，〔2017〕80 号。

足的资金支持,通过账户组进行亲自操纵的情况时有发生。

例如,在鲜某操纵案中,某伦股份实际控制人、董事长鲜言通过自身直接控制的账户组,实施了“信息发布+配合交易”的操纵。再如,在赵某等操纵案中,“某利华电”实际控制人、董事长赵某利用信息优势,运用百余个证券账户自行操纵股价。

2.“内外勾结”式操纵

上市公司大股东与外部人员打好配合,“内外勾结”式操纵也十分常见。实践中,一些上市公司的大股东、实际控制人为减持股份等目的,与券商、大宗交易商或私募机构等合谋。

一方面,由私募机构等利用其资金优势、持仓优势通过连续买卖等方式在二级市场拉抬股价。另一方面,由上市公司在实际控制人等内部高级管理人员的运作下,为公司进行美化包装,注入当前市场中的热点题材和新的概念,人为打造“新颖”的、有远景的投资项目,发布利好信息影响股价,并按照时机需要控制信息披露的节奏,双方内外配合,达到操纵股价获利目的。

(二)名为市值管理,实为信息型操纵

市值管理是指上市公司以提高公司质量为基础,为提升公司投资价值和股东回报能力而实施的战略管理行为[①]。但受利益驱动,资本市场“伪市值管理”屡禁不止,成为信息型操纵的一大源头。上市公司、控股股东、实控人与操纵团伙、配资中介、市场掮客、股市“黑嘴”等相互勾结,形成灰黑利益链条。

“伪市值管理”式操纵常见逻辑表现为:买入(买空)—发布利好(利

① 《上市公司监管指引第10号——市值管理》第2条第1款　本指引所称市值管理,是指上市公司以提高公司质量为基础,为提升公司投资价值和股东回报能力而实施的战略管理行为。

空)消息—卖出(平仓)。例如,在上文提及的某康医疗操纵案中,实控人阙某彬与谢某华合谋,选择时点披露某康医疗已有的重大利好信息,借"市值管理"名义,行操纵股价之实。最后通过大宗交易系统减持某康医疗2200万股,共获利5162万元。

三、信息型操纵证券市场可能面临哪些法律后果?

(一)刑事责任

信息型操纵作为操纵证券市场的一类典型行为,行为人一经认定构成犯罪,即会触发操纵证券市场罪名,并受到相应刑事惩处[①]。需注意的是,在入罪认定上[②],若操纵的证券交易成交额在1000万元以上,或在其操纵

① 《刑法》第182条　有下列情形之一,操纵证券、期货市场,影响证券、期货交易价格或者证券、期货交易量,情节严重的,处五年以下有期徒刑或者拘役,并处或者单处罚金;情节特别严重的,处五年以上十年以下有期徒刑,并处罚金……

② 《立案追诉标准(二)》第34条　操纵证券、期货市场,影响证券、期货交易价格或者证券、期货交易量,涉嫌下列情形之一的,应予立案追诉:

……

(五)通过策划、实施资产收购或者重组、投资新业务、股权转让、上市公司收购等虚假重大事项,误导投资者作出投资决策,并进行相关交易或者谋取相关利益,证券交易成交额在一千万元以上的;

(六)通过控制发行人、上市公司信息的生成或者控制信息披露的内容、时点、节奏,误导投资者作出投资决策,并进行相关交易或者谋取相关利益,证券交易成交额在一千万元以上的;

……

操纵证券、期货市场,影响证券、期货交易价格或者证券、期货交易量,获利或者避免损失数额在五十万元以上,同时涉嫌下列情形之一的,应予立案追诉:

(一)发行人、上市公司及其董事、监事、高级管理人员、控股股东或者实际控制人实施操纵证券、期货市场行为的;

(二)收购人、重大资产重组的交易对方及其董事、监事、高级管理人员、控股股东或者实际控制人实施操纵证券、期货市场行为的;

……

下获利或避损达50万元,则应予立案追诉。而在量刑情节上[①],若操纵的证券交易成交额在5000万元以上,或其违法所得金额在500万元以上,即属于“情节特别严重”情形,应被处以5年以上10年以下有期徒刑。

需特别注意,在违法所得计算问题上,现有法律并未明确规定,实践中主要存在实际收益法与虚拟收益法两种算法观点。根据上海市第一中级人民法院《操纵证券市场犯罪案件的审理思路和裁判要点丨类案裁判方法》观点,违法所得可分情形进行计算:对于案发前已经平仓的,违法所得可按照实际收益法计算;对于平仓或以实际收益法计算明显不合理的,可以按照虚拟收益法计算。

(二)行政责任

操纵证券市场同样会触发行政风险。根据《证券法》第192条[②],行为人将面临没收违法所得以及最高十倍罚款,甚至将受到市场禁入措施。即便是无利或者微利案件,也要处以100万元以上1000万元以下的罚款。此外,如果成立单位操纵证券市场的,另需对直接负责的主管人员和其他直

① 《关于办理操纵证券、期货市场刑事案件适用法律若干问题的解释》

第3条 操纵证券、期货市场,违法所得数额在五十万元以上,具有下列情形之一的,应当认定为刑法第一百八十二条第一款规定的“情节严重”:

(一)发行人、上市公司及其董事、监事、高级管理人员、控股股东或者实际控制人实施操纵证券、期货市场行为的;

(二)收购人、重大资产重组的交易对方及其董事、监事、高级管理人员、控股股东或者实际控制人实施操纵证券、期货市场行为的;

……

第4条 具有下列情形之一的,应当认定为刑法第一百八十二条第一款规定的“情节特别严重”:

……

(三)实施本解释第一条第一项至第四项操纵证券市场行为,证券交易成交额在五千万元以上的;

……

② 《证券法》第192条 违反本法第五十五条的规定,操纵证券市场的,责令依法处理其非法持有的证券,没收违法所得,并处以违法所得一倍以上十倍以下的罚款;没有违法所得或者违法所得不足一百万元的,处以一百万元以上一千万元以下的罚款。单位操纵证券市场的,还应当对直接负责的主管人员和其他直接责任人员给予警告,并处以五十万元以上五百万元以下的罚款。

接责任人员处以50万元以上500万元以下的罚款,可见监管对信息型操纵行为“严监严管”的打击态度。

(三)民事责任

新《证券法》将“投资者保护”单独成章,民事赔偿法定情形不再局限于证券虚假陈述这一单一证券违法行为,操纵市场亦涵盖在内。随着证券市场监管趋严,投资者权益保护制度不断完善,目前,操纵市场带来的民事赔偿案件有所增加。例如,某康医疗操纵案是全国首单操纵市场民事赔偿支持诉讼,该判决有力呼应了强化投资者保护的立法精神。再如,徐某操纵案历经民事诉讼二审[①],徐某及上市公司董事长徐某江终审被判赔偿4名投资者损失110万余元,上市公司对此承担连带责任。这都反映出投资者民事赔偿诉讼不再限于违规信披这一形式。

四、信息型操纵证券市场可能会引发伴生法律风险?

(一)内幕交易风险

一旦“关键少数”利用自身信息获取优势,控制真实信息的发布时点,通过提前买入卖出股票谋取超额收益,则可能同时构成信息型操纵与内幕交易。需注意的是,内幕交易规制是信息不对称造成的投资者损失。而在大宗交易中,交易对手并非不知情的公众投资者,因此这种行为模式仅构成信息型操纵,而非内幕交易。

在徐某操纵案中,徐某2015年未经中国证监会立案就直接被公安拘留,涉嫌罪名包括通过非法手段获取内幕信息、从事内幕交易和操纵股票

---

① 江苏省高级人民法院民事判决书,(2024)苏民终1446号。

交易价格。不过由于后来认为，徐某通过大宗交易购入文峰股份股票时，购买对手是同样知悉内幕交易的大股东，最终未判内幕交易罪。

（二）违规信披风险

在信息型操纵中，上市公司或面临双重违规信披风险。

第一重风险发生于利好信息发布阶段。这里发布的信息可能是虚假扭曲的信息，也可能是基于真实而夸大的信息。在信息发布的节奏和内容上，上市公司或拆分披露，或延迟披露，或选择性披露。此时可能会构成违规信披、编造传播虚假证券信息。

第二重风险发生于增、减持阶段。在利好信息发布前后，操纵人大量买入或卖出标的股票，未履行报告义务，也会构成违规信披。

在费某军和陆某操纵案中①，费某军、陆某持有某华智能股份超过5%，却未履行报告义务，被中国证监会认定构成信披违规。

（三）挪用资金风险

因操纵市场需要有大量资金支持，因此上市公司股东往往会铤而走险，挪用公司资金来牟取个人利益。

在某美药业案中②，公司实控人马某田就曾以市值管理、维持股价为名，指使高管及财务人员将公司资金通过关联公司账户多重流转后，挪至个人账户。后集中资金优势、持股优势及信息优势，操控某美药业股价。最终被判构成挪用资金罪。

---

① 中国证监会行政处罚决定书，〔2023〕17号。

② 广东省佛山市中级人民法院刑事判决书，（2021）粤06刑初113号。

五、如何防范信息型操纵合规风险?

(一)规范上市公司投资行为

在此建议公司注意自身投资行为的合规性,并完善风控管理制度:

第一,应正确认识市值管理,严守“三项原则”“三条红线”。对此,一是要信息披露充分,不得操控信息披露的内容与节奏。二是要管理主体合规,谨防“关键少数”以自己名义实施伪市值管理。三是账户实名化,直接进行证券交易的账户必须是上市公司或者依法准许的其他主体的实名账户。

第二,建立并完善投资行为全流程风控体系。在事前审批环节,重大投资行为需经董事会战略委员会专业论证,并提交股东大会审议通过。在事中监控环节,需建立投资台账制度,对交易账户实施动态监测,确保每笔交易可追溯。在事后评估环节,应定期对投资效果予以合规审查,重点核查是否存在异常交易或利益输送情形。

(二)重视公司内部合规管理

公司可以从规范自身管理角度出发,完善合规管理制度:

第一,应当重点加强信息管理和披露环节的合规体系建设。具体而言,需要明确信息披露的操作流程和审批权限,并设置必要的复核机制。更重要的是,应对接触未公开信息的人员和行为实施严格管控,从而有效防范利用信息优势实施市场操纵、内幕交易等违法行为的发生风险,确保证券市场的公平、公正运行。

第二,对大股东等“关键少数”是否具备占有信息优势的物质条件,是否实际利用了信息优势进行事前审查。一旦发现相关人员存在可疑交易立即进行警示,并做好交易决策留痕化工作。

(三)“关键少数”提高自身合规意识

“关键少数”作为上市公司持续健康发展的根本动力源泉,掌握着公司经营管理的核心信息,是保证公司合规运营的第一责任主体。建立健全合规意识,应重点关注以下事项:

第一,坚决杜绝以权谋私、内幕交易、操纵市场等动机,从自身行为规范角度,避免与私募基金、证券公司等从业人员存在不正当资金往来或利益勾连。

第二,在减持、交易证券时,一方面杜绝在信息披露的窗口期交易,不得通过实控账户组方式规避减持规定。另一方面需严格把控在涉及重大公告前后期间交易,做到信息披露内容、时点、程序的合法合规。

第三章

上市公司合规服务指引

（证券服务机构与证券经营机构合规常见难点专题）

第一节

中介机构“看门人”责任

在全面实行股票发行注册制改革大背景下，压严压实中介机构责任成为全面注册制改革路径下的重要发力点。2024 年《关于加强证券公司和公募基金监管加快推进建设一流投资银行和投资机构的意见（试行）》和新“国九条”等意见释放进一步强调压实中介机构“看门人”责任的政策导向。中介机构只有树立起对投资人负责的理念，重视自身执业风险把控，才能做好资本市场“看门人”。

一、何为资本市场“看门人”？

“看门人”理论最早由斯坦福大学法学院教授吉尔森与时任耶鲁大学法学院助理教授克拉克曼于 1984 年提出。中介机构定位为“看门人”的理论基础：其一是声誉机制，其二是严厉的法律责任。通俗来讲，在资本市场活动中，“看门人”运用专业领域的知识和技能进行尽职调查等为发行人提供专业服务，以确保发行人的证券发行合法合规，长此以往便在行业内积累起声誉资本。正是声誉资本的“担保”，投资者得以信赖发行人信息披露的真实性，并据此作出投资决定。一旦公司出现违法行为，投资者将会诉诸法律，此时“看门人”将面临诉讼风险。

事实上，“看门人”并没有理论假设下的那么理想化，国内中介机构大多受制于上市公司服务方地位，无法起到有效“看门人”作用，导致上市公司一旦牵涉违规信息披露问题，多数中介机构难逃追责。例如，在 2024 年 4 月 16 日，某吴证券因某美通讯与某鑫药业虚假记载在非公开发行股票保荐业务未审慎审查公司信息披露文件而被中国证监会立案。虽是上市公司弄虚作假，但因中介机构未充分履职，也需要承担连带责任。

二、“看门人”该履行何种义务？

证券相关法律规定对中介机构“看门人”职责的要求可以整体归纳为四个字——“勤勉尽责”。2005 年《证券法》首次明确“看门人需勤勉尽责”的要求。之后，2019 年《证券法》第 160 条第 1 款更加详细地规定：会计师事务所、律师事务所以及从事证券投资咨询、资产评估、资信评级、财务顾问、信息技术系统服务的证券服务机构，应当勤勉尽责、恪尽职守，按照相关业务规则为证券的交易及相关活动提供服务。虽然后续发布的文件中多次提到勤勉尽责，但其定义及评价指引未曾明晰。

勤勉尽责认定标准可分为特别注意义务和一般注意义务。[①] 特别注意义务中的“特别”仅指特定的领域，意味着符合特殊职业团体中一个合理人在相同或相似条件下所应采取的行为标准。这一衡量标准应当高于普通非从事此职业人士的注意水平。需要注意的是，这一标准也并非特殊职业

① 参见马明亮：《论值班律师的勤勉尽责义务》，载《华东政法大学学报》2020 年第 3 期。

团体中的最高标准,而是平均水平。[①] 与此相对应的一般注意义务,即社会大众的一般注意水平。

在全国首个涉及勤勉尽职认定标准的案件中,某易律师事务所在为某泰电气首次公开发行提供法律服务过程中,因未审慎核查和验证相关资料、在工作底稿中未加盖律师事务所的公章,以及访谈笔录律师和访谈对象均未签字等系列工作未达程序要求,被认为没有履行一般注意义务,进而被认定未勤勉尽责。[②] 究其根本,一般注意义务是对工作程序是否满足形式上的要求作出判断。这一要求并没有专业上的难度,即便是一般人也能够达到。

三、对“看门人”而言,专业性职责要求是什么?

需注意的是,专业人士的特别注意义务仍需严格区分,不可因为实务中各类专业人士合作互通就想当然地认为彼此职责要求相同。笔者将以律师、会计师和保荐人为例,探析不同中介机构主体的专业性职责要求。

(一)律师的专业性职责

根据中国证监会对某易律师事务所未勤勉尽责行政处罚书,[③]在判断律师在 IPO 项目中是否勤勉尽责可以从以下两个方面进行考量:其一,是否严格按照《律师事务所从事证券法律业务管理办法》(以下简称《管理办法》)、《律师事务所证券法律业务执业规则》(以下简称《执业规则》)及《公开发行证券公司信息披露的编报规则第 12 号——公开发行证券的法律意

① 参见邢会强:《证券市场虚假陈述中的勤勉尽责标准与抗辩》,载《清华法学》2021 年第 5 期。

② 中国证监会行政处罚决定书,〔2017〕70 号。

③ 中国证监会行政处罚决定书,〔2017〕70 号。

见书和律师工作报告》(以下简称《编报规则》)进行执业;其二,在发表法律意见时是否履行了必要的核查验证程序,获取足以支撑发表意见的证据材料。①

具体来看,律师履行特别注意义务应当先确定特别注意义务的范围。根据《执业规则》的相关规定,律师关于业务事项是否与法律有关及是否应当履行法律专业人士特别注意义务由律师自己进行判断。② 此外,根据《监管规则适用指引——法律类第 2 号:律师事务所从事首次公开发行股票并上市法律业务执业细则》(以下简称执业细则)第 2 章至第 10 章的规定,法律事项包括发行人的主体资格、独立性、业务、关联交易、同业竞争、主要财产、公司治理、规范运作、募集资金运作等。上述事项通常属于证券律师的工作范围和专业领域,需要律师进行核查并发表法律意见。

值得注意的是,对本细则未规定,但中国证监会、证券交易所另行规定的法律事项,审核问询涉及的法律问题,以及对发行人首发、投资者作出价值判断和投资决策有重大影响的其他法律事项,律师也应当审慎履行查验义务,并在法律意见书中说明。

在某山科技虚假记载案中,中国证监会认为某元律师事务所在审查合同效力时没有履行法律专业人士的特别注意义务:未能发现合同可能导致的违约和重大诉讼风险,并查实相关企业的关联关系。③ 由此可见,中国证监会的处罚决定书对于律师需履行的"特别注意义务"有着较为明确的场景指引,可以反向归纳、提炼出监管机构对"特别注意义务"认定标准,为特殊注意义务边界做了进一步的规范和诠释。

---

① 参见王倩:《证券律师勤勉尽责之实务分析——基于我国证券律师违法违规案例的思考》,载《证券法苑》2017 年第 3 期。

② 《律师事务所证券法律业务执业规则》第 6 条 律师从事证券法律业务,应当就业务事项是否与法律相关、是否应当履行法律专业人士特别注意义务作出分析、判断。需要履行法律专业人士特别注意义务的,应当拟订履行特别注意义务的具体方式、手段、措施,并予以落实。

③ 中国证监会行政处罚决定书,〔2021〕86 号。

作为从事证券业务相关的律师还应编制并执行查验计划以达到对其的专业性要求。《管理办法》第 13 条规定：律师事务所及其指派的律师从事证券法律业务，应当按照依法制定的业务规则，勤勉尽责，审慎履行核查和验证义务。另外，根据《执业规则》，律师应当编制查验计划，并就具体事项、查验程序、查验方法等予以说明。[①] 律师可以采用面谈、书面审查、实地调查、查询和函证、计算、复核等方法。[②] 另外，当查验方法不能实现验证目的时，应对相关实际情况进行评判，以确定是否采用替代的查验方法。[③]

（二）会计师的专业性职责

《中国注册会计师审计准则》为注册会计师的执业活动提供了行为指引，遵守会计准则也应当是保证会计师工作质量最核心的要求。在某泽钴镍案中，[④]中国证监会行政处罚决定书逐条列明了某华会计师事务所的违法事实与审计准则的相关规定，并将审计准则作为评判某华会计师事务所是否勤勉尽责的标准。在该案的二审行政审判书中，北京市高级人民法院也对这种评判是否勤勉尽责的标准表示了支持。[⑤]

在《中国注册会计师审计准则第 1101 号——注册会计师的总体目标和审计工作的基本要求》第 22 条，要求注册会计师在整个审计过程中保持职业怀疑和运用职业判断。还是以某泽钴镍案为例：某华会计师事务所无

① 《律师事务所证券法律业务执业规则（试行）》第 9 条第 1 款　律师事务所及其指派的律师应当按照《管理办法》编制查验计划。查验计划应当列明需要查验的具体事项、查验工作程序、查验方法等。

② 《律师事务所从事证券法律业务管理办法》第 13 条　律师事务所及其指派的律师从事证券法律业务，应当按照依法制定的业务规则，勤勉尽责，审慎履行核查和验证义务。律师进行核查和验证，可以采用面谈、书面审查、实地调查、查询和函证、计算、复核等方法。

③ 《律师事务所证券法律业务执业规则（试行）》第 10 条　律师应当合理、充分地运用查验方法，除按本规则和有关细则规定必须采取的查验方法外，还应当根据实际情况予以补充。在有关查验方法不能实现验证目的时，应当对相关情况进行评判，以确定是否采取替代的查验方法。

④ 中国证监会行政处罚决定书，〔2018〕126 号。

⑤ 北京市高级人民法院行政判决书，(2020)京行终 618 号。

法有效识别评估被审计单位由于舞弊导致的重大错报风险，也未能在舞弊风险、管理层凌驾于内控之上的风险等需要高度判断的重要审计领域强化保持职业怀疑，进而设计和实施恰当的应对措施，属于未履行勤勉尽责义务。[①]

作为发表审计意见的基础，注册会计师应当按照审计准则的规定，对财务报表整体是否不存在舞弊或错误导致的重大错报获取合理保证。[②] 由于审计的特殊性，注册会计师审计意见的大多是经过核查财务报表而出具说服性结论，而非经实际验证得出的结论。因此，注册会计师仅能为公司所出具的文件提供一定程度上的合理保证而非绝对保证，审计意见出错的概率并非零而是可接受的低水平。

（三）保荐人的专业性职责

保荐人作为证券发行注册工作的牵头人，似乎承担着更严苛的“看门人”责任。《证券法》单独针对保荐人规定了其应当遵守业务规则和行业规范，诚实守信，勤勉尽责，对发行人的申请文件和信息披露资料进行审慎核查，督导发行人规范运作。[③]

---

① 北京市高级人民法院行政判决书，（2020）京行终 618 号。

② 《中国注册会计师审计准则第 1101 号——注册会计师的总体目标和审计工作的基本要求》第 20 条　注册会计师应当按照审计准则的规定，对财务报表整体是否不存在舞弊或错误导致的重大错报获取合理保证，以作为发表审计意见的基础。合理保证是一种高水平保证。当注册会计师获取充分、适当的审计证据将审计风险降低到可接受的低水平时，就获取了合理保证。由于审计存在固有限制，注册会计师据以得出结论和形成审计意见的大多数审计证据是说服性而非结论性的，因此，审计只能提供合理保证，不能提供绝对保证。

第 22 条　审计准则旨在规范和指导注册会计师对财务报表整体是否不存在重大错报获取合理保证，要求注册会计师在整个审计过程中运用职业判断和保持职业怀疑。需要运用职业判断并保持职业怀疑的重要审计环节主要包括：（一）通过了解被审计单位及其环境、适用的财务报告编制基础和被审计单位内部控制体系，识别和评估舞弊或错误导致的重大错报风险；（二）通过对评估的风险设计和实施恰当的应对措施，针对是否存在重大错报获取充分、适当的审计证据；（三）根据从获取的审计证据中得出的结论，对财务报表形成审计意见。

③ 《证券法》第 10 条　发行人申请公开发行股票、可转换为股票的公司债券，依法采取承销方式的，或者公开发行法律、行政法规规定实行保荐制度的其他证券的，应当聘请证券公司担任保荐人。保荐人应当遵守业务规则和行业规范，诚实守信，勤勉尽责，对发行人的申请文件和信息披露资料进行审慎核查，督导发行人规范运作。保荐人的管理办法由国务院证券监督管理机构规定。

在某视网一案中,法院认为某安证券作为保荐机构应当履行特别注意义务。由于某安证券未能提交有效证据,以证明其出具的专业意见中的重要内容进行了审慎核查和必要的调查、复核,也没有提供证据证明其有合理理由排除了职业怀疑并形成合理信赖,无法推翻法院对其过错的推定。[①]

《保荐人尽职调查工作准则》(以下简称《尽调准则》)有针对性地明确了保荐人在证券业务服务中的调查范围和工作质量标准,并规定保荐人可以结合发行人自身业务、财务等特点设计适合的核查程序,并依据重要性原则进行判断,适当选取准则中列明的核查方式。

不仅要选择合适的核查程序,保荐人还应当履行对存在重大差异的内容履行调查和复核义务。根据《证券发行上市保荐业务管理办法》第 22 条、第 23 条的明确要求,一方面,保荐人要对证券服务机构出具专业意见中存在重大异常、前后重大矛盾,或者与保荐机构获得的信息存在重大差异的内容,履行调查和复核义务。[②] 另一方面,对没有证券服务机构专业意见支持的重要内容,保荐人还应履行审慎的尽职调查和独立判断义务。[③] 这意味着,保荐人的专业性职责并不单单局限于"某个专业领域"的范围内。只要是没有专业人士出具意见的内容,保荐人都应当履行特别注意义务,此时的专业性职责相较于其他中介机构而言更为严苛。

---

① 北京金融法院民事判决书,(2021)京 74 民初 111 号。

② 《证券发行上市保荐业务管理办法(2025 修正)》第 22 条　对发行人申请文件、证券发行募集文件中有证券服务机构及其签字人员出具专业意见的内容,保荐机构可以合理信赖,对相关内容应当保持职业怀疑、运用职业判断进行分析,存在重大异常、前后重大矛盾,或者与保荐机构获得的信息存在重大差异的,保荐机构应当对有关事项进行调查、复核,并可聘请其他证券服务机构提供专业服务。

③ 《证券发行上市保荐业务管理办法(2023 修订)》第 23 条　对发行人申请文件、证券发行募集文件中无证券服务机构及其签字人员专业意见支持的内容,保荐机构应当获得充分的尽职调查证据,在对各种证据进行综合分析的基础上对发行人提供的资料和披露的内容进行独立判断,并有充分理由确信所作的判断与发行人申请文件、证券发行募集文件的内容不存在实质性差异。

四、中介机构之间的职责重合的情形下，如何合理信赖？

证券业务下，各方中介的工作并非相互独立且排斥的。在尽职调查过程中，债权债务的发生情况、合同的履行情况、关联交易关联方的认定、交易价格的公允性等，需要律师、保荐人、会计师从各方专业角度出发进行查验审核。此时无可避免地会存在职责交叉重合的情形，各方的勤勉尽责义务分配亦成难题。

对此，《证券发行上市保荐业务管理办法》《律师从事证券法律业务尽职调查操作指引》等规则中，明确提出了对其他中介机构出具专业意见的合理信赖制度。根据《关于注册制下提高招股说明书信息披露质量的指导意见》以及《监管规则适用指引——法律类第 2 号：律师事务所从事首次公开发行股票并上市法律业务执业细则》规定，所谓合理信赖制度，是指在履行必要的调查、复核工作的基础上，可以合理信赖其他中介机构出具的专业意见，并且进一步明晰"必要的调查、复核工作"的工作标准，对于符合合理信赖条件的中介机构，可以免除行政法律责任。

但合理信赖制度并非中介机构挡箭牌，对于"重大异常、前后重大矛盾、重大差异"[①]的情形，保荐机构仍需要承担排除合理怀疑的义务。同时《证券公司保荐业务规则》规定，保荐机构应当根据发行人所处行业及发行人自身特点等情况采取必要核查手段进行印证，综合判断证券服务机构出

---

① 《关于注册制下督促证券公司从事投行业务归位尽责的指导意见》7. 厘清中介机构责任。各中介机构对各自出具的专项文件负责，对与本专业相关的业务事项履行特别注意义务，对其他业务事项履行普通注意义务。招股说明书、重组报告书、债券募集说明书等引用会计师事务所、律师事务所、评估机构等其他中介机构专业意见或内容的，出具意见或文件的中介机构依法承担责任。证券公司对注册申请文件和信息披露资料进行全面核查验证，对其他中介机构的专业意见以"合理信赖"为一般原则，对存在"重大异常"、"前后重大矛盾"、"重大差异"等特殊情形进行调查、复核，对未引用其他中介机构专业意见的内容依法承担责任。

具的专业意见内容是否存在重大异常。该规定也从七个方面明确和细化了“重大异常”的情形,提升了“合理信赖”原则的可实操性。

五、公司系统性造假,“看门人”已穷尽调查手段,是否还需担责?

在“某鼎股份信息披露案”中,[①]某华会计师事务所未被认定违反注意义务。该会计师事务所认为:公司关联方资金占用是由公司与第三方恶意串通配合所致,即便已穷尽调查手段,对公司造假行为也有识别困难。即中介机构充分尽职调查后也未能识别公司造假,此时应当认为中介机构已经勤勉尽责。

根据《行政处罚法》的相关规定,如果能够提供证据证明当事人没有主观过错,那么将不会受到行政处罚。[②] 许多中介机构主张他们并未与公司共谋造假,不存在主观故意,因此应当免除行政处罚。事实上,行政处罚是以“主观过错”为判断标准,而“主观过错”包含“主观故意”但不限于“主观故意”,还包括行为人应尽而未尽的“过失”责任。所以对行政处罚而言,只要行为人主观上存在过错,即便该等过错并非故意造成的,亦不影响行为人违法性的认定。

因此,公司与中介机构是否具有共同故意并不是决定中介机构行政责任的必要条件。即使中介机构不知悉公司的造假、欺诈行为,也不免除对中介机构自身过错的判断。

---

① 中国证监会浙江监管局行政处罚决定书,(2023)15号。

② 《行政处罚法》第33条　违法行为轻微并及时改正,没有造成危害后果的,不予行政处罚。初次违法且危害后果轻微并及时改正的,可以不予行政处罚。当事人有证据足以证明没有主观过错的,不予行政处罚。法律、行政法规另有规定的,从其规定。

第二节

场外配资业务合规性探讨

2015 年 6 月，中国证监会下发《关于加强证券公司信息系统外部接入管理的通知》，决定清理场外配资。这一清理举措直接引发大量配资客户抛售股票，股价急速下跌。配资客户的证券资产因触及警戒线和平仓线，而需再度抛售来维持担保比例，导致股价进一步下跌。不难发现，因配资杠杆放大了账户盈亏波动的效应，容易导致证券市场的暴涨暴跌，进而引发股灾，危及投资者的利益。杠杆之下，虽可以加速财富的积累，但也能催生股价泡沫。然而，场外配资是否合规则需要从不同角度进行讨论。

一、何为场外配资，场外配资有哪些模式与特征？

理解场外配资之前，应当先厘清何为融资融券。根据中国证监会《证券公司融资融券业务管理办法》，融资融券交易系证券信用交易,是指客户向具有融资融券业务资格的证券公司提供担保物,借入资金买入证券或者借入证券卖出的行为。而场外配资即绕过证券公司、以高于投资者支付的保证金数倍的比例向其出借资金,组织投资者在特定证券账户上使用借用资金及保证金进行股票交易,并收取利息、费用或收益分成的活动。①

2019 年,最高人民法院《全国法院民商事审判工作会议纪要》(以下简称《九民纪要》)针对场外配资出台一系列相关规定。其中,对场外配资的定义是指一些 P2P 公司或者私募类配资公司利用互联网信息技术,搭建起游离于监管体系之外的融资业务平台,将资金融出方、资金融入方即用资人和券商营业部三方连接起来,配资公司利用计算机软件系统的二级分仓功能将其自有资金或者以较低成本融入的资金出借给用资人,赚取利息收入的行为。通俗来讲,就是借钱炒股。

《九民纪要》对于场外配资的定义仅限于配资真实存在的情况下。而事实上,场外配资根据其交易的真实性可以分为实盘与虚拟盘。就实盘而言,常见的有以下两种模式。

一是系统分仓模式。系统分仓模式是指配资方利用分仓系统从事场外配资,也就是融资方向配资方缴纳保证金后,配资方向融资方分配分仓系统的虚拟子账户并转入本金和配资。融资方通过子账户发出证券交易指令,分仓系统再集中通过一个或多个证券账户委托证券公司下单。

二是出借账户模式。出借账户模式是指在融资方缴纳保证金后,配资方将融资方本金和配资转移至其控制的账户并将账户出借给融资方,使其可以通过真实的证券账户直接下单交易。

就虚拟盘而言,指配资方接受融资方委托后实际并未将其委托下单至

① 参见《证监会部署开展专项整治行动,严厉打击"股市黑嘴""非法荐股""场外配资"及相关"黑群""黑 APP"》,载中国证券监督管理委员会网站 2020 年 9 月 18 日,http://www.csrc.gov.cn/csrc/c100028/c1000700/content.shtml。

交易所，而是在配资方提供的模拟交易系统中进行交易。配资方也未给真实提供配资资金，最终以虚拟交易情况进行资金结算。因不涉及真正的股票交易，虚拟盘的模式下存在较高的诈骗风险。

因场内配资与场外配资根据是否发生于证券交易场所内而做出区分。[①] 场外配资的特征与场内融资对比来看，具体有以下三点：

其一，场外配资因具有高杠杆性，使投资门槛一定程度降低。在一般的融资融券业务中，杠杆通常为1∶1或1∶2，然而场外配资的杠杆高达1∶5甚至高达1∶7。因此可以看出，场内配资中，保证金比例不会低于50%，而在场外配资中保险金的比例远低于50%，高杠杆性下交易风险极大且不可控。

其二，场外配资参与主体多，资金来源混杂。场内融资的资金是证券公司自有或通过合法途径筹集的，而场外配资的资金来源包括但不限于银行理财资金、信托资金、各类投资公司与资产管理公司的资金、P2P网贷平台的资金、地下钱庄的资金、外币借款等资金。众多金融或类金融机构下场参与，不合规资金鱼目混珠，更使资金链及背后权利义务含混不清。

其三，场外配资中信用担保体现为对账户的控制，即具体操作中的强行平仓权。场外配资会约定警戒线和平仓线，即配资方认为本金有风险时，有权要求融资方追加保证金或在达到平仓线时强行卖出股票。而在场内融资中，则是证券公司出借资金后，即丧失对资金的控制权。

二、场外配资与民间借贷、民间委托理财有何种区别？

根据《证券法》的相关规定，证券公司经营融资融券业务需要取得证券

① 参见最高人民法院民事审判第二庭编著：《〈全国民商事审判工作会议纪要〉理解与适用》，人民法院出版社2019年版，第451页。

业务经营许可证，[1]《九民纪要》明确说明除上述《证券法》规定情况外，对其他任何单位或者个人与用资人的场外配资合同认定为无效。与之相反，若合同实际定性为民间借贷或委托理财，司法实践一般会认定有效。因此司法实践中，往往存在自然人通过签订借贷或委托理财协议，掩盖场外配资的真实目的。

（一）场外配资与民间借贷

在场外配资合同中，借贷关系仅是最基础的一环，与此同时还存在担保与股票借用关系，彼此相辅相成，不能分割。借贷也并非参与者的真实目的。除此之外，借贷合同中一个非常显著的特征是借款人对资金有着完全的支配权。但在场外配资中，融资方仅有权操作股票账户，对股票账户中的资金仅有使用权而没有支配权，配资方的强制平仓权更是体现出对资金的处分权。

在黄某与刘某民间借贷案中，双方当事人签订《投资合同》约定一方提供资金，将其名下的证券账户交由另一方进行股票买卖操作，并收取固定本息。提供资金的一方并不参与股票买卖及相关决策。法院最终因案涉合同不符合场外配资合同的特征，而认定双方签订的为借贷合同。[2]

与上述情况截然不同的是，在林某与某公司的合同纠纷案中，双方股票合作方式的直接表现就是配资方掌握银行和证券操作账户，融资方仅能

---

① 《证券法》第120条　经国务院证券监督管理机构核准，取得经营证券业务许可证，证券公司可以经营下列部分或者全部证券业务：（一）证券经纪；（二）证券投资咨询；（三）与证券交易、证券投资活动有关的财务顾问；（四）证券承销与保荐；（五）证券融资融券；（六）证券做市交易；（七）证券自营；（八）其他证券业务。国务院证券监督管理机构应当自受理前款规定事项申请之日起三个月内，依照法定条件和程序进行审查，作出核准或者不予核准的决定，并通知申请人；不予核准的，应当说明理由。证券公司经营证券资产管理业务的，应当符合《中华人民共和国证券投资基金法》等法律、行政法规的规定。除证券公司外，任何单位和个人不得从事证券承销、证券保荐、证券经纪和证券融资融券业务。证券公司从事证券融资融券业务，应当采取措施，严格防范和控制风险，不得违反规定向客户出借资金或者证券。

② 最高人民法院民事裁定书，（2020）最高法民申1079号。

进行股票买卖。同时又有保证金、平仓线、强制平仓等监管措施。即其与民间借贷中借款人对资金享有绝对支配权有根本性的不同。案涉《借款合同》虽然满足民间借贷法律关系的基本特征，即双方进行资金融通，但其配资的根本目的是进行证券交易，且在《借款合同》中约定的保证金制度也是围绕证券交易与股票账户所专门设计的，因此不能依据合同特征认定为借贷合同。[①]

（二）场外配资与民间委托理财

配资方与融资方的交易地位类似于委托理财合同中委托人与受托人的地位，即配资方作为委托人，将其资金和账户委托给作为受托人的融资方，由其在一定期限内管理并投资于证券市场，并按期支付给配资方一定比例的收益。从交易模式及双方的交易地位来看，场外配资合同与委托理财合同具有一定的相似性。

场外配资合同在实践中也存在着被认定为委托理财的可能。在2015年清理场外配资之前，将场外配资认定为委托理财是法院处理此类问题的常见方式。例如，在张某1与张某2委托理财合同纠纷案中，[②]双方约定张某1不承担任何投资风险，仅按月向张某2收取一定比例的投资“收益”，一切投资风险均由张某2承担。虽然本案中的交易行为及约定体现出的特征与场外配资业务中的特征一致，但法院最终还是将双方签订的合同界定为委托理财合同。

事实上，场外配资与委托理财完全基于不同的意思表示且两种法律关系有着明显的区别。例如，在风险共担问题上，场外配资合同中，双方通常会约定由配资方享有固定收益而不承担投资损益，无论股价如何变动，都

① 最高人民法院民事裁定书，（2021）最高法民申1941号。
② 张某1、张某2与委托理财合同纠纷二审民事判决书，（2013）深中法民终字第1110号。

由融资方一方自行享有收益并承担风险,而非由融、配资双方共担风险,但委托理财则是双方按照约定比例共享收益、共担风险。

值得注意的是,实践中多出现各方通过签订借款合同、咨询服务合同、委托理财合同等,规避出借账户情形下场外配资的法律风险。这种情况下,并不阻却场外配资的违法性认定,不应当认定为民事借贷关系或者委托理财关系。

一方面,借贷或委托理财并非双方真实的意思表示,其真实目的为配资;另一方面,场外配资行为并未取得特许经营许可,属于非法经营活动。根据最高人民法院发布的《关于为设立科创板并试点注册制改革提供司法保障的若干意见》第12条规定,股票配资属于国家特许经营的金融业务。互联网配资平台、民间配资公司等法人机构未取得特许经营许可的,其与投资者签订的股票配资合同无效。因此,依照最高人民法院的观点,场外配资合同因违反法律法规效力性强制性规定而无效。

三、参与场外配资活动,会存在哪些合规风险?

其一,配资方存在涉嫌非法经营的合规风险。

根据《刑法》相关规定,未经国家有关主管部门批准非法经营证券、期货、保险业务或涉嫌非法经营罪。但值得注意的是,构成此罪的前提是违反相关法律规定,即具有行政违法性。[①] 旧《证券法》并未将融资融券业务列入证券业务中,因此认定场外配资具有行政违法性尚存争议。但在2019年新《证券法》中明确规定:经营证券融资融券业务需要经国务院证券监督

---

① 《刑法》第165条 国有公司、企业的董事、监事、高级管理人员,利用职务便利,自己经营或者为他人经营与其所任职公司、企业同类的营业,获取非法利益,数额巨大的,处三年以下有期徒刑或者拘役,并处或者单处罚金;数额特别巨大的,处三年以上七年以下有期徒刑,并处罚金。其他公司、企业的董事、监事、高级管理人员违反法律、行政法规规定,实施前款行为,致使公司、企业利益遭受重大损失的,依照前款的规定处罚。

管理机构核准，取得经营业务许可证。即在新《证券法》生效后，场外配资满足了行政违法性这一条件，因此配资方可能涉嫌非法经营罪。

另外，在出借账户的模式下，如果提供账户的一方在主观上明确知道被提供方在进行场外配资活动，却仍然为其提供大量的资金并借用账户等协助。实践中，权衡结合资金提供方的获利情况、配资规模以及导致的严重后果等因素，存在监管机构以非法经营罪的帮助犯对提供账户方进行法律追究的可能性。

其二，配资方存在涉嫌操纵证券市场的合规风险。

场外配资可以利用资金集中优势，人为操纵价格。配资方明知某公司操纵证券市场，仍积极为该公司配资，法院认定配资方是操纵证券市场罪的共犯。[①] 但需要明确的是，当场外配资人员同时构成非法经营罪与操纵证券市场罪时，法院应当审慎、全面评价两个罪名之间的轻重关系，必要时应当分类处置。[②]

其三，配资方或存在涉嫌诈骗的合规风险。

在虚拟盘的交易模式下，证券交易并非发生在真实的证券市场，配资方也未真实地进行配资。当配资方虚构配资事实诱导融资方在虚拟交易平台买入股票，目的系非法占有融资方的资金，此时构成诈骗罪。[③]

其四，配资方存在涉嫌非法吸收公众存款的合规风险。

非法吸收公众存款是场外配资的上游行为。为了能够募集足够多的资金进行场外配资，可能会发生吸收公众存款的情况。在魏某非法经营一案中，法院认为从事非法证券业务为了场外配资但同时又实施非法吸收公

① 参见陆卫民主编：《类案裁判方法精要》，人民法院出版社 2024 年版，《操纵证券市场犯罪案件的审理思路和裁判要点》部分。

② 参见陆卫民主编：《类案裁判方法精要》，人民法院出版社 2024 年版，《操纵证券市场犯罪案件的审理思路和裁判要点》部分。

③ 上海市第二中级人民法院刑事裁定书，（2021）沪 02 刑终 385 号。

众存款犯罪的,应择一重罪论处。①

其五,账户提供方存在出借账户的合规风险。

在出借账户模式下,提供账户的一方将自己的账户及资金提供给配资方,收取一定的利息。根据《证券法》第58条,任何单位和个人不得出借自己的账户或借用他人账户从事证券交易,提供账户的一方,因为提供自己的账户给配资方,存在被监管机构认定为是"出借账户"行为而被追究行政责任的风险。

相对于配资方而言,配资方在该账户中再注入配资,出借给融资方。在此情形下,配资方向外出借的并非自己的账户,且借入他人的账户但未从事证券交易。从《证券法》第58条文义来看,上述情形下配资方并不适用此条规定。另外,结合当下的行政处罚案例来看,也未见到配资方因该条法律而受到处罚。

四、场外配资参与者如何有效防控合规风险?

基于上述的分析,场外配资行为本身属非法经营活动,一旦被查,或将面临行政或刑事风险,付出高昂的代价。因此打算开展场外配资或已经开展场外配资的单位或个人,应当及时停止,不要再打"场外配资"的赚钱主意。

针对处于不同阶段的配资方,笔者将给予如下合规建议。

(一)目前未被行政机关、公安机关发现的

目前未被行政机关、公安机关发现,不代表所从事的场外配资活动没有风险。因为《证券法》已经明确场外配资属于违法行为,且只要在从事场

① 江西省新余市中级人民法院刑事判决书,(2022)赣05刑终1号。

外配资的2年内被发现就会被给予行政处罚。[①] 因此,此阶段的配资方应当立刻停止经营并合规关停。具体可以采取的措施:提前发出停止配资业务的通知、清退现存客户、及时抛售出借证券账户的股票以中止违法行为等措施,尽量将违法行为的影响降低至最小。此外,相关配资方应当采取有效的应对措施,积极配合监管机构介入后的调查工作。

(二)目前已被行政机关发现并调查但公安还未介入或介入未立案的

当场外配资活动已经被行政机关发现,此时建议聘请专业的合规律师,从专业的角度对违法行为对企业内部进行调查。专业律师会从监管的视角,捕捉企业合规管理的漏洞,并提出针对性的合规整改方案,为后续的合规整改打下坚实的基础。

此外,企业在该阶段也应当重视当事人承诺制度的可行性。当事人承诺制度可适用于"涉嫌证券期货违法的单位或者个人",并排除涉嫌刑事犯罪、影响恶劣、重复申请等六种情形。[②] 例如,中国证监会曾经对涉及场外配资的证券违法违规案件进行了行政处罚:某公司明知一些不具有经营证券业务资质的机构或个人的证券经营模式,仍向其销售具有证券业务属性的软件,提供相关服务(涉案软件具有开立证券交易账户、接受证券交易委托、查询证券交易信息、进行证券和资金的交易结算等功能),并

---

① 《行政处罚法》第36条　违法行为在二年内未被发现的,不再给予行政处罚;涉及公民生命健康安全、金融安全且有危害后果的,上述期限延长至五年。法律另有规定的除外。前款规定的期限,从违法行为发生之日起计算;违法行为有连续或者继续状态的,从行为终了之日起计算。

② 《证券期货行政执法当事人承诺制度实施办法》第7条　有下列情形之一的,国务院证券监督管理机构对适用行政执法当事人承诺的申请不予受理:(一)当事人因证券期货犯罪被判处刑罚,自刑罚执行完毕之日起未逾3年,或者因证券期货违法行为受到行政处罚,自行政处罚执行完毕之日起未逾1年;(二)当事人涉嫌证券期货犯罪,依法应当移送司法机关处理;(三)当事人涉嫌证券期货违法行为情节严重、社会影响恶劣;(四)当事人已提出适用行政执法当事人承诺的申请但未被受理,或者其申请已被受理但其作出的承诺未获得国务院证券监督管理机构认可,没有新事实、新理由,就同一案件再次提出申请;(五)当事人因自身原因未履行或者未完全履行经国务院证券监督管理机构认可的承诺,就同一案件再次提出申请;(六)国务院证券监督管理机构基于审慎监管原则认为不适用行政执法当事人承诺的其他情形。

获取收益。此行为违反了《证券法》第119条规定,[①]构成非法经营证券业务。[②] 这种情形下,即可尝试适用当事人承诺制度。

单位或个人提起申请适用当事人承诺制度后,由国务院证券监督管理机构决定是否受理。若受理,则与单位或个人展开协商,达成一致后签订和解协议,同时中止调查。后续单位或个人完全履行和解协议的,国务院证券监督管理机构即终止案件调查。因此,涉案单位为避免单位经营受较大影响,尤其应当考虑采取当事人承诺的处理方式来减轻处罚和不良影响。借助合规律师出具的包含情况说明、责任划分、合规整改等内部调查书面文件,诚恳地与国务院证券监督管理机构沟通斡旋,以达成当事人承诺。

(三)已被公安机关立案侦查,甚至已移送检察院起诉的

公安机关立案侦查就意味着案件已经进入刑事程序。此时,在条件允许的情况下应当尽快寻求专业律师的帮助。律师越早介入越有可能帮助当事人避免或变更强制措施,以争取法律上的宽大处理。

---

① 《证券法》第119条第3款　证券公司应当自领取营业执照之日起十五日内,向国务院证券监督管理机构申请经营证券业务许可证。未取得经营证券业务许可证,证券公司不得经营证券业务。

② 参见中国证监会:《证监会对场外配资中证券违法违规案件作出行政处罚》,载 http://www.csrc.gov.cn/csrc/c100028/c1001623/content.shtml。

第三节

私募基金兑付风险防控与化解

一、私募基金典型架构有哪些？

私募基金可采用公司、合伙企业、契约等形式设立，不同法律架构所对应的商业运作模式及主体关系皆有所区别。

（一）公司型私募基金

公司型私募基金依据《公司法》设立，通过出资形成法人实体，投资者具有公司股东身份，由公司法人实体自行或委托专业管理人进行投资管理。

（二）合伙型私募基金

合伙型私募基金依据《合伙企业法》设立，通常由基金发起人或管理人作为普通合伙人（GP）负责合伙企业对外投资，投资者作为合伙企业有限合伙人（LP）承担有限责任。由于税收优惠及架构灵活性，私募股权基金较多适用合伙型架构。

(三)契约型私募基金

契约型私募基金本身不具备公司、合伙等法人组织形式,以基金合同为载体确定各方权利义务。其中,投资者享有基金财产相关收益权,管理人代为行使基金财产使用权和处分权,进行对外投资,托管人对基金财产予以保管并收取报酬,常见于私募证券投资基金。

二、管理人民事涉诉的类别及情形有哪些?

由于投资人缺乏与底层资产的直接法律关系,当私募基金发生兑付困境时,投资者多数情况下会将"矛头"优先对准管理人。依据投资者诉请及争议焦点,其向管理人索赔路径不同。

(一)违约赔偿之诉

因管理人违约引起的损害赔偿之诉,是最为常见的投资者诉请类型,所涉管理人高发违约行为包括违反适当性义务、违反信息披露义务、违反忠实义务、违反清算义务等。

1. 违反适当性义务

适当性义务,要求私募基金销售机构(包括管理人和代销机构)审慎履职,将适当的产品销售给适合的投资者。如因卖方机构未对投资者风险承受能力全面评估、未向投资者充分揭示产品风险或存在虚假陈述、未及时跟进投资者及产品风险变化等原因导致投资亏损,人民法院可能据此支持投资者就投资本金、申购费及资金占用或利息损失获得足额赔偿。[①]

---

① 如上海金融法院民事判决书,(2021)沪74民终1743号。

值得关注的是,2023 年 12 月,中国证监会公布《私募投资基金监督管理办法(征求意见稿)》(以下简称《私募办法》)进一步修订完善合格投资者标准:一是细化合格投资者标准,明确要求穿透核查多数投资者汇集资金的实际投资者及资金来源;二是设定差异化合格投资者门槛,结合不同私募基金产品的风险特征制定不同最低投资金额。完善投资者保护体制的同时,无疑对管理人实质履行适当性义务提出了更高标准。

2. 违反信息披露义务

为避免管理人利用信息优势损害投资者利益,行业监管要求管理人严格履行信息披露义务。如因管理人未提供信息披露平台、披露信息失实、未及时公示披露等因素对投资者后续投资决定产生不利影响,管理人除需承担对应行政责任外,还存在一定民事风险,需对相应期间或相应比例投资损失承担民事赔偿责任。①

与之相对应,《私募办法》再次明确私募基金管理人应当建立健全信息披露和信息报送管理制度,强化信息披露真实、及时、准确、完整的核心原则,并对私募基金投资运作情况、底层资产情况等的信息披露作出严格要求。

3. 违反忠实义务

忠实义务要求管理人忠于受托目的,具体包括禁止欺诈义务、不转移管理义务、公平交易义务等内容,对此《私募办法》第 59 条以“禁止行为类型”方式作出了细化列举。实务中,相关涉诉情形主要包括违规关联交易、内幕交易、未建立财产分离制度等。管理人如存在忠实义务合规疏漏,除涉及内幕交易罪、非法吸收公众存款罪、诈骗罪等刑事法律风险外,尚不可免除其对投资者实际损失的民事赔偿责任。

① 如广东省广州市中级人民法院民事判决书,(2019)粤 01 民终 21112 号。

4. 违反清算义务

当私募基金投资期限届满或者存在提前退出情形却难以推进时，投资者常以管理人履职不当为由主张损害赔偿。实务中，如因管理人怠于清算或基础资产投资周期长、变现困难等原因导致无法依约清算，管理人可能需就投资者因此产生或扩大的实际损害承担赔偿责任。值得注意的是，若因管理人违反清算义务导致基金赎回金额无法确定，即使基金合同不存在保底保收益条款，管理人亦可能面临全额"还本付息"的民事责任。

基金终止是基金产品运作终了的必经程序，及时清算终止是投资者实现权益的重要保障。《私募办法》一方面明确基金合同的终止情形，[①]将展期决议作为基金展期的必备条件；另一方面明确私募基金常态化清算退出安排，同时对私募基金无法正常终止情况下的退出安排作出规定，[②]为清算僵局下投资者退出路径提供指引依据。

（二）合同履行之诉

合同履行之诉集中出现于针对基金合同或其他承诺文件（常见如差额补足承诺函、基金份额受让协议、回购协议等）中存在的"保本保收益"条款未兑付的情形，司法实务中，承诺主体的兑付责任因相关合同性质认定不同而有所差异。

---

① 《私募投资基金监督管理办法（征求意见稿）》第56条　基金合同中应当约定出现下列情形时合同终止：（一）基金合同存续期届满且不展期；（二）基金份额持有人大会或者全体投资者认可的决策机制决定终止；（三）基金合同约定的其他情形。

② 《私募投资基金监督管理办法（征求意见稿）》第58条　基金合同应当明确约定私募基金管理人无法正常履行职责或者出现重大风险等情形时的基金财产安全保障机制、应急处置机制及相关费用承担安排。私募基金无法正常终止的，私募基金管理人、私募基金托管人、基金份额持有人大会或者按照基金合同约定持有一定份额比例的投资者可以建立专项机制或者委托律师事务所、会计师事务所等中介机构，行使下列职权：（一）清理核查私募基金资产情况，编制资产负债表和财产清单；（二）制定、执行清算退出方案；（三）清缴税款，清理债权、债务；（四）管理、处置、分配剩余私募基金财产；（五）依法履行解散、清算、破产等法定程序；（六）代表私募基金进行纠纷解决；（七）中国证监会规定或者基金合同约定的其他职权。

1. 认定私募基金合同，承诺主体承担过错责任

现行监管[①]明确禁止管理人直接或间接向投资者作出保本保收益承诺，《九民纪要》则进一步明确了私募基金规范框架下保底条款的无效性。需要说明的是，当保底条款无效时，管理人或第三方承诺主体并非无责，而应承担相应过错损害赔偿责任，实务中存在裁判[②]依据业绩报酬比例判决管理人赔偿投资本金亏损的20%。

2. 认定民间借贷合同，承诺主体承担还本付息责任

司法实践中，亦有诸多法院结合基金具体商业架构安排深入探究双方隐藏民事法律行为，认为以固定年化收益率计算收益为典型代表的保本保收益条款“名为基金、实为借贷”。对于民间借贷法律关系，借款方应承担还本付息义务，担保方应承担担保责任，人民法院故据此判决承诺主体偿还投资者借款本金及利息。

（三）合同效力之诉

当基金到期发生亏损时，亦有投资者通过否定合同效力的路径请求“还本付息”。经司法大数据分析，合同效力争议高发事由包括管理人缺乏相应资质、涉案基金未依规办理办案登记、构成伞形信托、场外配资等。

关于基金合同无效后的责任承担，部分裁判认为管理人在合同未生效或无效情况下管理和运用委托资金存在全部过错，判决管理人全额返还本金并按同期贷款基准利率支付资金占用费；[③]也有裁判按照双方过错比例承担责任，[④]判决管理人仅返还本金、管理人按比例承担投资损失等。

---

① 《关于加强私募投资基金监管的若干规定》《关于规范金融机构资产管理业务的指导意见》等。

② 如广东省广州市中级人民法院民事判决书，(2019)粤01民终23878号。

③ 如江苏省镇江市中级人民法院民事判决书，(2021)苏11民终1176号。

④ 如湖南省株洲市中级人民法院民事判决书，(2019)湘02民终2421号。

(四)合同解除之诉

基金实务中,合同解除纠纷多出现于募集阶段回访确认前退出、私募基金分期发行退出、部分投资者退出表决等情形,而其争议的焦点本质上皆集中于"退出条件是否成就"及"合同目的能否实现"[①]两大要素。

关于基金合同解除后的责任承担,依据个案情形的不同,人民法院可能支持投资者"还本付息"的请求,[②]亦可能依照合同清算条款按照投资者份额予以现状分配。[③]

三、私募基金与非法集资的刑事红线之隔是什么?

私募基金的资金募集,包括登记备案、招募投资者和投资者资金引入的全过程。合法规范的资金募集应当具备五个基本要求:基金登记备案、募集对象限定为合格投资者、募集人数累计不得超过二百人、非公开募集及不得承诺保本保收益。若不慎突破合法募集规范,极易触及非法集资刑事红线,相应构罪标准集中在非法性、公开性、社会性、利诱性四项特征。

(一)非法性

非法性,简言之即违反国家规定。在非法吸收公众存款案件中,违反国家规定不仅是指刑法,还包括金融监管机构制定的相关规定、办法、实施细则等规范。司法实务中,突破合法私募基金边界进行违法行为的主要包含两类:

第一类是不符合形式标准,也就是以私募基金之名行犯罪之实;

---

① 如上海金融法院民事判决书,(2019)沪74民初2842号。
② 如上海金融法院民事判决书,(2019)沪74民终275号。
③ 如上海金融法院民事判决书,(2019)沪74民初2841号。

第二类是不符合实质标准,也就是形式上具有“合法性”,但募集对象、募集方式、资金用途等实质性的经营操作违反法律法规的要求。

(二)公开性

现行有效的《私募投资基金监督管理暂行办法》(以下简称《暂行办法》)第14条对公开宣传明确规定,不得通过报刊、电台、电视、互联网等公众传播媒体或者讲座、报告会、分析会和布告、传单、手机短信、微信、博客和电子邮件等方式,向不特定对象宣传推介。

而非法集资犯罪中对公开性的要求较《暂行办法》更为广泛。刑法上除包括以各种途径向社会公众传播吸收资金信息的行为外,还包括明知吸收资金的信息向社会公众扩散而予以放任等情形。

(三)社会性

社会性,即从募集资金的对象上区分为特定对象与不特定对象,集资对象为不特定对象的,则符合“社会性”特征。私募基金对募集对象的限制要求,包括募集对象为合格投资者、私募基金投资者数量两个方面。

1. 合格投资者身份应予实质审查

合格投资者应符合三个条件:具备相应风险识别能力和风险承担能力;投资于单只私募基金的金额不低于100万元;单位投资者净资产不低于1000万元,个人投资者金融资产不低于300万元或者最近3年个人年均收入不低于50万元。

需注意的是,私募基金募集主体应予实质性审查投资者身份,仅签署《合格投资者资格确认表》《合格投资者承诺函》《风险承受能力评估问卷》等格式化资料不足以排除社会性风险。

2. 投资者数量实行穿透式监管

根据《暂行办法》第13条规定,投资者人数的审查应当采用穿透核查,所谓穿透核查就是揭开合法性的表层，判断产品关系链最终的性质特征。

行业实务中，突破投资者人数限制的方法主要为两种：一是设立嵌套型私募基金产品，从而达到突破人数限制的目的；二是拆分成同质化的项目，将一只私募基金产品拆分成同质化的多个产品，利用多个产品分别募资。而在穿透式核查的监管和司法审查下，须摒弃侥幸心理。

（四）利诱性

利诱性，是指集资人承诺在一定期限内以货币、实物、股权等方式还本付息或者给付回报。非法集资的“利诱性”特征包括有偿性和承诺性两个方面内容，即集资人除偿还本金以外，还承诺给予一定的回报，回报的形式或名义可以为利息、分红、工资、奖金等。在私募领域典型表现为私募公司为吸引资金注入进行直接或变相保本保收益宣传。

此外，符合综上所述四性构罪标准，构成非法吸收公众存款罪的基础上，若对募集资金存在非法占有目的，则另触及集资诈骗罪。

四、如何防控私募基金“暴雷”？

针对管理人、投资者协同防控、处置私募基金“暴雷”风险，笔者建议如下。

（一）重视合格投资者匹配

投资者购置私募基金份额前，应对私募基金基本行业及法律规定进行了解，向管理人如实披露资产规模、投资经历等基本信息，充分评估自身投资者类别及拟投资产品风险等级、自身风险承受能力，慎重制定投资抉择。

管理人在全面实质履行投资者风险评估、产品评级、风险告知及适当性销售的基础上，尚需进一步关注如下风控要点：

(1)加强动态管理并落实投后回访制度以应对风险变化；

(2)对基金销售人员开展售前培训，严格防控募集过程中的违规行为；

(3)严格筛选具有资金销售业务资格的代销机构并监督代销行为以防范连带赔偿；

(4)妥善落实投资者尽职调查工作，对于投资者的穿透资金来源、资产负债情况、投资经历、风险偏好、诚信状况等信息予以核实验证。

(二)确认优化合同权责约定

管理人与投资者、管理人与托管人等其他相关机构的事前权责划分，为防范投资纠纷的源头性措施：

(1)详细列明管理人全流程职责义务，并就代销机构、托管人等第三方机构职责界限予以划定；

(2)明确投资者单方退出的具体条件、方案及程序，结合交易架构充分评估退出方案可行性；

(3)详细约定私募基金清算条件、方式、期间，以及管理人无法履职时的替代安排。

由于私募基金的合约复杂专业性，投资者签约时须审慎理解，充分了解各方主体的权利业务边界，对于基金展期规则、持有人大会召集与表决、协议管辖权等关键性问题予以重点关注，必要时可寻求专业人士帮助。

(三)防控保底保收益承诺风险

投资者在认购私募基金份额时应秉持“收益自享、风险自担”的原则理性投资，合理控制收益预期，警惕私募基金管理人任何直接或变相的保本保收益安排。

而管理人作为专业机构，亟需客观合理地控制投资者预期，防控任何形式的保底保收益承诺：

(1)全面审查宣传材料、募集说明书、基金合同等文本合规性;

(2)统一避免口头、微信、邮件等非正式承诺;

(3)适当履行风险揭示义务,对投资项目潜在风险进行必要预判,并且将该风险与收益的实情向投资者有效揭示。

(四)规范畅通投资者沟通机制

管理人在重视落实私募基金管理过程中的信息披露义务及报送义务基础上,如产品出现兑付障碍、出现重大风险事件,管理人应及时搭建更为畅通、及时的沟通渠道,强化投资人风险处置参与度,以避免导致投资人对私募机构甚至相关政府部门的不信任,造成矛盾激化。

对于产品兑付计划变更等重要事项,投资者可依照合同约定召集持有人大会统一决策,必要时管理人亦应择时组织召开持有人大会,以便同步产品兑付处置工作、征询投资者意见,统一风险应对方案。

(五)合理制定风险处置方案

从处置效率及追索成本而言,投资者与管理人、管理人与底层用资方各方协商谈判于兑付障碍初期可优先选择。必要时投资人、管理人可独立或共同引入律师事务所、会计师事务所等中介机构人士介入,综合产品兑付症结、资产回流预期、争议解决成本及便捷性等各种因素,合理制定、优化客观有效的风险处置方案,协助完成清产核资、法律措施保障等追索及后续资产清收、处置工作,争取最大化回流资金、实现兑付目标,以维护各方利益及社会秩序稳定。

第四节

证券投资咨询业务合规问题研究

证券投资咨询业务作为连接投资者与市场的桥梁，其重要性日益凸显。然而，随着证券投资咨询业务的不断扩展与创新，这一业务面临的监管考验也日益严峻。近年来，中国证监会按照“零容忍”工作方针，持续加强对证券投资咨询机构的监管执法，切实维护资本市场平稳健康发展。本书将从法律视角出发，旨在深入探讨证券投资咨询业务的合规问题，以期为证券投资咨询行业的规范发展提供参考。

一、什么是证券投资咨询业务？

早在1997年，为了规范证券投资咨询行业的健康发展，国务院证券委员会颁布了《证券、期货投资咨询管理暂行办法》，标志着我国证券投资咨询业务正式步入法治化轨道。该办法为行业的准入、运营、监管等方面设定了基本框架，为后续法规的完善奠定了基础。

之后,中国证监会于 2001 年发布了《关于规范面向公众开展的证券投资咨询业务行为若干问题的通知》,进一步细化了证券投资咨询的定义。这一文件明确,任何机构或个人从事就证券市场、证券品种的走势,投资证券的可行性,以口头、书面、电脑网络或者中国证监会认定的其他形式向公众提供分析、预测或建议的业务即证券投资咨询。[①]

时至 2020 年,为适应市场变化,提升行业监管效能,中国证监会起草了《证券基金投资咨询业务管理办法(征求意见稿)》。该征求意见稿在第 2 条中,对投资咨询业务进行了更为全面和细致的分类,具体包括但不限于:投资顾问服务;发布证券研究报告;其他投资咨询业务。[②] 其中,投资顾问业务与发布证券投资研究报告的区别在于:

其一,服务出发点不同。证券投资顾问需从签约客户的立场出发,并严格遵守客户利益至上的原则,向客户提供适当的证券投资建议。证券研究报告并不面向个人客户,也不会出具具体的投资建议。它仅对市场上的证券及相关产品的价格进行客观分析,为投资者提供基础信息支持。

其二,服务对象与内容有所不同。证券投资顾问主要服务于普通投资者,结合客户的风险偏好等个性化因素提供适当且具体的投资建议,如投资产品的选择、买卖时机等。机构投资者更青睐证券研究报告,他们可以专业、有效地处理证券研究报告中的投资信息,并在此基础上进一步进行分析判断,作出投资决定。

其三,对证券市场产生的影响有所不同。证券投资顾问服务于特定的"中小投资者",他们的投资决策通常情况下不会对证券价格产生显著影

---

① 《关于规范面向公众开展的证券投资咨询业务行为若干问题的通知》(2001 年 10 月 11 日证监机构字〔2001〕207 号)。

② 《证券基金投资咨询业务管理办法(征求意见稿)》第 2 条　【业务界定】在中华人民共和国境内,从事证券投资顾问、基金投资顾问、发布证券研究报告以及法律、行政法规和中国证券监督管理委员会(以下简称中国证监会)规定的其他证券、基金投资咨询业务(以下统称证券基金投资咨询业务),适用本办法。

响。机构投资者则是基于证券研究报告作出的投资决策,且机构投资者的投资决策一定程度上影响证券价格。

其他证券基金投资咨询业务的具体范围和形式可能会随着市场发展和监管政策的调整而发生变化,在此不多做探讨。

二、证券投资咨询展业过程中，哪些环节易触发行政法律风险?

(一)非法展业风险

未按照相关法律法规及行业规范要求进行展业,不仅可能对投资者权益造成损害,还会给相关机构和从业者带来行政处罚及法律风险。以下将从无资质展业风险和私下展业风险两个角度,剖析证券投资咨询业务中的高风险环节。

1. 无资质展业风险

提供证券投资顾问服务的人员应当符合从业条件,同时还需要在中国证券业协会注册登记为证券投资顾问。① 无资质展业的风险主要体现在以下两个方面:

一是从业资格不达标。一些从业者未通过相关的资格考试,或未获得合法的从业许可,却擅自提供证券投资咨询服务。

二是未完成备案登记。即便从业人员符合条件,但未按照规定在中国证券业协会进行备案登记,其提供的证券投资咨询服务仍然属于违规行为。这种情况下,监管机构通常会对个人和所在机构进行处罚,甚至可能

---

① 《证券投资顾问业务暂行规定》第7条　向客户提供证券投资顾问服务的人员,应当符合相关从业条件,并在中国证券业协会注册登记为证券投资顾问。证券投资顾问不得同时注册为证券分析师。

取消其从业资格。

例如,一则发生在2024年7月的案例,池某在某证券公司营业部执业期间未取得证券投资顾问资格的情况下,向客户提供证券投资建议,[①]违反《证券投资顾问业务暂行规定》第32条而被出具警示函。[②] 又如,黄某在某证券营业部任职期间,未在中国证券业协会注册为证券投资顾问,违规向客户及潜在客户提供投资建议,并直接或间接获取不正当利益,违反《证券投资顾问业务暂行规定》第7条而被出具警示函。[③]

2. 私下展业风险

私下开展证券投资咨询业务也是展业过程中常见的风险点。近年来,随着社交媒体的普及,一些从业者利用网络平台提供证券咨询服务,未能按照合规要求履行义务,从而触发行政法律风险。

例如,某证券从业者肖某,在整个展业过程中,肖某均以个人名义开展业务,未向所在公司报告,未按照所在公司相关制度开展证券投资咨询业务,未注明自己证券投资咨询执业资格证书及编号等。肖某的行为违反《证券、期货投资咨询管理暂行办法》第3条第1款、第12条的规定,构成擅自从事证券咨询业务,监管部门最终对其实施行政处罚。[④]

(二)业务操作风险

业务操作风险集中在证券投资顾问的投资建议未建立在合理的依据基础上。2023年3月,厦门证监局对某纪证券厦门分公司采取责令改正措

---

① 中国证券监督管理委员会福建监管局行政监管措施决定书,〔2024〕38号。

② 《证券投资顾问业务暂行规定》第32条　证券公司、证券投资咨询机构及其人员从事证券投资顾问业务,违反法律、行政法规和本规定的,中国证监会及其派出机构可以采取责令改正、监管谈话、出具警示函、责令增加内部合规检查次数并提交合规检查报告、责令清理违规业务、责令暂停新增客户、责令处分有关人员等监管措施;情节严重的,中国证监会依照法律、行政法规和有关规定作出行政处罚;涉嫌犯罪的,依法移送司法机关。

③ 中国证券监督管理委员会厦门监管局行政监管措施决定书,〔2023〕31号。

④ 中国证券监督管理委员会湖南监管局行政监管措施决定书,〔2022〕6号。

施的决定,原因之一为投资顾问部分投资建议缺少合理依据,[①]该从业人员违反了《证券投资顾问业务暂行规定》第16条,证券投资顾问向客户提供投资建议,应当具有合理的依据规定。

类似的是,如果发布证券投资研究报告的“合理依据不充分”,相关责任人员及证券机构也会被处罚。根据深圳监管局2022年3月的案例,证券投资从业人员将股票根据五行属性分类进行分析、制作并发布《2022年中国股市预测》,该“预测”被转发并对外传播。监管机构认为对行业、市场的评论意见不审慎,投资建议不具有合理依据。[②]

结合相关法律法规及监管实务,“合理依据”可以从以下三个要求进行理解:

一是“合理依据”的底线要求。证券投资咨询机构及其从业人员应保持客观公正和诚实信用的职业操守,不能以虚假信息或主观臆断为基础开展投资咨询活动。[③]

二是“合理依据”的基础要求。证券投资咨询活动中所引用的信息、资料必须完整、客观且准确,严禁断章取义或篡改相关内容。[④] 具体而言,投资建议的依据包括但不限于证券投资咨询机构的研究报告、证券研究报告,以及基于这些报告所形成的理论模型、算法模型或分析方法的投资分析意见。同时,投资建议不得依赖虚假信息、市场传言或内幕信息。

三是“合理依据”的强化要求。证券投资分析报告和投资分析文章等

---

① 中国证券监督管理委员会厦门监管局行政监管措施决定书,〔2023〕13号。

② 中国证券监督管理委员会深圳监管局行政监管措施决定书,〔2022〕40号。

③ 《关于规范面向公众开展的证券投资咨询业务行为若干问题的通知》二、证券投资咨询机构及其从业人员从事证券投资咨询活动必须客观公正、诚实信用,不得以虚假信息、内幕信息或者市场传言为依据向客户或投资者提供分析、预测或建议;预测证券市场、证券品种的走势或者就投资证券的可行性进行建议时需有充分的理由和依据,不得主观臆断;证券投资分析报告、投资分析文章等形式的咨询服务产品不得有建议投资者在具体证券品种上进行具体价位买卖等方面的内容。

④ 《证券投资咨询机构执业规范(试行)》第13条、第14条和第15条。

形式的咨询服务产品，不能直接建议投资者在特定证券品种上以具体价位买入或卖出。[①] 这一要求旨在防止投资顾问通过明确的价格指引误导投资者，确保其分析和建议具备科学性和可依据性。

（三）内部管理风险

随着自媒体平台的蓬勃兴起与日益成熟，投资顾问业务正积极探索并广泛采用直播这一创新形式拓展其展业渠道，逐渐吸引了监管机构的密切关注。值得注意的是，直播形式中出现的不合规现象，如夸大宣传、误导性陈述、承诺投资收益等，暴露出部分投资顾问机构在内部管理上的不足与漏洞。

根据中国证监会及各地监管局施以监管措施的情形，内部管理风险可以总结概括为以下三种：

一是非合规主体参与直播咨询。部分非公司员工或未持有相应执业资格的人员，利用公司微信视频公众号等渠道，擅自开展投资咨询业务。

二是自媒体直播监管不完善，从事自媒体投顾业务的机构未能建立相应的内部留痕机制。

三是违规承诺与误导性宣传。在直播业务推广及客户招揽过程中，有少数从业者违背职业道德与监管规定，通过承诺投资收益、直接或间接暗示推荐个股等不当手段，误导投资者作出决策。

若证券投资咨询机构在向投资者提供投资建议时，未按照客观谨慎、忠实客户原则履行义务，因此对投资者造成损失，应根据过错程度，承担相应赔偿责任。

---

① 《关于规范面向公众开展的证券投资咨询业务行为若干问题的通知》（中国证券监督管理委员会公告〔2020〕66 号）。

三、哪种情形下，证券投资咨询业务可能会触及刑事风险？

（一）非法经营罪

1. 一般情形

结合《刑法》对非法经营罪的规定及实践中非法证券投资咨询的案例，[①]非法证券投资咨询的认定标准：无资格机构和个人向投资者或客户提供证券分析、预测或建议等直接或间接有偿咨询服务的活动。综合来看，满足以下三个要件即可认定为因非法证券投资咨询而涉嫌非法经营罪：

一是非法经营罪成立以违反国家规定为基础。具体包括机构和从业人员两个方面：其一，未取得中国证监会批准的证券投资咨询业务许可的机构；其二，未取得证券投资咨询从业资格，或取得证券投资咨询从业资格但未在证券投资咨询机构执业的个人。

二是犯罪行为需是经营行为，即持续地直接或间接获取经济利益。

三是非法证券投资咨询行为严重扰乱市场秩序。

在翁某非法经营案中，[②]翁某等人以多家公司名义掩护，在未持有任何

---

① 《刑法》第225条 【非法经营罪】违反国家规定，有下列非法经营行为之一，扰乱市场秩序，情节严重的，处五年以下有期徒刑或者拘役，并处或者单处违法所得一倍以上五倍以下罚金；情节特别严重的，处五年以上有期徒刑，并处违法所得一倍以上五倍以下罚金或者没收财产：（一）未经许可经营法律、行政法规规定的专营、专卖物品或者其他限制买卖的物品的；（二）买卖进出口许可证、进出口原产地证明以及其他法律、行政法规规定的经营许可证或者批准文件的；（三）未经国家有关主管部门批准非法经营证券、期货、保险业务的，或者非法从事资金支付结算业务的；（四）其他严重扰乱市场秩序的非法经营行为。

② 参见《涉案金额达6000万！16人“荐股”团伙非法经营案宣判》，载https://mp.weixin.qq.com/s/CBlHpN48MhRxYSl0ptsGXQ。

证券投资咨询业务合法资质的情况下，通过电话营销、微信沟通等渠道，非法提供股票推荐与咨询服务，以此手段诱使投资者支付会员费用或参与利润分成。经查实，这家公司与相关人员无从事证券投资咨询业务的资质。法院经审理认为，翁某等人未经国家有关主管部门批准非法经营证券业务，扰乱市场秩序，并从中获利，其行为均构成非法经营罪。

2. 特殊情形

以投资者教育之名但实际从事证券投资咨询业务，也存在非法经营的合规风险。在廖某非法经营案中，[①]廖某以他人名义设立了某教育培训公司，并取得了某地教育局颁发的办学许可证。该教育培训机构公司在未取得中国证监会颁发的从事证券投资咨询业务许可的情况下，通过视频课程的方式向学员提供证券、期货投资方面的服务。上海证监局认为，廖某的行为属于向公众有偿提供证券、期货投资分析、预测、建议，属于从事证券投资咨询业务。法院借助上海证监局的行政认定函，据此判定廖某违反法律规定，非法从事证券投资业务，认为构成非法经营罪。

无论如何命名，业务的实质都离不开对具体证券、证券相关产品及证券市场的分析、走势预测或向投资者提供投资建议，这些行为均构成“证券投资咨询业务”。若未获得相应资质，便可能面临非法经营的合规风险。

（二）诈骗罪

从事非法证券投资咨询业务存在既构成非法经营罪，又构成诈骗罪的情况。在两罪想象竞合的情况下，通常法院择一重罪，以诈骗罪定罪。

例如，在崔某、龚某等诈骗案中，[②]从客观上来看，龚某等人通过虚构事

① 上海市第二中级人民法院刑事判决书，(2020)沪02刑初04号。
② 江苏省徐州市中级人民法院刑事判决书，(2019)苏03刑终93号。

实、隐瞒真相，使被害人产生缴纳会费后就能得到优质股票信息的错误认识，两者存在因果关系。从主观上来看，龚某等人不具有从事证券咨询业务的相关资质，在向客户收取高额的会员费后，实际上并未提供与收费价值相当的服务。在客户以股票亏损为由索取会费时，推脱、敷衍客户，主观上存在对客户缴纳会员费的非法占有目的。最终法院认定龚某等人构成诈骗罪。

不难看出，非法经营罪与诈骗罪的区分点在于两罪构成的主观目的有所不同。非法经营罪的主观目的是谋取非法的利润，例如，在未取得证券投资资质牌照的情形下，通过证券投资业务获取经济利益。而诈骗罪的主观目的是非法占有他人财物。正如上述案例提到的，龚某等人在索要会费时百般推脱，根本没有返还占有他人财物的打算。

四、机构及从业者如何有效规避证券投资咨询展业中的合规风险？

在证券投资咨询展业中，有效规避合规风险对于机构及从业者至关重要。以下是一些具体的措施和建议。

（一）建立健全合规管理体系：机构展业的基石

近年来，证券投资咨询机构及相关从业者因内部控制不力而频遭监管处罚，进一步凸显内部控制合规性的紧迫性。合规管理体系是证券投资咨询机构防范合规风险的基础。机构应首先制定一套全面、细致且具有可操作性的内部合规规章制度，这些制度应涵盖员工行为准则、交易行为准则、风险管控措施等多个方面，确保所有业务活动都在合规框架内进行。同时，机构应设立专门的合规管理部门或岗位，负责监督和执行这些合规政策，及时发现并纠正违规行为，确保合规管理的有效实施。

（二）强化员工合规培训：提升专业素养的关键

作为证券投资咨询的直接提供者，从业者的专业素养和职业道德对于防范合规风险同样至关重要。从业者应持证上岗，确保自己具备从事证券投资咨询业务的基本条件。他们还是合规管理的最终执行者，其合规意识和专业素养直接影响到机构的合规水平。因此，证券投资咨询机构应定期对员工进行合规培训，内容应包括国家法律法规、监管政策、行业自律规则以及公司内部的合规规章制度等。通过培训，提升员工对合规重要性的认识，增强他们的合规意识和专业素养，确保他们在日常工作中能够严格遵守合规原则，防范合规风险的发生。此外，从业者还应注重自己的言行举止，避免使用误导性、虚假性或夸大性的言辞，维护良好的职业道德和职业操守。

第五节

上市公司涉刑财产处置问题探究

随着资本市场合规监管的持续强化，上市公司及其实际控制人、董监高等“关键少数”面临的涉刑财产处置风险日益凸显。从刑事裁判中违法所得的界定到执行程序的复杂顺位冲突，财产处置问题不仅影响上市公司正常经营，还可能引发资本市场连锁反应。本节基于现行法律框架与司法实践，系统梳理涉刑财产处置的核心问题，结合证券领域特殊性，为上市公司提供涉刑财产处置与权利救济的实务指引。

一、刑事裁判涉财产部分执行是什么？

（一）涉财产部分执行的两个关键方面

根据《最高人民法院关于刑事裁判涉财产部分执行

的若干规定》第1条[①],刑事裁判涉财产部分的执行,是指发生法律效力的刑事裁判主文确定的罚金、没收财产;责令退赔;处置随案移送的赃款赃物与没收随案移送的供犯罪所用本人财物的执行。在深入探讨刑事裁判涉财产部分的执行细节之前,首先需要明确:

一是罚金和没收财产的适用问题。罚金数额的决定通常取决于犯罪的性质和情节,《刑法》明确规定了适用罚金刑的罪名,但司法实践中罚金的计算并无具体的标准。需要注意的是,没收财产刑所没收的财产不是犯罪所得,也不是非法财产,而是属于犯罪分子个人的合法财产。这一刑罚在法院判决生效后,要求被告人将其部分或全部财产无偿交给国家。

二是责令退赔与追缴的适用问题。追缴与责令退赔在适用上具有一定的先后顺序。对于非法占有、处置被害人财产造成的物质损失,应进行追缴或责令退赔[②]。具体而言,追缴主要针对违法所得本身,不涉及违法所得之外的其他财产。当违法所得无法全部追缴,或者不足以弥补被害人损失时,需要动用犯罪分子的合法财产进行退赔。

---

① 《最高人民法院关于刑事裁判涉财产部分执行的若干规定》第1条　本规定所称刑事裁判涉财产部分的执行,是指发生法律效力的刑事裁判主文确定的下列事项的执行:

(一)罚金、没收财产;

(二)责令退赔;

(三)处置随案移送的赃款赃物;

(四)没收随案移送的供犯罪所用本人财物;

(五)其他应当由人民法院执行的相关事项。

刑事附带民事裁判的执行,适用民事执行的有关规定。

② 《全国法院维护农村稳定刑事审判工作座谈会纪要》(五)关于刑事附带民事诉讼问题　人民法院审理附带民事诉讼案件的受案范围,应只限于被害人因人身权利受到犯罪行为侵犯和财物被犯罪行为损毁而遭受的物质损失,不包括因犯罪分子非法占有、处置被害人财产而使其遭受的物质损失。对因犯罪分子非法占有、处置被害人财产而使其遭受的物质损失,应当根据刑法第六十四条的规定处理,即应通过追缴赃款赃物、责令退赔的途径解决。如赃款赃物尚在的,应一律追缴;已被用掉、毁坏或挥霍的,应责令退赔。无法退赃的,在决定刑罚时,应作为酌定从重处罚的情节予以考虑。

(二)涉财产部分执行对“关键少数”的影响

上市公司涉刑时作为单位主体承担相应的法律责任,“关键少数”作为直接负责的主管人员亦需承担相应的个人责任。涉财产部分执行或对“关键少数”产生的影响主要体现在以下两个方面:

一是对减刑、假释的影响。根据《最高人民法院关于办理减刑、假释案件审查财产性判项执行问题的规定》第4条[①],如“关键少数”实际具有履行财产性判项的能力,在履行完毕后,方可依法适用减刑或假释。不积极退赃、协助追缴赃款赃物、赔偿损失的,不认定其确有悔改表现。不难看出,在能够履行却未履行财产性判项之时,涉刑“关键少数”可能因无法认定其有悔改表现而影响减刑与假释。

二是对社会信用的影响。根据《刑事诉讼法解释》第532条[②],关于刑事裁判涉财产部分,刑事诉讼法及有关刑事司法解释没有规定的,参照适用民事执行的有关规定。这也意味着,对于拒不履行刑事裁判涉财产部分的“关键少数”,可能会被列入失信人员名单,面临一系列法律和社会层面的限制与后果。

---

① 《最高人民法院关于办理减刑、假释案件审查财产性判项执行问题的规定》第4条 罪犯有财产性判项履行能力的,应在履行后方可减刑、假释。

罪犯确有履行能力而不履行的,不予认定其确有悔改表现,除法律规定情形外,一般不予减刑、假释。

罪犯确无履行能力的,不影响对其确有悔改表现的认定。

罪犯因重大立功减刑的,依照相关法律规定处理,一般不受财产性判项履行情况的影响。

② 《刑事诉讼法解释》第532条 刑事裁判涉财产部分、附带民事裁判的执行,刑事诉讼法及有关刑事司法解释没有规定的,参照适用民事执行的有关规定。

二、上市公司涉刑财产追缴的范围是什么？

根据《刑法》第 64 条的规定[①]，刑事案件涉案财物应包括违法所得、被害人的合法财产、违禁品和供犯罪所用的本人财物。在上市公司涉刑案件中，大多违法所得呈现复杂性和隐蔽性的特点。违法所得还可能与其他合法财产混同，导致上市公司可能面临合法财产被误认或错误追缴的风险，从而对公司资产及股东权益造成重大损害。因此，准确界定违法所得的范围、来源及其性质是非常必要的。

（一）什么是违法所得？

“任何人不得因犯罪而获利”是追缴违法所得的基本原则。违法所得，自然是基于“违法行为”而产生的。根据《人民检察院刑事诉讼规则》第 515 条规定，“违法所得”的三种认定情形：

一是通过实施犯罪直接或者间接产生、获得的任何财产等；

二是违法所得已经部分或者全部转变、转化为其他财产的，也应当视为违法所得；

三是来自违法所得转变、转化后的财产收益，或者来自已经与违法所得相混合财产中违法所得相应部分的收益，也应当视为违法所得。

上市公司融资犯罪案件数量占比最高，其中又以非法吸收公众存款最为常见。以涉非法吸收公众存款罪的财产追缴范围举例，追缴的财产范围可以根据法律规定和司法解释明确为以下几类：

---

① 《刑法》第 64 条　犯罪分子违法所得的一切财物，应当予以追缴或者责令退赔；对被害人的合法财产，应当及时返还；违禁品和供犯罪所用的本人财物，应当予以没收。没收的财物和罚金，一律上缴国库，不得挪用和自行处理。

一是向社会公众非法吸收的资金(违法所得)[①];

二是以吸收的资金向集资参与人支付的利息、分红等回报,以及向帮助吸收资金人员支付的代理费、好处费、返点费、佣金、提成等费用[②];

三是非法集资资金的收益或者转换的其他资产及其收益[③];

四是非法集资人及其股东、实际控制人、董事、监事、高级管理人员和其他相关人员从非法集资中获得的经济利益[④]。

因此,违法所得的辨别需要从多个角度进行:首先,需明确违法所得与犯罪行为之间的因果关系,即违法所得是否直接来源于犯罪行为;其次,需关注违法所得的流转过程,尤其是其是否已转化为其他形式的财产或收益;最后,需区分违法所得与合法财产的界限,避免善意取得的财产因追缴合法权益造成损害。

---

① 《最高人民法院、最高人民检察院、公安部关于办理非法集资刑事案件适用法律若干问题的意见》五、关于涉案财物的追缴和处置问题:向社会公众非法吸收的资金属于违法所得。

② 《最高人民法院、最高人民检察院、公安部关于办理非法集资刑事案件适用法律若干问题的意见》五、关于涉案财物的追缴和处置问题:向社会公众非法吸收的资金属于违法所得。

③ 《防范和处置非法集资条例》第 26 条　清退集资资金来源包括:

(一)非法集资资金余额;

(二)非法集资资金的收益或者转换的其他资产及其收益;

(三)非法集资人及其股东、实际控制人、董事、监事、高级管理人员和其他相关人员从非法集资中获得的经济利益;

(四)非法集资人隐匿、转移的非法集资资金或者相关资产;

(五)在非法集资中获得的广告费、代言费、代理费、好处费、返点费、佣金、提成等经济利益;

(六)可以作为清退集资资金的其他资产。

④ 《防范和处置非法集资条例》第 26 条　清退集资资金来源包括:

(一)非法集资资金余额;

(二)非法集资资金的收益或者转换的其他资产及其收益;

(三)非法集资人及其股东、实际控制人、董事、监事、高级管理人员和其他相关人员从非法集资中获得的经济利益;

(四)非法集资人隐匿、转移的非法集资资金或者相关资产;

(五)在非法集资中获得的广告费、代言费、代理费、好处费、返点费、佣金、提成等经济利益;

(六)可以作为清退集资资金的其他资产。

(二)第三人善意取得的财产不予追缴

若上市公司作为接受违法所得的第三人,在刑事涉案财物追缴程序中,是否需要承担该"违法所得"被追缴的风险,也是理论与实务的争议焦点。根据《民法典》第311条关于善意取得的规定[①],如果上市公司以合理对价取得违法所得,且在交易中不存在主观恶意或明显过失,则该财产因善意取得不予追缴[②]。通常通过审查以下因素来判断是否为善意取得的财产:

一是否支付了合理对价。交易的价格是否与市场价值相符,能否证明对价的合理性。

二是否知情或应当知情。是否在取得财产时明知其系违法所得,或在通常情况下应当知悉其违法性质。

三是交易行为的合理性。财产转移是否经过正常合法的交易流程,是否存在明显规避法律的异常行为。

实践中,上市公司作为公众公司,其交易行为往往涉及商业机密与市

---

① 《民法典》第311条　无处分权人将不动产或者动产转让给受让人的,所有权人有权追回;除法律另有规定外,符合下列情形的,受让人取得该不动产或者动产的所有权:

(一)受让人受让该不动产或者动产时是善意;

(二)以合理的价格转让;

(三)转让的不动产或者动产依照法律规定应当登记的已经登记,不需要登记的已经交付给受让人。

受让人依据前款规定取得不动产或者动产的所有权的,原所有权人有权向无处分权人请求损害赔偿。

当事人善意取得其他物权的,参照适用前两款规定。

② 《最高人民法院、最高人民检察院关于办理诈骗刑事案件具体应用法律若干问题的解释》第10条　行为人已将诈骗财物用于清偿债务或者转让给他人,具有下列情形之一的,应当依法追缴:

(一)对方明知是诈骗财物而收取的;

(二)对方无偿取得诈骗财物的;

(三)对方以明显低于市场的价格取得诈骗财物的;

(四)对方取得诈骗财物系源于非法债务或者违法犯罪活动的。

他人善意取得诈骗财物的,不予追缴。

场秩序，侦查机关难以直接穿透审查交易背景。为避免作为善意第三人受到不当的财产追缴或冻结，上市公司需凭借合理对价、知情度及交易合理性等因素，证明其作为“善意第三人”其交易行为的合法性与合规性，从而最大限度地降低财产面临追缴的风险。

（三）追缴合法财产的情形

需要注意的是，按照现行司法政策，即便是合法财产，在追缴时也可能被“穿透”。根据《关于办理黑恶势力刑事案件中财产处置若干问题的意见》第4条规定[①]，若涉案财产无法找到、已被善意取得、价值灭失，或者与其他合法财产混合且不可分割的，司法机关可以追缴、没收其他等值财产。这意味着，即便某些财产是被告人的合法财产，也有可能被纳入追缴范围。

特别是当违法所得与合法财产混同，且难以分割时，司法机关有权根据比例或整体追缴该部分财产。因此，“混同财产”在某些情况下可能会被整体没收，进一步扩大了追缴的适用范围。

三、上市公司涉刑财产执行顺序是什么？

（一）一般情形

依照《最高人民法院关于刑事裁判涉财产部分执行的若干规定》第13

---

① 《关于办理黑恶势力刑事案件中财产处置若干问题的意见》四、依法追缴、没收其他等值财产：

19.有证据证明依法应当追缴、没收的涉案财产无法找到、被他人善意取得、价值灭失或者与其他合法财产混合且不可分割的，可以追缴、没收其他等值财产。

对于证明前款各种情形的证据，公安机关或者人民检察院应当及时调取。

条之规定①,涉刑财产不足以完全支付所需承担的刑事责任、民事责任的情况下,应按照如下顺序执行:

首先,退赔被害人的损失。如非法吸收公众存款案件中的投资人的本金。

其次,其他民事债务。如上市公司需承担的民事赔偿责任或其他因违法行为产生的债务责任等。

最后,支付罚金与履行没收财产。

(二)存在优先受偿权的情形

需要注意的是,如果债权人对执行的涉刑财产享有合法的优先受偿权,该债权人主张优先受偿的,该财产优先于退赔被害人的损失。在实践中,基于利益平衡与刑民协调原则的考虑,优先清偿仅限债权本金,其余部分的受偿可能不被支持。除此之外,债权人若是善意取得“违法所得及其孳息”等刑事涉案财产优先受偿权的,可以对抗人民法院的追缴。如果优先受偿权,如抵押权,在设立过程中存在瑕疵,实践中则需要综合考量瑕疵情况,本金优先受偿或降低一定比例。

---

① 《最高人民法院关于刑事裁判涉财产部分执行的若干规定》第13条　被执行人在执行中同时承担刑事责任、民事责任,其财产不足以支付的,按照下列顺序执行:

(一)人身损害赔偿中的医疗费用;

(二)退赔被害人的损失;

(三)其他民事债务;

(四)罚金;

(五)没收财产。

债权人对执行标的依法享有优先受偿权,其主张优先受偿的,人民法院应当在前款第(一)项规定的医疗费用受偿后,予以支持。

四、上市公司是否可能面临被害人通过刑事与民事程序进行双重受偿的风险？

（一）被害人无法通过刑事和民事程序实现双重受偿

如果被害人通过合同之诉或侵权之诉向涉刑的上市公司主张权利，法院会依法认定被害人的财产损失范围。但该损失应限定在刑事程序中通过追赃、退赔未能实现的部分，不得因民事诉讼导致被害人超出实际损失范围获得赔偿。特别是刑事裁判中已明确被害人受偿的部分，民事判决中虽然可能再次确认被告人需承担民事赔偿责任，但在执行阶段，法院会确保刑事被害人（民事权利人）不会因双重执行获得重复赔偿。

但刑事诉讼中的追赃和责令退赔程序，并不影响被害人通过民事诉讼向上市公司以外的其他民事主体主张权利。例如，在以上市公司法人名义实施的犯罪行为中，若构成表见代理或表见代表，其行为的法律后果应当由被代表的上市公司承担。这意味着民事诉讼具有更广的适用对象，可解决刑事程序中未涵盖的法律责任主体问题。

（二）民事判决或可补充刑事裁判未处理的部分

若刑事判决中对被害人的赔偿范围仅包括本金损失，而未涵盖利息或其他费用，在随后的民事诉讼中，法院仍可以根据实际情况确定上市公司的具体还款责任范围。此种情形下，民事判决可以补充刑事裁判未处理的部分，但不得对刑事裁判已认定的损失范围重复判定。只有在刑事裁判未能完全实现被害人权利的情况下，民事判决的执行才能补足差额，确保赔偿范围不超过被害人实际损失。

五、上市公司涉刑财产不当处置应当如何进行救济？

（一）被查扣冻的涉案财产实际不属于违法所得

依据《刑事诉讼法解释》第279条[①]，在案件审理过程中，法院必须对查封、扣押、冻结的财物及其产生的孳息进行详细调查，以确定其权属和来源。

这一过程中，公诉人负责说明情况、展示证据，并提出处理建议。同时，法庭也会听取上市公司、辩护人以及其他诉讼参与人的意见。若案外人对财物提出权属异议，法院将听取其意见，并在必要时通知其出庭。

经过审查，如果无法确认查封、扣押、冻结的财物及其孳息为违法所得或依法应追缴的涉案财物，法院不得予以没收。

（二）刑事裁判中未明确应追缴、退赔的范围

在执行过程中，根据《最高人民法院关于刑事裁判涉财产部分执行的若干规定》第15条[②]，上市公司如对裁判中涉案财物认定有异议时，可以通过书面异议要求重新审查财物性质或归属。异议分为两种情形：一是裁判

---

① 《刑事诉讼法解释》第279条　法庭审理过程中，应当对查封、扣押、冻结财物及其孳息的权属、来源等情况，是否属于违法所得或者依法应当追缴的其他涉案财物进行调查，由公诉人说明情况、出示证据、提出处理建议，并听取被告人、辩护人等诉讼参与人的意见。

案外人对查封、扣押、冻结的财物及其孳息提出权属异议的，人民法院应当听取案外人的意见；必要时，可以通知案外人出庭。

经审查，不能确认查封、扣押、冻结的财物及其孳息属于违法所得或者依法应当追缴的其他涉案财物的，不得没收。

② 《最高人民法院关于刑事裁判涉财产部分执行的若干规定》第15条　执行过程中，案外人或被害人认为刑事裁判中对涉案财物是否属于赃款赃物认定错误或者应予认定而未认定，向执行法院提出书面异议，可以通过裁定补正的，执行机构应当将异议材料移送刑事审判部门处理；无法通过裁定补正的，应当告知异议人通过审判监督程序处理。

错误认定财产为赃款赃物;二是裁判遗漏认定涉案财物。执行机构在收到异议后,会根据情况采取补正程序或审判监督程序处理。

具体来说,如果异议涉及明显裁定错误,可以通过裁定补正,执行机构将移送材料至刑事审判部门作出补正裁定。若异议涉及复杂的实体或程序问题,无法简单补正,则执行法院会告知通过审判监督程序申请再审。

(三)对上市公司的建议

涉及涉刑财产处置时,上市公司应通过积极应对刑事程序并主动提起民事程序,充分利用法律手段,最大限度地保障财产权。在刑事诉讼中,首先要对涉案财产的归属进行辩护,明确公司财产是否与犯罪行为直接相关,避免合法财产纳入追缴范围。与此同时,应通过民事诉讼路径,依法向法院申请财产确权,确保合法财产得到合法保护。在此过程中,需及时识别和防范财产混同、虚假交易等风险,确保财产在司法程序中清晰分割,防止被不当追缴或扣押。民事诉讼也可以帮助公司在刑事诉讼中没有明确裁定的情况下,进一步确认财产合法所有权。

第四章

证券合规监管程序类常见问题专题

全面实行股票发行注册制之后，放管结合、严管厚爱是注册制改革发展的应有之义。谁来管？如何管？对于各方证券市场主体而言，无论从顺应改革趋势还是证券合规风控角度，都是重要议题之一。本章集中从我国证券监管体制机制、证券行政处罚规制、证券类案件行刑衔接实务要点等监管程序展开研究。此外，当事人承诺制度及证券代表人诉讼作为我国证券监管的最新改革实践，有必要予以同步聚焦，故亦将二者单独列于本章节下予以探讨。

第一节

证券监管执法规则与体制机制

一、证券监管执法行为的种类有哪些?

证券监管,是指国家的证券主管机关或者社会的证券自律机构对证券的发行和交易等活动以及参与证券市场活动的主体所进行的经常性督促、检查、协调和控制等行为。

就我国证券监管组织而言,包括中国证监会及其派出机构集中统一监管及证券业协会、证券交易所等自律监管组织。其中,中国证监会监管执法行为种类主要包括证券行政许可行为、证券行政强制行为、证券行政处罚行为,以及实务中性质存有争议的证券监管措施,如监管谈话、警示函等,对此争议,笔者于本节另行专门讨论;而自律机构监管措施主要系通报批评等纪律处分,如经调查认定需要予以行政处罚的,可提出行政处罚建议书,移交中国证监会处理(见图4-1)。

图4－1 证券监管执行行为的种类

二、如何理解中国证监会监管行为执法性质？

中国证监会对于证券违法行为的核心查处认定结果，主要集中于行政处罚决定、行政监管措施决定、证券市场禁入决定三类，其中后两者执法行为性质有待探讨。

（一）行政监管措施决定

2019年《证券法》修订，首次从法律层面①确认行政监管措施执法行为类型，但并未对该类措施的性质进行定义。一方面，“出具警示函”等行政监管措施决定多适用于违法情形较轻、尚不构成行政处罚的案件中，具有“临时性”“警告性”特征；另一方面，行政监管措施种类无法统一纳入《行政处罚法》所规定的处罚类型之中，故当前多数观点认为“行政监管措施决定”不属于行政处罚。亦有观点认为，如果监管措施涉及相对人权益的减损和义务的增加，应通过实质分析的方式，认定该监管措施属于行政处罚。

① 《证券法》第170条 国务院证券监督管理机构依法履行职责，有权采取下列措施：（一）对证券发行人、证券公司、证券服务机构、证券交易场所、证券登记结算机构进行现场检查……为防范证券市场风险，维护市场秩序，国务院证券监督管理机构可以采取责令改正、监管谈话、出具警示函等措施。

笔者认为，行政监管措施是否属于行政处罚的性质尚待讨论，但从证券合规风险化解角度而言，该性质争议暂不会影响相对人权利救济：

第一，《行政监管措施决定书》项下通常会明确列明相关救济途径，即“向中国证监会提出行政复议，或自收到决定书之日起 6 个月内向有管辖权的人民法院提起行政诉讼”；

第二，后续救济程序中针对行政监管措施适用是否合法，其审查思路与行政处罚审查标准无实质差别，即执法程序是否存在瑕疵、事实认定是否清楚明确、法律适用是否正确、执法权限是否缺失等。

（二）证券市场禁入决定

根据 2019 年《证券法》第 221 条及中国证监会《证券市场禁入规定》，证券市场禁入，是指在一定期限内直至终身不得从事证券业务、证券服务业务，不得担任证券发行人的董事、监事、高级管理人员，或者一定期限内不得在证券交易所、国务院批准的其他全国性证券交易场所交易证券。

据检索，同案涉及行政罚款等常见行政处罚类型，亦涉及针对涉事责任人采取证券市场禁入措施的案件，中国证监会通常分别出具《行政处罚决定书》及《市场禁入决定书》，但笔者认为文书的区分并不意味“证券市场禁入决定”性质有别于行政处罚，原因在于：

第一，《证券市场禁入规定》在 2021 年修订之际，将《行政处罚法》作为新增的立法依据写入新法第 1 条，明确了证券市场禁入行为的行政处罚性质；

第二，《证券市场禁入规定》修订说明（2021）对于分类出具处罚文书的执法实践作出明确回复释明：“市场各方已对单独列示证券市场禁入决定书的现状形成稳定预期，维持现有做法并不影响当事人依法享有的各种程序性和实体性权利，并且还有利于提高执法透明度。”这也充分解释“单列”的市场禁入措施，作为行政处罚已被公众知悉并有效实施。

三、何为证券监管体制机制?

体制,主要指各机关单位的组织架构与管理权限;机制,是各机关之间及内部相互协调运作的规则。聚焦于证券监管实务,笔者即结合中国证监会行政执法机构设置职能以及各机关对于证券违法犯罪的协调配合机制予以释明。

2023 年 3 月,中国证监会调整为国务院直属机构,依照法律、法规和国务院授权,集中统一监督管理全国证券期货市场,会机关内设 20 个职能部门、1 个稽查总队、3 个中心,另设股票发行审核委员会。于省、自治区、直辖市和计划单列市共设立 36 个证券监管局,以及上海、深圳证券监管专员办事处。[①] 2021 年《证券期货违法行为行政处罚办法》正式施行,我国证券监管执法的法制体系得以进一步完善,集中体现于“查审分离”体制及“行刑衔接”机制的深化完善。

(一)证券监管执法“查审分离”体制

证券违法调查权的行使和实施,需遵照中国证监会稽查局协调指挥,稽查总队、派出机构、专员办各司其职、多位一体的工作体制;在案件审理与结果出具上,由中国证监会行政处罚委员会及其巡回审理办公室负责重大、疑难、复杂案件审理,其他案件主要由各派出机构在中国证监会统筹指导及授权范围内自行审理。坚持落实优化“查审分离”体制,形成调查权与处罚权相互配合、相互制约机制,多角度保证执法决定独立化、专业化(见图 4-2)。

① 参见中国证券监督管理委员会:《机构概况》,载中国证券监督管理委员会官网,http://www.csrc.gov.cn/csrc/c100002/c5c05724baf164183a5c1c7ab0da7eb34/content.shtml。

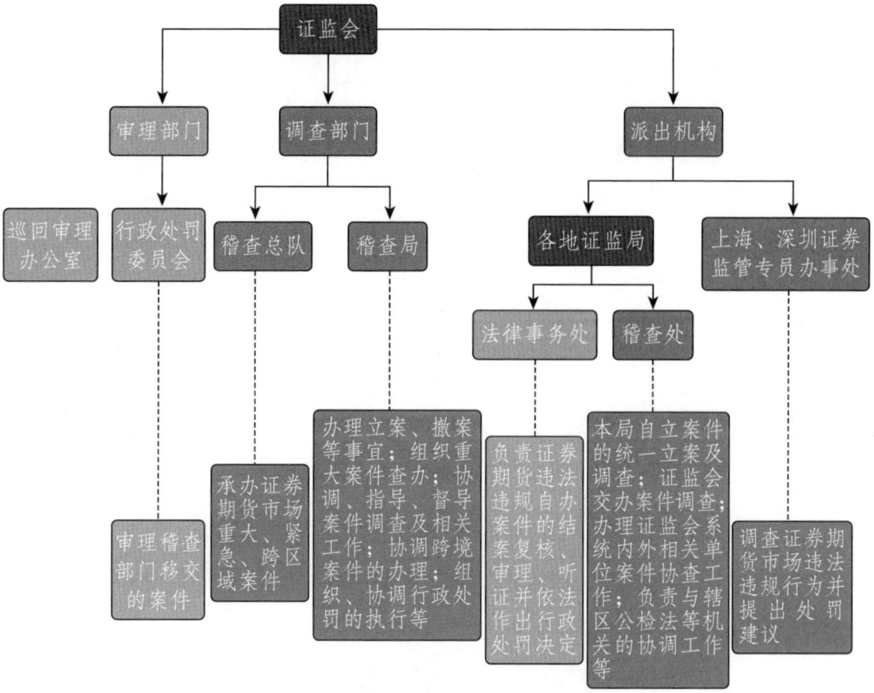

图4-2　证券监管执法“查审分离”体制

(二)行政执法与刑事司法双向衔接机制

面对“以罚代刑”“有案不移”“有案难移”的治理顽疾,《证券期货违法行为行政处罚办法》第27条至第29条规定,以“直接移送刑事”“先行后刑”“行刑并行”三种模式,建立行政执法与刑事司法双向衔接机制,优化证券执法司法行刑的有机衔接。对此,笔者另于本章分节集中探讨。

另有监管层面,从最高人民检察院和驻会检察室做起,主动会同中国证监会、公安部等部门健全信息共享机制,督促各地检察机关跟进落实,深化执法司法协作,共同助力资本市场依法监管。

第二节

证券行政处罚程序与救济路径

一、证券行政处罚执法程序如何开展？

（一）证券行政处罚基本流程

证券行政处罚阶段主要包括立案调查、事先告知、听证及陈述申辩、处罚决定签发及送达等基本流程，笔者以中国证监会自办案件处置流程具体而言。

1. 接案与立案

中国证监会违法违规线索来源包括但不限于大数据日常监测、交易所的异动快报、公安机关的核查线索、举报人的举报信息等，由稽查局负责统一处理，组织非正式调查并办理立案、撤案等事宜。

2. 案件调查

正式立案后，中国证监会即向相对人送达立案告知书，并予开展正式调查，所采取的调查措施包括询问、查阅、复制资料、要求提供说明等。

相对人早期如能及时配合调查，不排除经过积极有效的解释、举证和申辩，监管机构予以撤案处理的可能。

3. 行政处罚事先告知及听证

调查结束后，经移送审理部门审查，拟作出行政处罚决定的案件，中国证监会将依法向相对人送达行政处罚事先告知书，载明拟作出行政处罚的事实、理由、依据和决定，告知相对人享有陈述申辩和听证的权利。

当事人要求听证的，应当在行政处罚事先告知书送达收悉之日起 5 日内提出；仅要求陈述、申辩但未要求听证的，应当在行政处罚事先告知书送达后 5 日内提出，并在行政处罚事先告知书送达后 15 日内提出陈述、申辩意见。需要注意的是，事先告知及听证阶段可申请查阅相关在案证据，系相对人充分行使己方陈述申辩权利的关键核心程序。

4. 行政处罚决定签发及送达

听证结束后，审理部门将对相对人提出的事实、理由和证据进行复核，并采纳经审核成立的陈述申辩事项，最终签发、送达行政处罚决定书。

（二）证券行政处罚案件办案期限

原则上中国证监会或其派出机构应自立案之日起 1 年内作出行政处罚决定，如报经单位负责人批准，可视查办情况延长办案期限。结合实务办案经验而言，案件存在案情复杂程度、证据收集情况、涉案金额、涉案人员数量等各案因素差异，调查阶段为期 6 个月至 1 年逾期不等。

需特别指明的是，若证券违法行为涉嫌犯罪，证监会及其派出机构可在立案调查前后或作出行政处罚决定前后任意节点，移送司法机关侦查追诉。其中，尤需关注行政调查停滞受阻、证据固定难度大、事实争议复杂类案件的早期移送风险。

二、证券行政处罚救济路径有哪些？

（一）行政复议与复议机关

根据《中国证券监督管理委员会行政复议办法》，相对人认为中国证监会或其派出机构授权组织的具体行政行为侵犯其合法权益的，有权申请行政复议，由中国证监会作为行政复议机关，受理行政复议申请，对被申请行政复议的具体行政行为进行审查并作出决定。其中，以中国证监会派出机构为被申请人的，依据《行政处罚法》属上级复议，以中国证监会为被申请人的，属原级复议。

行政复议案件审查期限原则上为自受理申请之日起 60 日内，情况复杂案件经批准可适当延长，延长期限最多不超过 30 日。

（二）证券行政诉讼及管辖规则

1. 证券执法的司法监督

相较于证监会系统内部的行政复议监督，司法监督作为独立于行政权之外的监督，更具有稳定性、公开性和程序保障性。相对人若对行政处罚不服，在收到行政处罚通知书之日起 6 个月内，可直接向人民法院提起行政诉讼。如已在先申请复议，对复议结果不服的，可以在收到复议决定书之日起 15 日内，向人民法院提起行政诉讼。

行政诉讼案件一审审理期限原则上为 6 个月，二审审理期限原则上为 3 个月，有特殊情况案件经批准可延长。

2. 证券行政诉讼案件管辖

针对地方证监局所作出处罚决定直接提起诉讼的，由地方证监局所在地基层法院管辖。如经复议之后再行起诉，则既可以由地方证监局所在地基层法院管辖,也可以由中国证监会所在地基层法院管辖。

针对中国证监会作出的行政处罚行为,不论是否经由复议,此前皆由中国证监会所在地中级人民法院,即北京市第一中级人民法院管辖。但根据最高人民法院2021年3月16日公布施行的《关于北京金融法院案件管辖的规定》第6条规定,此后针对证监会履行金融监管职责作出的行政行为提起诉讼的第一审涉金融行政案件,统一由北京金融法院管辖。

三、证券行政诉讼救济应予关注哪些要点?

在证券监管运行中,司法机关通过行政诉讼程序审查中国证监会及其派出机构具体行为合法正当性,形成司法权与行政权的互动,促进行政权的规范有效行使。笔者以典型公开行政诉讼案例为例,从执法程序、事实认定、法律适用、执法权限四个方面对处罚实务审查要点予以探讨。

(一)执法程序正当——如何理解案卷排他原则

事先告知及听证程序作为相对人行使陈述申辩权利的关键环节,往往是实践中出现"程序违法"争议最为集中之处。根据《证券期货违法行为行政处罚办法》第32条,[①]上位法《行政处罚法》第65条[②]的规定,对应在法理上被称为"案卷排他原则",规定了证监会及其派出机构仅可基于现有案卷材料进行处罚的原则,给予相对人申请二次陈述申辩或听证的机会,充分保护相对人在行政处罚过程中的程序权利。

该原则不仅适用于增加相对人处罚结果的变化,也适用于调减相对人

---

① 《证券期货违法行为行政处罚办法》第32条　中国证监会及其派出机构对已经送达的行政处罚事先告知书认定的主要事实、理由、依据或者拟处罚决定书作出调整的,应当重新向当事人送达行政处罚事先告知书,但作出对当事人有利变更的除外。

② 《中华人民共和国行政处罚法(2021修订)》第65条　听证结束后,行政机关应当根据听证笔录,依照本法第57条的规定,作出决定。

处罚结果的情况。例如，在（2019）京01行初1120号行政诉讼案件，案涉行政处罚事先告知书与被诉处罚决定书存在关键变更，行政处罚事先告知书以2015年实控账户账面获利认定违法所得为“2844万元”，相应处以“5689万元罚款”，而被诉处罚决定调整了内幕信息形成时间并认定相对人控制账户持续至2018年10月29日，以此为计算终点认定账面亏损10,836万元，相应处以60万元罚款。对此，证监会应诉答辩称：“被诉处罚决定书对行政处罚事先告知书中事项的调整，均是听取了相对人听证陈述申辩意见后作出的调整，不必再次让其陈述申辩。”

然经法院审理认定，认为内幕交易形成时间更正、违法所得重新核算等相关事项均属于《行政处罚法》第44条所规定的作出行政处罚决定的事实、理由及依据。对该部分内容，相对人未能进行陈述和申辩。虽减少罚款数额，但在分属存在违法所得和没有违法所得或者违法所得不足3万元不同情形、不同罚则下，未予保障相对人针对罚款数额的多少进行陈述申辩，构成程序违法，被诉处罚决定书依法应予撤销。

可见，在证券行政处罚实务中，不论是监管机关还是相对人及其代理人，应对于拟作出行政处罚决定事实、理由、依据的实质性争议、潜在变更事项予以重点关注，审慎评估二次告知、二次听证必要性，充分发挥行政听证程序实质把关作用。

（二）事实认定清楚、证据充分——如何理解调查程序充分、必要原则

1. 证券行政处罚案件证明标准

一般而言，行政处罚的证明标准介于刑事追诉的“排除合理怀疑”和民商事诉讼的“高度盖然性”之间，采用“事实清楚、证据确凿”[①]的证明标准。

① 《行政诉讼法（2017修正）》第69条　行政行为证据确凿，适用法律、法规正确，符合法定程序的，或者原告申请被告履行法定职责或者给付义务理由不成立的，人民法院判决驳回原告的诉讼请求。

然则，证券违法案件事实认定与传统行政违法行为相比，客观上存在违法手段隐匿性、交易复杂性、直接证据调查难度大等特殊性，因此，不论是行政处罚阶段认定证券违法行为之时，还是行政诉讼阶段对于事实认定的审查，证券监管机构与行为人间举证责任视各案案由及实际情况不同，存有不同程度的转移。实务主流观点认为，证券行政处罚案件遵循“明显优势证据证明标准”，即证监会证明违法事实存在的证据“明显优于”行政相对人的反驳违法事实的证据。

以内幕交易的行政责任认定为例，证监会在确定内幕信息与内幕交易的主体之后，采取“敏感期内联络、接触+相关交易行为明显异常+没有正当理由或者正当信息来源”从而形成具有明显优势的证据链条，以“推定”方式认定存在内幕交易行政违法行为。这种以“推定”形成明显优势证据的设计初衷，是用以缓解内幕交易行政处罚案件举证困难所导致的事实认定难题。

2.“推定”方式认定违法事实亦应遵循调查程序充分、必要原则

行政处罚程序中，行政执法机构需以全面、客观、公正地调查收集有关证据。举例而言，如在(2018)京行终445号行政诉讼案件中，原告苏某诉称证监会认定其接触联络的相关人员殷某并非内幕信息知情人，调查人员未找到殷某本人，欠缺将殷某认定为内幕信息知情人的直接证据。证监会答辩称，调查过程中，经过电话联系、单位调查等方式，未能成功找到殷某本人询问，但其他涉案人员询问笔录及有关会议记录可证明，殷某实际参与了资产注入事项的形成过程，可认定为内幕信息知情人。

该案经法院审理认定，虽然有关会议记录和其他涉案人员询问笔录均显示殷某为内幕信息知情人，证监会还应当向作为直接当事人的殷某进行调查了解，案件调查过程存在遗漏殷某重要联系方式，故综合审判确认证监会未尽到全面、客观、公正的法定调查义务，既是事实和证据问题，也是程序问题，二审以事实不清、程序违法撤销被诉行政处罚决定。

基于证券类案件特殊性，证券监管机关适用推定认定事实提供一定的空间和可能，但即便如此，在推定的适用标准上亦应秉持审慎原则，尤其是对据以推定的基础事实的证明标准要求应进一步提高。在证据调查收集过程中，遵循全面、客观、公正原则，穷尽调查措施收集有利及不利证据、避免主观随意性、保证调查手段及程序合法。

（三）法律适用正确——如何理解解释法律错误

实务中，法律适用主要争议可具体划分为未引用依据、适用依据效力瑕疵、引用错误、引用不全、引用笼统及解释错误，其中以解释法律错误尤为需要细节审查。

例如，在（2021）京74行初6号行政诉讼案件中，被诉行政处罚决定事项有二：一为责令依法处理非法持有的证券，如有违法所得予以没收；二为处以30万元的罚款。原告提起行政诉讼主要诉讼事由集中在案涉关键事实不清、证据不足，但未对被诉行政处罚决定法律适用问题提出异议。

该案经法院审理，确认证监会对于案涉关键事实认定无误，但被诉处罚决定一方面根据处罚决定作出前的股票价格，认定非法持有的股票处于账面亏损状态，并根据没有违法所得的事实基础处以30万元的定额罚款；另一方面又决定“如有违法所得予以没收”。此种表述方式使“到底有无违法所得”这一行政处罚的事实基础处于不确定的状态，两项内容之间存在逻辑矛盾，在实际操作过程中亦可能产生事实基础的冲突。故法院认定被诉处罚决定存在法律适用不当，应予撤销。

由此可见，“法律适用错误”具有开放性，并不仅局限于法条援引不当等常规情形，实务中对于部分无法准确归结到“事实认定错误”“程序违法”“越权执法”等行政行为违法类型的情形，比如，不确定的法律概念解释偏差，可能涉及“法律解释错误”规范类型。

(四)执法权限合法——如何认定地方证监局执法权限

如本章第一节所述,当前证券行政监管由中国证监会统一监督管理全国证券市场,统筹协调案件调查及审理。中国证监会派出机构一方面依法行使辖区内案件及证监会稽查局交办案件的调查职权,另一方面按规定[①]负责审理本单位自立案件及中国证监会交办案件。

实务争议多集中于地方证监局执法权限,如(2018)沪74行终8号行政诉讼案涉争议事实主要系,证监会稽查局向上海证监局下发《关于请调查某立股份异常交易案的函》,对某立股份相关可疑账户涉嫌内幕交易的事项,开展调查工作,并于函件附件1初步调查事项中载明,如发现相关违法违规事项,请一并调查。原告提起行政诉讼主张,诉称该案未发生在上海证监局辖区内,且系上海证监局在调查某立股份异常交易案时发现的违法行为,相较原交办案件案由已经改变,上海证监局对杨某违法买卖股票案无管辖权。

该案经法院审理认定,原告涉嫌违法买卖股票事宜,系上海证监局调查某立股份内幕交易事项过程中所发现相关违规事项,属于中国证监会稽查局交办事项范围,后经中国证监会立案报备程序审批,故此享有案件管辖权。

由此可见,各地证监局案件办理除遵循地域管辖基本原则外,同步遵循中国证监会统筹协调分配,在我国证券监管体制机制基本框架下,实务中因执法权限不足导致处罚决定违法的情形并不常见。

---

① 《中国证监会派出机构监管职责规定》第26条　派出机构负责对辖区内证券期货违法违规案件以及中国证监会相关职能部门交办的案件或者事项进行调查。

第30条　派出机构负责本单位立案调查的证券期货违法违规案件的审理工作,依法对证券期货违法违规当事人实施行政处罚。但是,按照规定由其他派出机构或者中国证监会相关职能部门负责审理的除外。派出机构可以按照规定审理中国证监会交办的其他派出机构立案调查的案件以及中国证监会相关职能部门负责调查的案件。

第三节

证券监管趋势演变及行刑衔接规则

一、证券监管政策呈现何种演变趋势？

（一）建制度、不干预、零容忍

2021年7月6日，中共中央办公厅、国务院办公厅印发《关于依法从严打击证券违法活动的意见》，以“建制度、不干预、零容忍”为指导思想，强调建立健全依法从严打击证券违法活动的执法司法体制机制，完善资本市场违法犯罪法律责任制度体系，着力化解证券类违法行为“有案不移、以罚代刑”的顽疾通病。

也是以此为起点，证券市场交易体系和监管逐步落地《关于依法从严打击证券违法活动的意见》指明的一系列变化和更新，包括制度建设、体制机制建设和违法活动的打击和跨境监管合作等。随之发布《证券期货违法行为行政处罚办法》《最高人民法院关于审理证券市场虚假陈述侵权民事赔偿案件的若干规定》、修订《关于公安机关管辖的刑事案件立案追诉标准的规定(二)》等,推动行刑衔接机制协调优化,“刑、行、民”三位一体法律责任制度体系初显雏形。

(二)“长牙带刺”、有棱有角

2023年2月17日,证券发行注册制在我国全面启动,中国证监会、证交所等机构从精简优化发行上市条件、完善审核注册程序、优化发行承销制度、完善上市公司重大资产重组、强化监管执法和投资者保护五个方面同步发布了共计165部配套制度规则。

2024年4月4日,国务院重磅发布《关于加强监管防范风险推动资本市场高质量发展的若干意见》(以下简称新“国九条”)。这是继2004年、2014年两个“国九条”之后,时隔10年,国务院再次专门出台的资本市场指导性文件,并以之为指导,配合若干配套制度规则,推动证券监管形成“1+N”政策体系,加快构建全方位、立体化的资本市场监管体系,全面落实“长牙带刺”、有棱有角的监管理念。

二、证券行政监管与刑事司法是否有先后之分?

根据《证券期货违法行为行政处罚办法》第29条规定,中国证监会及其派出机构在行政处罚过程中发现违法行为涉嫌犯罪的,应当依法、及时将案件移送司法机关处理。具体解读而言,证券性质监管与刑事司法程序分为“直接移送刑事”“先行后刑”“行刑并行”三种模式:

1.“直接移送刑事”模式:中国证监会及其派出机构的立案线索来源包括大数据日常监测、交易所的异动快报、公安机关的核查线索、举报人的举报信息等,筛选立案线索后,监管机构会开展初查。实务中,证券监管执法机构会视违法行为类型、情节严重性、调查难度、刑事介入及时必要性等角度进行综合考量,部分案件存在未经行政正式立案及调查,直接移送刑事侦查的情况。

2.“先行后刑”模式：行政案件正式立案后，移送刑事亦可能发生于行政调查阶段至行政处罚决定出具前后的任一时间节点。实务中，“先行后刑”多数案件是在行政处罚决定出具后再行移送公安机关处置，但亦不能排除少数案件未经行政处罚下发即移送刑事程序。

3.“行刑并行”模式：除中国证监会移送案件外，公安机关亦可自行受案。行刑衔接优化背景下，司法机关与监管机构通过联合情报导侦、工作会商机制等方式，协同开展行政调查和刑事侦查，行刑同步配合办案已呈现明显趋势。以黑嘴操纵“某美包装”股票案为例，就是由辽宁公安机关和中国证监会成立联合调查组，大大加快了办案节奏。[①]

三、证券行政违法案件如何移送刑事侦查？

（一）中国证监会与公安部“总对总”衔接

证券行政违法案件移送，整体遵循“总对总”原则，具体而言：

1. 对于中国证监会亲办案件，由中国证监会统一移送公安部，公安部交办相关公安机关侦查办理。

2. 对于地方监管局承办案件，并非由地方监管局直接移送地方公安机关，而系报经中国证监会统一移送公安部，公安部再行交办。

需要补充说明的是，证券犯罪由地（市）级以上公安机关负责立案侦查，县级公安机关无权办理。

① 参见央视财经：《嘉美包装　辽宁公安机关和中国证监会成立联合调查组》，载央视财经2021年5月21日，https://mp.weixin.qq.com/s/qlXr-XmaamPH0dfT7VpS5g。

(二)证券犯罪侦查局为主导机构、各地公安机关协同办理

1. 证券案件犯罪地定义较为广泛,衍生管辖争议

依据《刑事诉讼法》第25条规定,刑事案件管辖应当以犯罪地为原则,被告人居住地为例外。

而证券犯罪的定义广泛,证券账户开户地、资金托管银行所在地、账户实控人所在地、资金转移地等地公安机关对证券犯罪案件各有管辖权。实践中案件管辖长期争议较大,多经上级机关分配交办或指定管辖。

2. 证券犯罪案件逐步呈现异地侦查、集中查办特点

2002年,公安部设立证券犯罪侦查局并派驻中国证监会办公,形成了我国证券期货领域行政执法和刑事司法有机结合、共同协作的体制安排。证券犯罪侦查局实行垂直管理体制,最初设立六个直属分局,后经合并,设立第一、第二、第三分局,分别派驻北京、上海、深圳。

2005年,公通字〔2005〕11号通知①赋予了证券犯罪侦查局直属分局直接立案办理证券犯罪的权利。

2009年,公通字〔2009〕51号通知②进一步对证券犯罪侦查局办案范围作出调整,直属分局可按管辖区域立案侦查公安部交办的证券领域以及其他领域重大经济犯罪案件。经公安部指定,直属分局可跨区域管辖案件。

2016年至今,公安部逐步确定辽宁省公安厅经侦总队、上海市公安局经侦总队、重庆市公安局经侦总队以及山东省青岛市公安局经侦支队、广东省深圳市公安局经侦支队为证券期货犯罪办案基地,集中优势办案资源,提升专业化办案水平,从严打击证券违法犯罪趋势显而易见。

---

① 《关于公安部证券犯罪侦查局直属分局办理证券期货领域刑事案件适用刑事诉讼程序若干问题的通知》(现已失效)。

② 《最高人民法院、最高人民检察院、公安部关于公安部证券犯罪侦查局直属分局办理经济犯罪案件适用刑事诉讼程序若干问题的通知》。

近年来，囿于证券犯罪专业性、复杂性、重大性的固有特点，又存在大量案件与上市公司存有牵涉，为确保办案水平并排除办案障碍，对于由犯罪地、居住地以外司法机关管辖更为适宜的案件，依法原则上指定办案基地司法机关办理。由此可见，伴随向证券犯罪办案基地交办案件的力度一再加强，证券犯罪整体呈现“从快从严”“异地办理”趋势。

四、如何理解证券违法犯罪行刑衔接规则？

2024年4月16日，最高人民法院、最高人民检察院、公安部、中国证券监督管理委员会联合公布《关于办理证券期货违法犯罪案件工作若干问题的意见》，首次将证券期货违法犯罪“应移尽移”明确于规范性文件中，即发现涉嫌犯罪依法需要追究刑事责任的，应当无一遗漏地及时向公安机关移送。如何理解证券违法犯罪行刑衔接规则？

（一）以“应移尽移”为总体原则

“应移尽移”表明证券期货监管机构对案件的审查标准是形式审查，而非实质审查，其不应也不能代替司法机关对案件性质作出实质判断，凡是达到刑事追诉标准的违法案件，皆应当依法及时移送。移送案件随案材料主要包括移送书、涉案物品清单以及证据材料，已经作出行政处罚决定或者市场禁入决定的，应当一并移送并抄送同级人民检察院。人民检察院依法对证券期货监管机构移送案件活动实施监督。

如前所述，证券违法犯罪案件行政程序与刑事程序并无先后之分。在“应移尽移”背景下，行政相对人应予重点关注重大、存疑案件的衍生刑事风险，对于行政调查停滞受阻、证据固定难度大、事实争议复杂类案件，不排除早期移送侦查可能。

（二）以“互相制约”为机制保障

在证券违法犯罪行刑衔接机制逐步优化、畅通的执法司法背景下，突出强调各机构部门分工负责、互相配合、互相制约。公安机关作为刑事犯罪立案审查“守门人”，行刑衔接机制同步赋予证券期货监管机构复议权，并赋予人民检察院监督职权。具体而言：

1. 公安机关对证券期货监管机构移送的案件，认为有犯罪事实需要追究刑事责任的，应当及时立案。上级公安机关指定管辖或者书面通知立案的，应当在要求的期限内立案。

2. 公安机关决定不予立案的，证券期货监管机构可以申请复议，人民检察院依法对公安机关立案活动和侦查活动实施监督。

（三）以“反向移送”为查处闭环

“应移尽移”并不代表一概定罪，为保障查处闭环，零容忍监管趋势下，刑事回转案件亦是有始有终。

比如，在某兴股份信息披露违法及黄某杰等操纵市场案中，证监会对某兴股份涉嫌信息披露违法立案调查后依法移送司法机关办理。后续，证监会在收到司法机关转回案件及相关线索后再次启动调查，并根据调查情况，对某兴股份的控股股东涉嫌信息披露违法违规行为、实际控制人涉嫌操纵市场行为作出处罚。① 可见，对资本市场违法行为，即使是经历了较长办案周期的刑事回转案件，监管也将紧盯不放、态度坚决，依据明文规则进行移送：

1. 刑事回转案件涉及证券期货违法需行政监管机构处理的，应当于1个月期限内作出移送；

---

① 中国证券监督管理委员会行政处罚决定书，〔2024〕149号、〔2024〕150号。

2. 中国证监会“总对总”移送案件，由地方公安机关层报公安部移送中国证监会依法处理，或者由地方人民检察院、人民法院移送原负责相关案件调查的证券期货监管机构依法处理；

3. 地方公安机关基于中国证监会以外第三方报案或情报自行受理的案件，则由受理地作出撤案或不起诉决定的省级公安机关或人民检察院移送本地证券期货监管机构处理。

第四节

证券行政违法当事人承诺制度解读

证券行政违法当事人承诺制度作为我国尚在探索完善过程中的新型执法方式,为违法主体供给了一项合规风险出现后降低负面影响、减轻综合损失的法定途径。本节将通过解读相关制度变迁、内涵、适用规则及实践情况,为资本市场主体提供合规风控建议,助力发挥制度优势。

一、当事人承诺制度从何而来?

(一)制度前身为行政和解制度

行政执法当事人承诺制度的前身是行政和解制度,行政和解的实质是行政相对人缴纳和解金,补偿投资者损失,以此替代行政处罚决定。2015 年,中国证监会制定了《行政和解试点实施办法》(以下简称《和解试点办法》,现已失效),开始在证券期货领域开展行政和解试点工作。但有所局限的是，囿于适用范围与适用条件过于严格，在试点阶段仅有“某盛亚洲案”[①]及“上海某度案”[②]两起和解案件。

“某盛亚洲案”是中国证监会试点行政和解制度以来的首案。2016 年，某盛亚洲、某华证券等九家公司被立案调查。主要涉案事实为某盛亚洲自营交易员通过在某华证券开立的经纪业务账户进行交易，同时向某华证券自营交易员提供业务指导，双方从事股票及股指期货合约交易。2019 年 4 月，中国证监会与涉案 9 名申请人达成行政和解，责令申请人缴纳 1.5 亿元行政和解金。

“上海某度案”相对某盛亚洲案延续时间更长，上海某度等五家机构 2015 年即因涉嫌违反账户管理有关规定，以及违反资产管理业务有关规定被立案调查。2020 年 1 月达成行政和解协议，中国证监会责令上海某度等五家机构分别缴纳 6.7 亿元、180 万元、1000 万元、235 万元和 100 万元的和解金。

两案件均被要求采取必要措施加强公司内部控制，并在整改完成后提交书面整改报告，完成整改及和解金缴纳后，中国证监会最终依照规定终止对两案申请人有关行为的调查、审理程序。

（二）2019 年《证券法》正式确立了当事人承诺制度

2019 年《证券法》第 171 条放弃沿用“行政和解”的概念，以立法形式首次确立了我国的当事人承诺制度。

后为落实 2019 年《证券法》规定，中国证监会和国务院先后出台了《证券期货行政和解实施办法（征求意见稿）》及《证券期货行政执法当事人承

① 参见中国证监会：《【第 11 号公告】》，载中国证券监督管理委员会官网 2019 年 4 月 23 日，http://www.csrc.gov.cn/csrc/c101950/c1048040/content.shtml。

② 参见中国证监会：《【第 1 号公告】》，载中国证券监督管理委员会官网 2020 年 1 月 2 日，http://www.csrc.gov.cn/csrc/c101930/c1044452/content.shtml。

诺制度实施办法》(以下简称《当事人承诺制度实施办法》)。2022 年 1 月 1 日,中国证监会出台《证券期货行政执法当事人承诺制度实施规定》,同日与财政部联合出台《证券期货行政执法当事人承诺金管理办法》。

至此,我国当事人承诺制度形成了由法律、行政法规和部门规章所组成的法律法规体系,对资本市场具体实践起到了规范指引作用(见图 4-3)。

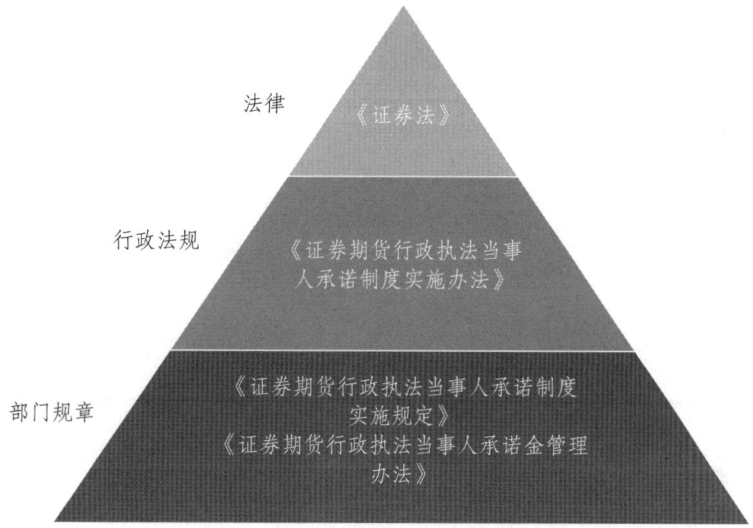

图 4-3　当事人承诺制度法律法规体系

二、当事人承诺制度是什么?

(一)当事人承诺制度的内涵

根据《当事人承诺制度实施办法》规定,当事人承诺制度是指国务院证券监督管理机构对涉嫌证券期货违法的单位或者个人进行调查期间,被调查的当事人承诺纠正涉嫌违法行为、赔偿有关投资者损失、消除损害或者不良影响并经国务院证券监督管理机构认可,当事人履行承诺后国务院证券监督管理机构终止案件调查的行政执法方式。其制度宗旨是从投资者保护的角度强化执法效率，简化投资者索赔流程，通过终止调查、承诺金赔付损失申请等方式，提高偿付及时性和可能性。

(二)当事人承诺制度与行政和解制度的区别

1. 单方承诺与双方协议

当事人承诺制度突出当事人的单方承诺性质，证券监管部门负责审查认可其作出的改正违法行为、消除不良影响、缴纳补偿金的承诺，并在其实际履行承诺后终止调查；行政和解制度则强调证券监管机构与当事人之间平等协商，双方最终达成合意并签订和解协议，其法律性质贴近公法、私法相互融合的现代行政合同。

2. 规范效果的完善

2019 年《证券法》对于当事人承诺制度的原则性规范指明，被调查的当事人提出书面申请及承诺的，监管机构可以决定中止调查；当事人实际履行承诺完毕的，监管机构可以决定终止调查；当事人未履行承诺或者有国务院规定的其他情形的，则应当恢复调查。相较于行政和解制度单一且直接的“终止调查”，完善为“中止”“终止”“恢复”调查三种效果并存。

3. 适用范围的扩展

根据《和解试点办法》第 6 条、第 7 条的规定，行政和解制度的适用条件限于“案件事实或者法律关系尚难完全明确”的案件，对于“违法行为事实清楚，证据充分，法律适用明确，依法应当给予行政处罚”，不得适用行政和解制度。

而在当事人承诺制度中，相关规定均未要求以“案件事实或法律状态尚难完全明确”为前提条件。对于涉嫌证券期货违法的当事人而言，只要不存在涉嫌证券期货犯罪、情节严重、社会影响恶劣以及就同一案件再次提出申请等法定情形的，均可以申请适用。

三、当事人承诺制度如何运行？

（一）当事人承诺制度审查执行体制

当事人承诺制度适用过程中，由行政执法当事人承诺审核委员会（以下简称委员会）负责组织开展行政执法当事人承诺工作；委员会下设行政执法当事人承诺审核办公室（以下简称办公室）负责具体执行。办公室与中国证监会案件调查部门（以下简称调查部门）、中国证监会案件审理部门（以下简称审理部门）相互独立。

（二）当事人承诺制度适用流程

1. 申请与受理

当事人为实现案件调查中止及终止的目标，首先需要向中国证监会提交申请。申请期间的起始时间点，是收到监管部门调查法律文书之日，直至作出行政处罚决定前。如办公室经法定程序，自收到完整申请材料之日起 20 个工作日内作出受理决定，审理部门将中止审理，调查部门不中止调查。

2. 协商与协议签署

决定受理后，办公室将与当事人就承诺事项进行协商沟通，沟通协商期限为 6 个月，经批准可再延长 6 个月，即 1 年内协商完毕。经双方协商一致，委员会集体决策同意并报中国证监会主要负责人或其他授权负责人批准后，双方签署承诺认可协议，调查部门中止调查。

3. 承诺履行与终止

协议签署后，由办公室负责监督协议的履行。待当事人完全履行承诺认可协议后，办公室向当事人出具终止调查决定书，至此，调查部门终止调查,审理部门终止审理。

当然,在向当事人出具终止调查决定书前,如发现案件存在应当终止适用当事人承诺的法定情形,经中国证监会主要负责人或其他授权负责人批准,办公室应当向当事人出具终止适用行政执法当事人承诺通知书。已中止调查、审理的案件,调查部门、审理部门应当及时按照规定恢复调查、审理。

应当终止适用当事人承诺的情形包括撤回承诺申请、未签署协议、未履行承诺、发现当事人材料存在虚假记载以及因证券犯罪被立案这五类情形。但在终止适用当事人承诺前,当事人还可进行申辩(见图4-4)。

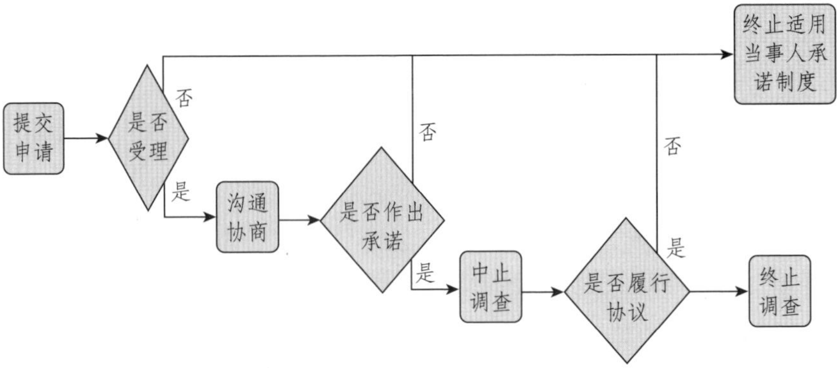

图4-4　当事人承诺制度的适用流程

(三)承诺金额的认定基础

根据《当事人承诺制度实施办法》第14条规定,承诺金的认定应当综合考虑以下因素:(1)因违法行为可得利益和可避免损失;(2)可能的罚没金额;(3)投资者损失;(4)签署承诺认可协议时案件所处阶段;(5)其他需要考虑的因素。其中,承诺金作为赔偿投资者损失的来源,对于投资者损失的认定较为核心,实务中存在诸多讨论点,笔者针对两点具体展开:

第一,关于如何理解投资者"因当事人涉嫌违法行为遭受损失"。此类损失应理解为当事人自身行为引起的投资者损失,而不是投资者的所有损失。如当事人自愿通过承诺认可协议承担投资者的所有损失,可以在协议中明确。

第二,关于承诺金数额能否通过民事程序进行调整。需要注意的是,当事人承诺属于行政执法程序,申请人签署承诺认可协议并完全履行、监管机构作出终止调查的行政决定,意味着协议的法律效力已经确定。一般情况下,承诺金的数额不能再通过民事诉讼等程序予以减少或改变。

四、当事人承诺制度执法实践情况如何?

(一)当事人承诺制度首次适用

2023 年 4 月 18 日,中国证监会针对某晶存储欺诈发行及信息披露违法违规行为作出行政处罚,同步启动对案件所涉中介机构的调查工作。相关中介机构第一时间共同出资设立涉事先行赔付专项基金,用于赔付适格投资者损失,并向中国证监会申请适用当事人承诺制度。

2023 年 12 月 29 日,中国证监会与某晶存储欺诈发行、信息披露违法违规行为中涉嫌未勤勉尽责的 4 家中介机构签署承诺认可协议。根据协议,4 家中介机构共计交纳约 12.75 亿元承诺金,并按照要求进行自查整改,严肃追究相关人员责任,提交书面整改报告。此后,4 家中介机构向投保基金公司交齐承诺金,并进行了自查整改,经现场核查验收,中国证监会于 2024 年 8 月 30 日依法终止对 4 家中介机构上述事项的调查。[①]

本案作为 2019 年《证券法》修订后首例适用行政执法当事人承诺制度的案件,切实体现了当事人承诺制度在救济、惩戒、教育、化解纠纷等方面

---

① 参见证监会:《证监会适用行政执法当事人承诺制度,某晶存储案投资者损失得到及时高效赔偿》,载中国证券监督管理委员会 2024 年 8 月 30 日,http://www.csrc.gov.cn/csrc/c100028/c7503618/content.shtml。

的综合性作用。

(二)执法实践倾向

相较行政和解制度试点阶段,当事人承诺之适用,从制度设计层面有所放宽。但自2019年《证券法》修订以来,目前尚仅有某晶存储涉案中介机构一例完整落地,另有某达易盛涉案中介机构签署当事人承诺认可协议并中止调查,最终适用结果尚需等待。整体而言,执法实践趋于谨慎,近似于个案“试点”阶段。

结合实务经验,笔者认为实践案例有限原因有三:一是制度设计尚在探索细化之中,实践时间有待累积、适用细则亦待完善、适用程序有待普及;二是多数主体行政调查期间投资者索赔诉讼寥寥,加之适格案件本身不涉及刑事风险,当事人申请动力有所欠缺;三是在证券监管深层次治理态势下,兼顾平衡惩戒教育、投资者保护、社会示范效果须予审慎考量把关。

五、如何运用当事人承诺制度实现合规风控?

(一)合规意识方面,重点关注“关键少数”

上市公司控股股东、实际控制人、董事、监事和高级管理人员等被称为“关键少数”,对于公司治理起到引领作用。但历年监管实践亦表明,“关键少数”是证券违法违规行为的高发群体,只有通过提升“关键少数”的合规意识,才能以面带全,强化上市公司整体合规意识。

(二)危机应对方面,及时作出承诺并依约履行

当事人承诺制度中的承诺认可协议与一般协议的不同之处在于,承诺

认可协议需要明确将缴纳承诺金、合规整改等作为企业应当付出的对价，以换取执法机关的终止调查。因此，企业应当主动承认自身违法行为，并积极弥补其证券违法行为给投资者造成的损害，如设立先行赔付专项基金。并且，企业应当向执法机关承诺支付承诺金，并承诺在一定的时限内制订出合规计划，进行合规整改，规范内部合规管理体系。

(三)合规制度方面，制订合规计划并实施

在企业达成承诺认可协议后，为实现合规整改目标，应当在企业内部合规制度框架内制订出一份行之有效的合规计划并付诸实施。

一方面，为确保承诺认可协议目的的实现，企业合规计划的制订应当以协议内容为基础。建立包括风险预防、监督制衡、应急保障在内的保障机制，避免合规手段流于表面。另一方面，企业应当根据合规计划进行相应的合规整改，这也是实现合规有效性的行动保障。企业应当根据涉嫌违法的情况，有针对性地找寻内部漏洞，进行漏洞填补和修复，建立和完善内部控制体系，以之防范潜在的法律风险。

第五节

证券违法的民事赔偿适用规则之证券代表人诉讼

自我国全面实行股票发行注册制后，证券市场的准入门槛放宽，市场活力得到进一步激发。然而，市场的开放性和复杂性也对投资者保护提出了更高的要求。健全资本市场投资者司法保护机制，切实有效增强投资者信心，成为我国资本市场能够高质量发展的关键。在投资者保护机制的摸索创新中，不得不提到证券代表人诉讼制度。根据2019年《证券法》以及《最高人民法院关于证券纠纷代表人诉讼若干问题的规定》有关规定，针对上市公司虚假陈述、内幕交易、操纵证券市场等行为，受损害的投资者可以普通代表人诉讼或者特别代表人诉讼的方式提出民事损害赔偿。笔者将通过以下五个问题，由浅入深向读者全面剖析证券代表人诉讼制度的法律基础、启动机制以及在司法实践中投资者如何有效适用。

一、什么是证券代表人诉讼制度？

代表人诉讼制度最早出现在1991年，当时我国有效的《民事诉讼法》分别在第54条、第55条规定人数确定和不确定的代表人诉讼制度。自此，代表人诉讼正式成为我国解决群体性纠纷的一种民事诉讼程序。[①] 但事实上，代表人诉讼的适用情形并不多见。

而后随着我国经济的蓬勃发展，资本市场作为经济体系的重要组成部分，其规模和影响力日益扩大。与此同时，证券市场中的各类侵权行为也日益呈现多样化和复杂化的趋势。证券侵权纠纷往往有着波及人数多、时间跨度长、分散区域广的特点。为适应此类特点的纠纷解决，并保证同案下裁判标准统一不失公平，证券侵权领域的代表人诉讼制度应运而生。2019年《证券法》依托《民事诉讼法》的相关规定，建立证券侵权领域的代表人诉讼制度。

直至2020年3月13日，杭州市中级人民法院同时在官方微信、《人民法院报》《中国证券报》，刊登某洋建设集团股份有限公司等人证券虚假陈述责任纠纷系列案件公告，宣布采取人数不确定的代表人诉讼方式审理该案，并通知相关权利人在规定期限内向法院登记。[②] 这一公告的发布，标志着我国证券民事赔偿代表人诉讼第一案正式启动，也是我国人数不确定的代表人诉讼在证券民事赔偿诉讼领域的首次司法实践。

---

① 《民事诉讼法(1991)》第54条　当事人一方人数众多的共同诉讼，可以由当事人推选代表人进行诉讼。代表人的诉讼行为对其所代表的当事人发生效力，但代表人变更、放弃诉讼请求或者承认对方当事人的诉讼请求，进行和解，必须经被代表的当事人同意。

② 参见《"15某洋债""15某洋02"债券自然人》，载中国证券报2020年3月13日，https://epaper.cs.com.cn/zgzqb/html/2020-03/13/nw.D110000zgzqb_20200313_8-A06.htm。

二、如何启动证券代表人诉讼程序？

(一)什么类型的案件可以进行代表人诉讼

根据2020年出台的《最高人民法院关于证券纠纷代表人诉讼若干问题的规定》(以下简称《证券代表人诉讼若干规定》)第1条规定,因证券市场虚假陈述、内幕交易、操纵市场等行为引发的纠纷,均适用代表人制度。①

(二)如何确认适用普通人代表诉讼制度还是特别代表人诉讼制度

证券侵权领域的诉讼代表人制度分为普通代表人制度以及特别代表人制度。普通代表人诉讼只能由投资者自发组织,依法推选代表人进行的诉讼。特别代表人制度并非与普通代表人完全不同,而是基于普通人代表制度的一种递进形式。投资者保护机构不能主动发起特别代表人诉讼,而是在普通人代表诉讼的权利登记公告期间,投资者保护机构在公告期间受50名以上权利人的特别授权,可以作为代表人参加诉讼,这个时候便由普通人代表诉讼程序转化为特别代表人诉讼程序。

在司法实践中,某美药业案件体现从普通代表人诉讼程序向特别代表人诉讼程序的转变历程。2021年4月8日,中证中小投资者服务中心积极行动,代表56名投资者的共同利益,向广州市中级人民法院正式递交授权委托书及相关证据材料,正式提出将"某美药业"证券民事赔偿案升级为特别代表人诉讼的申请。

广州市中级人民法院经过审慎审查后,正式对外发布了特别代表人诉

① 《最高人民法院关于证券纠纷代表人诉讼若干问题的规定》第1条第1款　本规定所指证券纠纷代表人诉讼包括因证券市场虚假陈述、内幕交易、操纵市场等行为引发的普通代表人诉讼和特别代表人诉讼。

讼权利登记公告,标志着我国资本市场中首次特别代表人诉讼转换的成功落地。①

三、如何进行代表人诉讼程序?

在代表人诉讼案件审理的过程中,人民法院需要依次进行裁定权利人的范围、发出权利登记公告、权利登记、发布原告名单、推选代表人、公告代表人等一系列程序(见图4-5)。通过这一系列程序以确定代表人,给予原告、被告充分且实质的程序保障。

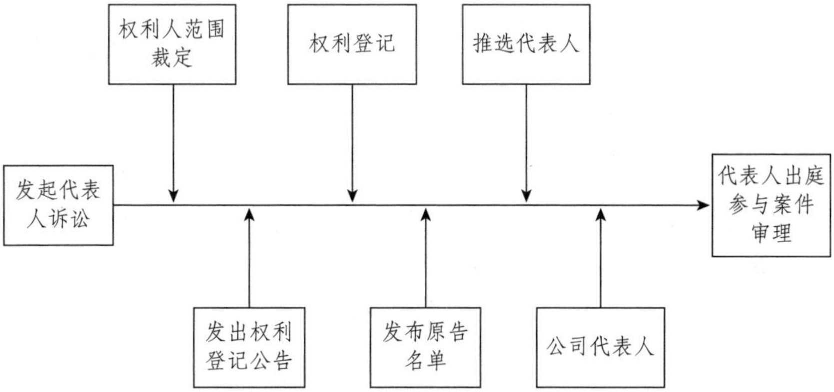

图4-5　代表人诉讼程序

此流程中的几个关键细节在《代表人诉讼若干规定》均有所规定,以下对发起代表人诉讼的关键程序进行厘清。

以普通代表人诉讼制度为例。

① 参见《我国首单证券纠纷特别代表人诉讼启动——投资者保护再添利器》,载经济日报2021年4月27日,http://paper.ce.cn/pc/attachment/202104/27/4a870656-5464-463c-9b8e-fa30dfeaab7b.pdf。

(一)权利人范围的确定

代表人诉讼要求权利人具有相同的诉讼请求,权利人范围登记便是为了筛选出哪些是适格原告。人民法院在发布权利登记公告前,通常会通过阅卷、调查、询问、听证的方式审查侵权行为的性质、侵权事实等,并在受理后30日内裁定具有相同诉讼请求权利人的范围。与此同时,有异议的权利人也被赋予申请复议的权利。① 对权利人范围有异议的,可以自裁定送达之日起十日内向上一级人民法院申请复议,上一级人民法院应当在15日内作出复议裁定。②

(二)权利的登记

在权利人范围确定的5日内,权利登记公告发出,通知权利人在指定期间登记。值得注意的是,参与登记即视作对代表人的特别授权。

(三)代表人的诉前推选

无论是在起诉前人数确定的代表人诉讼,还是在起诉前人数尚未确定的代表人诉讼,都需要在起诉书中提出拟任的代表人选。

只是在人数不确定的代表人诉讼中,原告方在递交起诉书之时,应当详尽阐述拟任代表人的具体人选及其所应具备的资格条件。随后,在规定的权利登记期间内,若所有向人民法院进行正式登记的权利人均未对拟任代表人的人选表示任何形式的异议,并且这些已登记的权利人中亦未有任

---

① 《最高人民法院关于证券纠纷代表人诉讼若干问题的规定》第6条第1款　对起诉时当事人人数尚未确定的代表人诉讼,在发出权利登记公告前,人民法院可以通过阅卷、调查、询问和听证等方式对被诉证券侵权行为的性质、侵权事实等进行审查,并在受理后三十日内以裁定的方式确定具有相同诉讼请求的权利人范围。

② 《最高人民法院关于证券纠纷代表人诉讼若干问题的规定》第6条第2款　当事人对权利人范围有异议的,可以自裁定送达之日起十日内向上一级人民法院申请复议,上一级人民法院应当在十五日内作出复议裁定。

何人主动提出申请担任代表人的职务，那么人民法院将依据相关法律法规的规定，有权直接认定原先说明的拟任代表人中的 2～5 名候选人作为本次诉讼的正式代表人。

值得关注的是，代表人的推选是诉讼代表人制度中的核心环节，但在实践中也存在一些困难。正如前文所提到的，证券侵权纠纷的关键特点是群体性和跨时空，权利人彼此并不认识，同时将所有权利人汇集在一起共同推选代表人也不现实。

上海金融法院结合前期大量证券虚假陈述纠纷相关审判经验和工作机制的基础，自主开发的“投资者司法保护综合平台”有效解决了这一问题。通过这一平台，适格投资者可以在线聚集，实现案件登记、代表人诉讼、风险评估、申请执行、咨询查询等全流程操作。并为投资者提供身份核验、无纸化信息登记、代表人诉讼、诉讼风险评估、示范判决阅览、损失核定报告查阅、案件状态查看等多种智能化诉讼服务，以此最大限度上便捷投资者进行在线诉讼。

在“某乐音响”案审理中，上海金融法院在代表人诉讼在线平台公示所有候选代表人的姓名、个人基本信息和联系方式。投资者通过在线投票选举代表人，每人一票。经过一轮投票，成功推选出 5 名代表人，有效解决代表人推选的难题。①

特别代表人的诉讼流程与一般代表人的诉讼流程相似，唯一不同的地方则体现在投资者保护机构作为代表人，介入并参与诉讼。目前，投资者保护机构仅特指“中证中小投资者服务中心”。

---

① 参见孙倩：《如何在证券群体性纠纷中适用代表人诉讼制度》，载上海高院微信公众号 2023 年 10 月 9 日，https://mp.weixin.qq.com/s/u91QJalMwKCxbmDU5PVVJw。

四、什么是证券普通代表人诉讼的判决的既判力的扩张?

普通代表人制度具有生效判决既判力的扩张效力,即属于划定权利人范围内的,但未参加登记的投资者提起诉讼,且主张的事实和理由与代表人诉讼生效判决、裁定所认定的案件基本事实和法律适用相同的情况下,人民法院可以裁定适用已经生效的判决、裁定。① 普通代表人的制度的这一特点不仅是提高整体的诉讼效率,还在一定程度上贯彻同案同判的原则。

在实践中,既判力的扩张则体现在适用同一损失计算方式方面。例如,在满足既判力扩张的情况下,未参与代表人诉讼的投资者后续提起诉讼的,人民法院不用再次开庭,而是裁定适用生效判决并根据判决中的损失计算方法,来计算被告的赔偿金额。

五、如何适用代表人诉讼判决已经确定的损害赔偿计算方法?

代表人诉讼案件审理中,人民法院可根据案件具体情况依当事人申请或者依职权委托第三方专业机构对投资者损失进行核定。平行案件审理中,一般委托代表人诉讼案件选定的机构,依据代表人诉讼判决确定的损害赔偿计算方法出具损失核定意见书。那么,上市公司应如何对损失核定意见书提出答辩?

---

① 《民事诉讼法》第 57 条第 4 款　人民法院作出的判决、裁定,对参加登记的全体权利人发生效力。未参加登记的权利人在诉讼时效期间提起诉讼的,适用该判决、裁定。

首先,上市公司应从代表人诉讼案件的生效判决书中,了解法院所采纳的损失核定方法的基本逻辑和具体计算方式。例如,可纳入损失计算的交易记录确定方法、买入均价计算方法,以及证券市场风险等其他因素所导致损失的计算方法等。

例如,前述“某乐音响”案的判决中,原告所应获赔的损失金额计算方法为扣除证券市场风险因素后的投资差额损失与相应的佣金、印花税、利息损失之和,其中应赔投资差额损失 = (买入均价 - 卖出均价或基准价) × 持股数量 × (1 - 证券市场风险因素的影响比例),买入均价采用第一笔有效买入后的移动加权平均法计算,多个账户应合并计算,证券市场风险因素采用个股跌幅与同期组合指数平均跌幅进行同步对比的方法扣除。

其次,上市公司应认真核对第三方专业机构核定损失所依据的投资交易记录是否完整、准确。在平行案件审理中,上海金融法院通常会根据投资者提供的证券账户信息,向中国证券登记结算有限责任公司调取投资者交易记录,并委托第三方专业机构进行损失核定。

在这一过程中,如出现以下情况,上市公司应及时提出异议:一是开户信息错误。若投资者提交的开户证件号码存在错误,可能导致交易记录无法匹配,从而影响损失核定结果。二是无交易记录或空账户。若投资者在虚假陈述实施日至基准日期间并无涉案股票交易记录,则损失核定结果可能显示“无交易记录”或“空账户”。三是其他异常情况。如交易记录缺失、数据错误或遗漏,均可能影响损失核定的准确性。

最后,在未对损失核定方法及交易记录提出异议的情况下,上市公司仍需重点核查损失核定意见书是否存在计算错误。如发现计算错误(误差、数据输入错误、公式使用错误等),应及时向法院提出,并提供相应证据。

第五章

证券监管政策解读

第一节

《关于完善特定短线交易监管的若干规定（征求意见稿）》五大亮点解读（2023 年 7 月）

2023 年 7 月 21 日，中国证监会发布了《关于完善特定短线交易监管的若干规定（征求意见稿）》（以下简称《短线交易监管规定（征求意见稿）》或新规），并向社会公开征求意见。

禁止特定短线交易，是法律为维护上市公司、中小投资者利益，对内幕交易合规风险所建立的事前防范机制。这种事先机制，一方面对公司内部人员定然利用内幕信息投机获利作出假定，并免除指控内幕交易的举证负担，上市公司可就交易行为直接要求收益返还，这在弥补内幕交易追责缺失的同时，具有较高警示意义；另一方面通过强制限制此类群体的买入和卖出证券的间隔时间，可以给予内幕信息公开披露必要的缓冲期，从源头减少内幕交易风险的发生，防范内幕交易给一般投资者造成损害。

随着资本市场的发展，证券种类和交易方式日趋丰富，原则性规定难以适用于各种复杂场景，出台一项专门性规则的必要性日益凸显。而此次新规正是证监会对2019年《证券法》授权的积极回应和第二种豁免情形的厘清界定。

一、特定短线交易制度背景沿革

特定短线交易，是指《证券法》第44条第1款规定的“上市公司、股票在国务院批准的其他全国性证券交易场所交易的公司持有百分之五以上股份的股东、董事、监事、高级管理人员，将其持有的该公司的股票或者其他具有股权性质的证券在买入后6个月内卖出，或者在卖出后6个月内又买入”的行为。

短线交易实质上是一种证券交易资金快进快出的交易模式，该种交易模式并非被全然禁止，而是只针对拥有特定身份的人群，即大股东、董监高。这类特殊群体拥有获得上市公司内幕信息的天然优势，极易通过短线交易获得证券买卖利益，同时伴生内幕交易风险。自1993年引入“特定短线交易制度”以来，该制度近30年不断完善迭代。

（一）特定短线交易制度沿革

1. 1993年《股票发行与交易管理暂行条例》制度引入

1993年证券行政法规《股票发行与交易管理暂行条例》第38条首次规定特定短线交易制度：股份有限公司的董监高和持有公司5%以上有表决权股份的法人股东及其董监高，将其所持有的公司股票在买入后6个月内卖出或者在卖出后6个月内买入，由此获得的利润归公司所有。

2.1998年《证券法》限缩主体,排除董监高

作为我国首部《证券法》,1998年《证券法》延续了《股票发行与交易管理暂行条例》中对特定短线交易的禁止态度。第42条将适用范围明确至“持有一个股份有限公司已发行的股份百分之五的股东”,排除了董监高的适用。

3.2005年《证券法》主体扩大、新增救济手段

2005年《证券法》的修订,明确了特定短线交易规制“上市公司董事、监事、高级管理人员、持有上市公司股份百分之五以上的股东”。并且伴随着2005年《公司法》引入股东派生诉讼制度,《证券法》也赋予股东因公司董事会不行使归入权而提起派生诉讼的权利。

(二)新证券法对制度的修缮

自2005年《证券法》之后,特定短线交易的规则一直未有变化。直至2019年《证券法》改革,特定短线交易制度的适用范围和证券品类跟随着新法中维护良好市场秩序的主旨和“证券”定义的明晰,再次作出相应变动。

1.进一步扩大规制主体范围

2019年《证券法》将大股东和董监高的配偶、父母、子女持有的及利用他人账户持有的股票或者其他具有股权性质的证券纳入规制范围,不再局限于大股东和董监高自己持有的部分。

近亲属作为有特殊身份的自然人,与大股东、董监高之间往往具有经济利益的高度相关性或一体性,而大股东、董监高利用亲属或他人账户持有的情况也不在少数。例如,2021年12月深交所作出的对某陵公司持股5%以上的股东和董事李某峰通报批评案件中,董事李某峰之女李某于2020年5月26日、27日累计买入20.56万股某陵公司股票,交易金额合计535.90万元;李某峰又于2020年9月2日至10月13日累计卖出97.73万股某陵公司股票,交易金额合计2953.69万元,李某峰卖出行为发生在李某

买入后的6个月内,李某峰被深交所认定构成短线交易①。

本次《证券法》修法,意图从规则上确认"实际"持有的标准,防止特定投资者利用他人账户逃避监管,最大限度地遏制特定短线交易。

2. 延伸短线交易的证券种类范围

适用特定短线交易制度的公司,除2005年《证券法》规定的上市公司,2019年《证券法》新增了"股票在国务院批准的其他全国性证券交易场所交易的公司"。目前我国经"国务院批准的其他全国性证券交易场所交易的公司"主要为新三板挂牌公司,相应地,短线交易的特定身份投资者也增加了新三板挂牌公司的大股东和董监高。证券种类也从原来的上市公司的股票扩大到"其他具有股权性质的证券",而本次新规也对此作出更正面的回应。

3. 增加豁免情形并授权细化规则

2019年《证券法》增加了例外情形,"证券公司因购入包销售后剩余股票而持有百分之五以上股份"的不属于特定短线交易范围,同时,授权国务院证券监督管理机构对豁免情形进行细化解释。本次新规的出台即依据2019年《证券法》的授权,聚焦监管实践存在的标准不清晰、规则不明确、豁免情形缺失等重点难点问题,对特定短线交易制度短板的再次补齐。

二、《短线交易监管规定(征求意见稿)》五大亮点解析

本次新规依据依法规制、尊重实践、内外一致、稳定预期、便利交易的五项原则,在监管实践不断丰富的基础上,回应市场需要,明确上市公司或新三板挂牌公司的大股东、董监高等特定投资者短线交易的适用标准和豁

① 深交所:《关于对李某给予通报批评处分的决定》,载深交所官网2021年12月6日,http://reportdocs.static.szse.cn/UpFiles/cfwj/2021-12-06_300651992.pdf。

免情形。新规全文共计17条,包含五大亮点。

(一)类“一端说”身份认定

对于短线交易的主体认定标准问题,一直有“两端说”和“一端说”的分歧,即“两端说”坚持买入和卖出时都需具有特殊身份,而“一端说”认为行为人只要在买入时或卖出时的一个时点具备特殊身份。本次新规第4条规定回应上述问题,对于买入卖出时均具备大股东、董监高身份和买入时不具备但卖出时具备的,明确需遵守特定短线交易制度(类“一端说”)。尽管新规并未规定买入时具备但卖出时不具备的情形,但相较于“两端说”的认定规则,新规已然向市场散发出更为严格的认定信号。

实践中,司法裁判的认定标准也逐渐从“两端说”转变为“一端说”①。最高人民法院在九某山案中就这一问题向全国人大委员会法工委提出法律询问,后者作出《关于证券法第四十七条第一款理解问题的答复意见》(法工办复〔2016〕1号),明确采纳了“一端说”的标准,即当事人在买入时不属于上市公司董监高,在买入后6个月内卖出时具备该身份的,或者因为买入上市公司股票才成为大股东的,又在6个月内卖出的,都应当适用短线交易的规则。

(二)贯彻自然人“实际持有”原则,明确机构投资者计算标准

根据新规第8条,具有特定身份的自然人涉及特定短线交易行为的,应当合并计算其名下账户,其配偶、父母、子女名下账户,以及利用他人账

---

① 例如,某科技开发股份有限公司与严某证券短线交易归入权纠纷案,上海市卢湾区人民法院(2009)卢民二(商)初字第984号民事判决书。上海市卢湾区人民法院认为:短线交易的构成是以行为人具有特殊投资者身份为前提的,行为人需要在持有上市公司5%以上股份后,在6个月内另有一组以上买卖反向交易行为才能构成特定短线交易行为。行为人的单一行为不能既推断为被告构成短线交易主体资格的条件(持有),又视作被告反向交易行为的一端(买入)。这一裁判观点也成为九某山案中[最高人民法院(2015)行提字第24号行政判决书]九某山国旅的抗辩理由,但最高人民法院最终采用了“一端说”,即一个行为可以同时构成“持有”与“买入”,并未采纳该抗辩理由。

户持有的特定证券数量。这一点与2019年《证券法》意在“实际”持有的标准相呼应,利于实现立法目的。

从证监会发布的诸多类案来看,实务中仍多以实际持有为标准①。深圳某达尔与林某短线交易收益返还案件中②,林某作为上市公司的股东,利用其控制的13个账户进行股票交易操作,该案中则以其实际控制的账户股票总量确定其持股比例,来判断是否达到5%的持股比例。

同时,新规第9条、第10条对境内、境外机构投资者适用短线交易制度的计算标准分类作出明确。

(三)实施多品类监管、认定单一品种交易

新规第7条,明确短线交易证券种类的范围包括上市公司或新三板挂牌公司股票,也包括买卖存托凭证、可交债、可转债等。对于可能会出现的跨品种交易行为的问题,如市场关注的股票及可转债是否需要交叉认定短线交易的问题。结合目前现有的监管实践,考虑到在具体操作上,对跨品种交易所得收益的认定较为困难,明确特定短线交易不同证券品种持有数量应分别予以认定,不跨品种计算。

(四)按交易模式类化明确买卖时点

新规第5条,明确只有支付对价,导致持有证券数量增减的行为,才被认定为特定短线交易买入、卖出行为。而买入、卖出时点将直接关系到6个月关键时长的认定。

实践中常有因当事人对买入日期理解错误导致受到监管处罚,例如,秦某可转债涉短线交易案,某原股份于2021年发行可转债,秦某为持股

---

① 邱永红:《证券短线交易规制的司法与监管案例实证》,载《金融服务法评论》第7卷。

② 深圳市福田区人民法院(2015)深福法民二初字第13157号民事判决书。

5%以上股东兼任董事长，于该年8月25日买入，并于次年2月17日卖出可转债580万张。秦某申辩公司转债发行日、配售日、计息日等起始时间均为2021年8月16日，其交易时间超出6个月，但最终仍收到深交所监管函①。新规按照交易具体模式，对不同方式下的买卖时间点作出明确，利于市场明晰规则，新规确定的具体标准如下：

1. 在证券交易场所采用竞价交易方式和大宗交易方式交易的，以证券交易场所规定的成交时间作为买入卖出时点。

2. 除大宗交易外的协议转让，以交易场所股份转让确认意见书的日期作为买入卖出时点，协议双方对交易价格确定的基准日另有约定的，以最终交易价格定价基准日作为买入卖出时点。若买入特定证券后成为5%以上股份股东的，以买入证券的过户登记日作为买入时点。

3. 通过司法拍卖方式买入特定证券的，以人民法院拍卖结果裁定的日期作为买入时点。

4. 其他方式交易证券的买入、卖出时点，根据相关法律法规进行认定。

（五）细化明确11项豁免情形

新规第6条以"列举+兜底"的方式规定了"11+1"种豁免情形，这些不存在内幕交易风险，反而能利于降低市场成本的行为即使导致特定证券数量增减的，也不被视为特定短线交易行为。具体见表5-1。

表5-1 "11+1"种豁免情形

序号	豁免情形
1	优先股转股
2	可交换公司债券换股、赎回及回售
3	可转换公司债券转股、赎回及回售

① 某原股份：《关于董事、高级管理人员买卖公司可转债构成短线交易的公告》，载巨潮资讯网2022年4月8日，https://static.cninfo.com.cn/finalpage/2022-04-08/1212840137.PDF。

续表

序号	豁免情形
4	认购、申购、赎回交易型开放式指数基金(ETF)
5	按照《转融通业务监督管理试行办法》开展转融通业务,出借和归还股票或者其他具有股权性质的证券
6	司法强制执行、继承、赠与等非交易行为
7	根据国有股份管理部门决定,无偿划转国有股份的
8	参与新三板挂牌公司定向发行股票的
9	上市公司、新三板挂牌公司股权激励限制性股票授予、登记或者股票期权行权的
10	证券公司购入包销售后剩余股票的
11	证券公司按照法律法规等要求,依法合规开展股票做市业务,履行做市报价义务的相关交易行为
12	中国证监会认定的其他情形

值得注意的是,新规明确股权期权的行权、激励限制性股票的授予,不属于非特定短线交易行为。而此前的监管实务中,前述行为存在被认定为短线交易的风险。例如,某国际贸易公司刘某短线交易案,刘某作为副总经理于2017年6月21日因股权激励行权增持某贸物流股票264,000股之后,于同年11月1日卖出10,000股,由于行权增持和卖出的时间间隔不足6个月,构成短线交易行为,被上海证监局处以出具警示函的行政监管措施[①]。又如,某激光公司职工代表监事王某,因其配偶将获授的3000股股权激励限制性股票于2021年11月19日上市流通的当日卖出,构成短线交易,深交所后续发布了对监事王某的监管函[②]。

此次新规放宽了对股票期权行权和股权激励限制性股票授予、登记的认定,不将其视为证券买入行为,赋予大股东和董监高选择更为弹性的交

① 上海证监局行政监管措施决定沪证监决,〔2018〕100号。

② 深交所创业板监管函,〔2021〕187号。

易策略的权利。同时,对上市公司建设安全、稳定的薪酬证券化体系,调动人才积极性有重要意义。

另外,第8项豁免情形“参与新三板挂牌公司定向发行股票的”,可能会给予大股东和董监高参与定向发行后又卖出证券的套利机会。实践中通常出现5%以上股东存在6个月内减持股份的行为,而又计划参与公司定向增发的情形,新规虽然豁免参与定增的“买入”行为,但特殊人群买入之后卖出,仍旧面临短线交易风险。除上述五大亮点外,新规对短线交易监督管理等方面也做出细化安排,明确证监会、证券交易场所可采取的监管手段和自律管理措施,不再赘述。

(六)笔者建议

违反特定短线交易制度的,交易收益应由董事会收回,若董事会未能执行归入权,则股东有权依据2023年《公司法》第189条直接提起诉讼。另外,有义务执行归入权但未执行的,负有责任的董事需依法承担连带责任。而实施短线交易的主体除上述民事责任外,会面临被警告,并处以10万元以上100万元以下的罚款的行政处罚。同时,该行为若符合内幕交易特征的,更会面临刑事风险。

然而,考虑到短线交易对当事人收益权收回、行政处罚风险、内幕交易刑事风险等特点,新规对于短线交易的收益计算方法未给予释明。而证券监管实务中收益的计算方法也不尽相同。以股票为例,各国家地区存在先进先出、平均成本、股票编号、最高卖价减去最低买价等多种计算方式,我国目前实务中并未有统一的做法。

三、监管新规下的证券合规路径

此次新规的颁布,与《证券法》《公司法》一道,为我国证券市场特定短线交易的认定、豁免和救济勾画出了自上而下的翔实的可操作路径，实为适用多层次资本市场高速发展的必要支持。在此情形下，上市公司证券合规路径的建设和探讨尤为重要。

(一)针对短线交易证券合规的常见申辩点

1. 短线交易的主体问题

如前文所述，主体界定一直是特定短线交易的疑难问题，也是关键问题。相较《证券法》较为笼统的规定，法工办复〔2016〕1 号和《短线交易监管规定(征求意见稿)》虽都采取了“一端说”的态度，但都只明确了买入时不具有特定身份、卖出时具有特定身份的情形应属短线交易的主体，并未规定买入时具有特定身份、卖出时不具有的情况。对于后者，仍属于监管和司法未明状态，可以预见将成为短线交易的主要申辩点之一。

2. 短线交易的主观意图

实践中，常有行为人以“误操作”“没有利用内幕消息获利的意图”为由进行抗辩。基于特定短线交易的事先防范机制的功能，主观获利目的和意图已被立法作为假定成立，交易时是否存在内幕消息或是否具有利用控制优势或身份优势获取利益的主观故意，均不是短线交易的构成要件，有效申辩空间甚少。但若涉及内幕交易行为认定，仍可针对内幕信息、敏感期等构成要件进行有效辨析。

3. 11 种豁免情形

可以预见新规规定的 11 种豁免情形，将成为后续行政处罚中特定身份投资者陈述申辩的理由和证券短线交易收益归入权等民事案件中行为人申辩的观点。但豁免情形的证明力度和严格标准，将会是有效申辩的重点。

(二)上市公司内部持股变动申报的完善

证监会 2022 年修订的《上市公司董事、监事和高级管理人员所持本公司股份及其变动管理规则》要求董监高在股份发生变动的2个交易日内,向上市公司报告并由上市公司在证券交易所网站进行公告。《深圳证券交易所上市公司自律监管指引第10号——股份变动管理》要求上市公司大股东和董监高的股份发生变动的,需在变动发生后的两个交易日内进行公告。深交所内有“董监高人员股份变动”的专项栏目,用以公示。

上市公司应当制定专项制度,加强对大股东和董监高持有本公司股份及买卖本公司股票行为的申报、披露与监督。由上市公司董事会秘书负责管理公司大股东和董监高的身份及其所持有的本公司股份的数据和信息,统一为董事、监事和高级管理人员办理个人信息的网上申报,并定期检查董事、监事和高级管理人员买卖本公司股票的披露情况。

(三)提高“关键少数”及近亲属的红线意识

上市公司的董监高、大股东等“关键少数”在企业发展中具有举足轻重的作用,他们的决策、执行和监督将在很大程度上决定上市公司的治理水平。2019年《证券法》和《刑法修正案(十一)》强化了此类群体的法律义务,并对他们的违法行为施以更重的处罚和刑罚。同理,在短线交易这一特定行为中,“实际持有”“一端说”等监管趋势和司法实务方向充分体现了执法、司法机关对短线交易零容忍的态度。有鉴于此,“关键少数”及其近亲属应充分认识到目前执法从严的强监管态势,加强自我学习和自我约束,树立红线意识,摒弃侥幸心理,严格按照短线交易规则从事证券市场交易,进而提升企业高效发展的内生动力。

(四)公司内部人行为定期合规审查

在中国经济迈入高质量跃升发展的新阶段,上市公司应当建立一套健全可行的内部合规制度,并积极践行之,从而降低经营风险,增强公司整体竞争力。上市公司内部应当制订定期合规审查计划,核查大股东、董监高的持股情况。对于已经发生短线交易的,无论是行为人主动汇报还是上市公司内部核查发现的,都应当及时披露,在交易所发布《关于××短线交易并致歉的公告》,谨防不利后果的扩大。公司董事会应积极响应,收回行为人所得收益。大股东和董监高违反特定短线交易制度的,也应主动报告,及时向上市公司、新三板挂牌公司缴纳全部所得收益的,争取从轻、减轻或不予行政处罚①。

四、结语

特定短线交易制度自1993年引入《股票发行与交易管理暂行条例》后,经历了1998年、2005年、2019年三次修法的变化,逐渐发展至今。本次证监会发布的《短线交易监管规定(征求意见稿)》是在认真梳理总结现有监管实践的基础上,将部分成熟有效的经验做法提炼成具体标准,细化特定短线交易的适用标准和豁免情形,并回应了境外投资者的诉求,坚持"内外一致"原则。新规不扩大规制对象,不影响普通投资者的正常交易,并且适应了多层次证券市场的发展需求,对于内幕交易风险较小、能够降低市场成本、促进股份流动的交易行为给予豁免,为这些特殊交易模式的合法性提供法律依据。

新规正式施行后,一方面,特定身份投资者可以适用11种豁免情形,在更为宽松、灵活的时间间隔中实施短线交易;另一方面,上市公司、新三板挂牌公司和特定身份投资者也应该严格把握短线交易行为尺度,树立短线交易红线意识,以健全高效的内控制度防范短线交易风险。

---

① 《短线交易监管规定(征求意见稿)》第14条第2款　违反特定短线交易行为规定,主动向中国证监会报告尚未掌握的违法行为,或者及时向上市公司、新三板挂牌公司缴纳全部所得收益的,应当依据《行政处罚法》有关规定,从轻、减轻或者不予行政处罚。

第二节

《关于办理证券期货违法犯罪案件工作若干问题的意见》新规解读（2024 年 4 月）

2024 年 4 月 16 日，最高检等部门联合公布最新《关于办理证券期货违法犯罪案件工作若干问题的意见》（以下简称《意见》），扩展了原先 2011 年发布的《意见》内容，就证券违法犯罪监管中的新情况、新问题作出更为明确的规定。《意见》的内容贯彻 2021 年以来从严打击证券违法犯罪活动的"零容忍"宗旨，结合新"国九条""N＋1"政策要求，拟为未来证券违法犯罪的"严监管、共协同、专业化"办案机制提供制度依据。本节中，笔者将提取《意见》中的主要内容，分成两个部分重点解读。

一、坚持"严"的主基调——完善全链条打击、全方位追责体系

（一）从严认定各方主体责任

本次《意见》结合了新"国九条"和3·15证监会发布的两项上市公司监管政策文件，重点从三个角度从严认定各方主体刑事责任：

一是强调全链条打击。打击范围应当包括为财务造假提供虚假证明文件、金融票证等的中介机构、金融机构，为内幕交易、操纵证券期货市场犯罪实施配资、操盘、荐股等配合行为的职业团伙以及与上市公司内外勾结掏空公司资产的外部人员。

二是加重特殊主体责任。对于证券发行人、控股股东、实际控制人、董事、监事、高级管理人员、金融从业人员等实施证券期货违法犯罪的，从严惩处。

三是加大惩戒力度。在证券犯罪领域内首次适用"当捕则捕、该诉则诉"的政策理念，注重自由刑与财产刑、追缴违法所得并用，并加大对违法犯罪人员经济处罚和财产执行的力度。需要注意的是，既往司法实践中刑事从业禁止极少适用于证券违法犯罪，主要由证监会决定是否作出市场禁入措施，但本次《意见》强调，可由人民检察院、人民法院依法提出从业禁止建议，作出从业禁止决定。

（二）从严处理行刑衔接流程

《意见》首次以规范性文件的形式，综合强调行刑移送的宗旨，并明确指引行刑衔接的操作模式：

一是首次将"应移尽移"明确于规范性文件中。2021年，《关于依法从

严打击证券违法活动的意见》(以下简称《中办国办意见》)强调着力化解证券类违法行为“有案不移、以罚代刑”的顽疾;2024 年,新“国九条”强调加大对证券期货违法犯罪的联合打击力度,完善证券执法司法体制机制,提高行政刑事衔接效率,均是对移送机制的模糊表述,而《意见》则明确提出“应移尽移”的制度要求,即发现涉嫌犯罪依法需要追究刑事责任的,应当及时向公安机关移送。

二是明确行政、刑事的双向移送程序要求,并明确提出证监会对移送后公安机关不予立案的认定结果有复议权。《意见》中提及了两种刑事移送行政的程序,从而反向明确了既往实务多有误解的行政移送刑事的程序流程。

第一,如果是证监会查明的案件需要移送刑事的,则应当“总对总衔接”,由证监会移送公安部,后交由公安部指定地方公安机关管辖,如果该类案件最终认定不构成犯罪,则应当原路返回证监会或地方证监局作出行政处罚。

第二,如果是地方公安机关基于证监会以外第三方报案或情报自行受理的案件,则应当由受理地作出撤案或不起诉决定的省级公安机关或人民检察院移送本地证券期货监管机构处理。

(三)从严认定从宽处罚情节

对于从宽处罚情节,《意见》强调要“正确贯彻”宽严相济政策,严格控制缓刑,并在总体要求中提出坚持“严”的主基调,依法认定从宽情节。

落实到具体内容上,就是对于法定的自首、立功、从犯、认罪认罚等法定或酌定从宽处罚情节,应当依照《刑事诉讼法》的规定处理,不得降低认定标准。对于积极配合调查、如实供述犯罪事实、主动退赃退赔、真诚认罪悔罪的,依法可以从宽处罚,整体应当做到罚当其罪,罪责刑相适应。

对具有不如实供述罪行或者以各种方式阻碍办案工作,拒不退缴赃款赃物或者将赃款赃物用于非法活动，非法获利特别巨大，多次实施证券期货违法犯罪，造成上市公司退市、投资人遭受重大损失、可能引发金融风险、严重危害金融安全等恶劣社会影响或者严重危害后果等情形的犯罪嫌疑人、被告人，一般不适用相对不起诉、免予刑事处罚和缓刑。

二、强化“快”的主节奏——提高重大违法办案节奏、执法司法工作质效

（一）参照认定，从快作出专业认定结果

在行政移送刑事的证券违法犯罪案件中，主要从两个方面加快案件办理进度：

一是证据适用。《意见》适用此前已经法定的行刑衔接证据适用模式，对于行政机关在行政执法和查办案件过程中收集的物证、书证、视听资料、电子数据等客观性证据材料，经法定程序查证属实且收集程序符合有关法律、行政法规规定的，在刑事诉讼程序中可以作为定案的根据。但是证人证言、被告人供述等言辞证据仍应当重新收集。

二是事实认定。值得注意的是，本次《意见》重新提出了证监会认定在刑事司法程序中的证据地位。2019 年《证券法》修订后，司法实践中对于证监会认定函能否作为证券犯罪刑事证据持续存有争议。特别是 2019 年《证券法》就内幕信息知情人、内幕信息等事项的授权由“认定”变更为“规定”，在一定程度上缩减了国务院证券监督管理机构的自由裁量权。在此背景下，部分证券监管机构会以“情况说明”“复函”“调查报告”等形式就司法机关商请事宜作出回应。但《意见》不仅直接提出司法机关可以商请证监会出具专业认定意见，作为认定案件事实的参考，且进一步扩大该等认定意见的形式，可将行政处罚决定书内容作为参考认定意见。

但需要注意的是，认定意见的适用仍需受制于刑事和行政不同的认定标准，《意见》中也对此作出明确区分，行政认定标准为优势证据，而刑事必须达到犯罪事实清楚，证据确实、充分。

(二)信息共享，从快处理高频证券犯罪

此前国务院、证监会发布的政策文件中已多次强调推动证监会、公安机关、检察院之间的信息共享机制，《意见》则是以提高办案质效，从快查处财务造假、内幕交易等高频证券违法犯罪为目的，再次从两个方面提出信息共享要求：

一是强化大数据智能共享和办案协作机制。要求证监会与公安机关对于可能涉嫌证券期货犯罪线索，可以通过联合情报导侦方式，综合运用数据资源和信息化手段，协同开展行政调查和刑事核查活动。并且要求建立信息通报机制，依法及时通报案件移送、办理信息及协作需求，开展资源整合共享。

二是进一步建立健全执法司法联合专项行动机制。早在2021年《中办国办意见》中就强调要发挥公安部犯罪侦查局派驻证监会的体制优势，探索在中国证监会派驻检察的工作机制，至2021年9月最高检驻会检察室揭牌成立。本次《意见》中则再次提出，证监会、公安机关、人民检察院可开展联合专项行动，集中整治重点环节、新兴领域、高发类型等违法犯罪活动；联合挂牌督办大案要案，及时回应市场关切，发挥震慑作用。

三、结语

《意见》在贯彻原有国务院、证监会指导性政策的基础上，将“零容忍”宗旨落地至实操性规范中，实体化证券违法犯罪“长牙带刺”的监管理念，整体提高违法犯罪成本，针对性遏制“关键少数”、看门人违法犯罪心理，进一步助力实现新“国九条”两个目标。

第三节

《关于进一步做好资本市场财务造假综合惩防工作的意见》快评（2024 年 6 月）

2024 年 6 月 29 日，中国证监会、公安部、财政部、中国人民银行、金融监管总局、国务院国资委多部门联合发布《关于进一步做好资本市场财务造假综合惩防工作的意见》（以下简称《意见》），旨在进一步从严打击资本市场财务造假，维护市场良性生态，这也是资本市场史上第一次对于惩防财务造假多部门共建共治的举措。《意见》分为总体要求、主体内容、落实保障三个部分，共计 20 项具体内容，意义深远，亮点颇多，本书将结合注册制背景下的证券实务特点，对《意见》做出简要评析。

一、推动财务造假惩防工作是深化资本市场改革的重要一环

(一)近年监管从严,查处财务造假案件数百起

资本市场依赖于信息的有效传递和透明度,财务造假则会扭曲这一基础,破坏市场公平竞争环境,因此财务造假一贯是监管的重中之重。“两强”“两严”态势下,《意见》出台可谓正当其时,力促市场生态持续好转。

从中国证监会统计数据来看,2021~2023年共办理上市公司违规信披案件397件,其中仅造假案件就达203起,占比50%以上;2021年以来向公安机关移送上市公司、债券发行人等主体涉财务造假、资金占用、违规担保等犯罪案件150余起。

近期,中国证监会及派出机构又对江苏某天①、ST某信②、* ST某利③三家上市公司出具行政处罚决定书,累计罚款6830万元,并对6名主要责任人实施证券市场禁入措施。

(二)打防并举,公司治理内生约束增强

本次《意见》的出台,一是更加注重打防并举、标本兼治,推动财务造假的综合惩防工作开展,进一步推进资本市场改革深化。二是坚持以打击整治行动为遏制犯罪的重要抓手,关注财务造假领域的重点问题,优化执法工作机制,加大全方位立体化追责力度,强化部门工作协同,提升案件查处效率。三是着眼于常态化长效化防治措施,通过增强公司治理内生约束,

① 中国证监会行政处罚决定书,〔2024〕41号。
② 深圳监管局行政处罚决定书,〔2024〕9号。
③ 中国证监会行政处罚决定书,〔2024〕64号。

压实中介机构责任,完善财务信息制度,加强联合惩戒与社会监督等手段,从源头防止财务造假的发生。

二、关注财务造假重点领域,坚持“追首恶”与“打帮凶”并举

(一)上市公司财务造假形式多样,“带病闯关”屡见不鲜

实践中,上市公司“带病闯关”,通常通过虚假贸易、供应链金融等形式实施财务造假。2023 年,中国证监会及派出机构共计查处了 4 起发行人在发行申报阶段报送虚假财务数据案件,其中某科创板 IPO 企业为达发行条件虚增利润,最终公司及相关责任人被处以 1650 万元的大额罚款[①]。随着发行环节监管持续收紧,中国证监会现场检查和督导力度不断加大,仅 2024 年 6 月单月,就已有 106 家拟上市企业向交易所提交了终止 IPO 申请,创下单月项目撤回数量的历史新高。

(二)紧扣痛点问题,着眼于重点领域和重点人群

本次《意见》的出台,一方面,将继续“激浊扬清”,对重点领域造假问题进行严密监管,推动构建财务制度良性运作“生态圈”。对于欺诈发行、虚假信息披露、挪用募集资金和逃废债等行为,监管部门将持续重点关注,以防“病从口入”。对于滥用会计政策造假的情况,将通过高压监督以推动上市公司财会运作的良性发展。

另一方面,将通过打击伪造变造凭证、利用关联方虚构交易或第三方配合造假等行为,强化对造假责任人和配合造假方的责任追究。2024 年 3

① 中国证监会《行政处罚决定书》,〔2023〕152 号。

月15日,中国证监会发布《关于加强上市公司监管的意见(试行)》,提出将严厉打击长期系统性造假和第三方配合财务造假,本次《意见》对此再次做出强调,强化穿透式监管,进一步压实了中介机构责任,有利于财务信息质量的持续改善。

三、推动建立全方位立体化追责体系,进一步提高违法犯罪成本

(一)立法、追责双驱动,财务造假成本显著提升

根据现有监管趋势,中国证监会高度关注提升财务造假者的违法成本和投资者权益保护,并将持续推动行、民、刑三位一体的立体化追责体系建设。

在立法层面,中国证监会已经推动修订《证券法》,对违规信披公司和责任人的罚款上限由60万元、30万元大幅提升至1000万元、500万元,对欺诈发行的罚款上限由募集资金的5%提高到1倍。同时,《刑法修正案(十一)》也将违规披露的刑期上限由3年提高至10年,中介机构及从业人员出具虚假证明文件最高可判10年有期徒刑。

对于刑事打击,2024年上半年以来已有40余起财务造假、资金占用案件被移送至公安机关,投资者服务中心已支持投资者向法院申请代表人诉讼9起,在审诉讼22起。2024年6月24日,最高人民法院发布财务造假典型案例,其中"林某国提供虚假证明文件案"中①,林某国作为承担资产评估职责的中介组织的人员,明知实际勘察评估的价格,故意提供虚假证明

① 林某国提供虚假证明文件案——资产评估中介组织提供虚假证明文件,最高人民法院财务造假典型案例之四(2024年)。

文件，被判有期徒刑 2 年，并处罚金 3 万元。

对于民事追责，2023 年 12 月月底，“某达易盛案”以调解方式审结，开创了证券集体诉讼和解结案的先河。

（二）坚持立体化追责，“一个行为，多重风险”效应叠加

本次《意见》再次强调，要加大全方位立体化追责力度，除加快出台上市公司监管条例外，还要推动出台背信损害上市公司利益罪司法解释，完善民事追责支持机制，推动简化登记、诉讼、执行等程序，通过行、民、刑手段加大对上市公司和“关键少数”财务造假的威慑力。

可见，行政责任只是追责的起点，在立体化追责体系下，民事赔偿、刑事追责等手段协同发力，形成“一个行为，多重风险”的叠加效应。高压之下、重拳出击，上市公司、“关键少数”、中介机构的违法犯罪责任将被全方位追究，财务造假违法犯罪成本陡升。

四、加强各部门工作部署，将证券执法体制推向纵深

（一）建立专业化打击模式，适应财务造假新形势

一是优化打击模式。新形势下，财务造假的复杂性、隐蔽性显著增加，以“某大集团案”为例，某大集团在债务重组、股权转让等过程中，不当确认投资收益、计提预计负债，影响财报利润总额 22.64 亿元。现有证券执法体制机制尚不能完全适应新情况、新问题，明确提出推动建立专业化、体系化的打击模式，有助于实现对证券犯罪的精准打击。

二是强调科技支持。监管部门可通过全国信用信息共享平台，依法查询国家金融信用信息基础数据库，多渠道识别财务造假线索。同时，相关部门可利用银行流水电子化查询便利和反洗钱协查机制，高效查询涉案资

金数额。

三是聚焦于财会细节。要求监管部门密切关注会计政策和会计估计执行情况。对于上市公司或“关键少数”操纵资产减值计提调节利润、以财务“洗澡”掩盖前期造假等行为，监管部门将迅速做出反应、从严从快查处。

（二）多措并举、协同发力，强化相关主体红线意识

一是压实责任。中国证监会将积极贯彻落实《意见》，会同国资监管机构、金融监管部门、有关企业主管部门、公安机关、地方政府等，进一步增强责任意识，密切协作形成合力，提高工作质效。

二是协同打击。监管将继续健全线索发现机制，深化行刑衔接协作，提高案件查办质效。针对欺诈发行、违规信息披露、背信损害上市公司利益等恶性案件，公安和检察机关联合挂牌督办机制将加速落地。

三是重在长效。通过各方联动、精诚合作，相关主体经营红线意识得以强化，投资者保护渠道得以通畅，资本市场环境得以净化，最终形成健康有序的资本市场生态。

五、结语

新“国九条”以来，“1 + N”政策体系不断完善，资本市场综合治理制度供给不断强化。常态化长效机制下，上市公司需要主动树立财务合规意识，践行合规理念，完善公司内控制度体系。

在“一案双查”背景下，上市公司“关键少数”和中介机构“看门人”要迎接变化，拥抱监管，戒除侥幸心理，一旦发生风险事件，借助专业力量，有效综合应对。

第四节

《关于办理财务造假犯罪案件有关问题的解答》三大“从严”要点解读（2024 年 8 月）

2024 年 8 月 16 日，最高检发布《关于办理财务造假犯罪案件有关问题的解答》（以下简称《解答》），旨在依法从严惩治欺诈发行、违规信息披露等财务造假犯罪，《解答》共 4 部分 15 条，分别包含最高检对财务造假类案件办理的总体要求、两类罪名的构成要件及立案追诉标准把握和相关责任人员的犯罪认定等被市场深度关注的问题。该文件秉持此前《关于加强监管防范风险推动资本市场高质量发展的若干意见》（以下简称“新国九条”）的政策要求，确保监管“长牙带刺”、有棱有角，全文以严字当头。笔者拟结合以往发布的规范性文件，提取、解读《解答》中的“三大要点”。

一、要点一：坚持打击财务造假“初心”不动摇

（一）责任线条延长已是“板上钉钉”

1.《解读》的发布代表着立体化追责并非说说而已

从目前证券监管政策趋势来看，已有多项国务院、中国证监会发布的文件明确表示要加强证券违法犯罪活动的行政、民事、刑事立体化追责力度。2024 年 7 月 5 日，六部门联合发布《关于进一步做好资本市场财务造假综合惩防工作的意见》，该份针对财务造假监管的文件中除总体要求外有六项具体要求，其中“加大全方位立体化追责力度”系其中一项。

但从司法实践来看，虽有政策文件在前，但毕竟财务造假类刑事案例非常少，部分上市公司仍心存侥幸，认为信息披露问题不至于涉及刑事，而《解读》便是彻底打碎这一幻想，为财务造假刑事追责提供明确指引，也是告知上市公司与市场主体，财务造假刑事追责不可避免。

2. 刑事、行政、民事立体化追责手段通过《解读》形成闭环

2022 年最高人民法院、中国证监会联合发布《关于适用〈最高人民法院关于审理证券市场虚假陈述侵权民事赔偿案件的若干规定〉有关问题的通知》，提出为了查明事实，人民法院可以依法向中国证监会有关部门或者派出机构调查收集有关证据，形成了民事和行政程序的良好衔接模式。

2024 年 4 月 16 日，四部门发布的《关于办理证券期货违法犯罪案件工作若干问题的意见》（以下简称 4 月 16 日《意见》），明确规定了行政执法与刑事司法的衔接方式，并提出行政处罚决定可以作为刑事程序中的认定意见。

而后，2024 年 6 月 7 日，中国证监会发布《中国证监会行政处罚裁量基本规则（征求意见稿）》，从行政角度提及行刑衔接和行民衔接的必要性，并

提到对违法行为同时构成民事侵权的，中国证监会应当依法配合做好民事责任追究。至此，由行政程序作为联结点的民、行、刑一体化追责体系已经形成。

而《解读》第（六）项提出“检察机关支持证券纠纷代表人诉讼，有关方面提出复制材料等协助请求的，应当依法配合”，则是为这个线条式追责模式，加上了民事和刑事的衔接环节，形成三角闭环。

（二）全方位全角度旨在“环环相扣”

1.《解读》通过列举的方式明确上市公司信息披露义务承担范围

本次文件用了较大的篇幅说明公司、企业的信息披露义务认定标准，并相应列明可以依据的法律规定。其中，《解读》将上市公司责任划分成两个阶段、多种证券类别。两个阶段分别为发行阶段和持续经营阶段；而多种证券类别则包括股票、债券、存托凭证等。

通过两个阶段和多种类别的交叉列举，《解读》的信息披露义务基本包含了这三类证券可能影响资本市场的全部发行模式和披露方法，其中，股票、债券的非公开发行和存托凭证的境外上市明确涵盖在内，定期报告和临时报告在文件中则具备同样的信息披露法律地位。

2.《解读》已厘清财务造假中常见犯罪行为的竞合与并罚关系

2019 年《证券法》出台后，欺诈发行的构成本质就是发行阶段的违规信披行为，在行政执法中如上市公司构成欺诈发行后又持续造假的，则可能同时被认定构成信息披露违法违规行为，从而就两个事项分别被行政处罚。

而《解读》则是在刑事中同样适用行政执法对财务造假行为的认定方式，对于欺诈发行与违规信披的罪数问题作出解释，对于上市公司利用相同的财务数据持续造假的行为，同样认定为两个违法行为，分别构成犯罪，数罪并罚。而对于为了欺诈发行向监管机构或监管机构人员行贿的，应当另行评价其行贿行为是否构成犯罪,如构成,则数罪并罚。

二、要点二：划定入罪、量刑标准以“严”为先

(一)民事赔偿认定金额起到“关键作用”

鉴于立案追诉标准对欺诈发行证券罪与违规披露、不披露重要信息罪均规定“造成投资者(股东、债权人或者其他人)直接经济损失数额累计在100万元以上的,应予立案追诉”。《解读》中对于刑事责任如何“直接经济损失”作出回复,提出对于有民事生效判决的可以参照民事判决的认定金额,对于难以准确计算的,则是依法委托专门机构出具测算报告后予以审查认定。

该回复传达了两个信息:一是经济损失必然需要可靠的依据,即便是民事赔偿案件也大多会基于专业机构出具的损失测算予以认定,因此,在此类案件中,专业机构的测算是必要的;二是民事案件认定的金额可以作为刑事案件定罪的参考,这对于在民事案件中怠于履行答辩义务的上市公司和董监高而言是一记警钟。

此外,结合前面提到的民、行、刑三角闭环,未来不排除刑事认定的金额可能会直接作为民事案件索赔的参考,加速民事案件办理进程。

(二)“情节特别严重”高度依靠自由裁量

自2021年《刑法修正案(十一)》出台实施后,违规披露、不披露重要信息罪就从原来的最高刑5年以下,变更为5年以下和5年以上10年以下两档,而第二档“情节特别严重”的量刑标准始终没有司法解释予以明确。

本次《解读》中仍未明确关于财务造假类刑事案件司法解释的出台时间,但为未来一段时间内如何裁量“情节特别严重”作出了部分指引。但其

中具有可量化参考性的，仅有追诉标准中有明确数额的情形，该等情形下，可按司法实践通行的 5 倍关系把握刑罚升档标准，也就是按照追诉标准的五倍作为“情节特别严重”标准。

对于追诉标准中只规定了比例或其他情形的，《解读》提出“因不同造假主体的规模体量差异较大，可按罪责刑相适应原则并结合常情常理，在个案当中积极探索，积累认定经验”，也就是仍然高度依靠司法机关的自由裁量。

（三）追诉标准认定与计算达到“一矢双穿”

1.《解读》对于欺诈发行和违规信披中的数据计算解释，可能导致诸多上市公司触及刑事红线

鉴于欺诈发行案件中，隐瞒或者编造的重大诉讼、仲裁、担保、关联交易或者其他重大事项所涉及的数额或者连续十二个月的累计数额达到最近一期披露的净资产 50% 以上的，达到追诉标准。而违规信披案件中，未按照规定披露的重大诉讼、仲裁、担保、关联交易或者其他重大事项所涉及的数额或者连续十二个月的累计数额达到最近一期披露的净资产 50% 以上的，达到追诉标准。

因此，欺诈发行和违规信披均存在对于重大诉讼、仲裁、担保、关联交易以及其他重大事项如何计算的问题，而《解读》提出了“先并后合”的计算方法。所谓“先并后合”，是指先将未按规定披露或隐瞒、编造的重大诉讼、担保、仲裁、关联交易以及其他重大事项所涉及的数额合并计算，后将任意连续十二个月未按照规定披露的重大事项所涉及的数额累计计算，可跨不同会计年度。也就是说，如果上市公司同时存在违规披露重大诉讼、仲裁、担保、关联交易或其他事项的，则该等全部事项金额的总额超出最近一期披露净资产 50% 以上，达到追诉标准，上市公司财务造假的风险大大增加。

2.《解读》中追诉标准的认定以底线情节为准，而量刑的判断则涵盖全部情节

与一般刑事案件不同的是，证券类犯罪追诉标准所涉及的各个财务指标相对独立，也就是说，一个追诉标准可能对应了一项财务造假行为，对于上市公司触及多个追诉标准的，通常已经涉及了多条线路的财务指标造假行为。

《解读》中对于上市公司触及多个追诉标准应当如何适用，保持与一般刑事案件一致的处理标准，多项立案追诉标准仅需达到一项即可立案追诉。

但对于是否应当全部审查，《解读》的主要切入点则有别于其他刑事案件，一般刑事案件的追诉标准仅作为立案依据，有一项符合即可，但对于财务造假类案件，由于其不同追诉标准对市场可能造成不同影响，《解读》要求应当依法全部查明的同时，也提出应当将此作为全面评价犯罪情节和危害后果的标准，也就是说，追诉标准涉及的范围，将可能影响到最终量刑。

三、要点三：紧抓"关键人员"追责决不放松

（一）责任人员分层处理当严则严

1.《解读》明确"关键少数"应当就其参与程度承担财务造假主要责任

"关键少数"作为承担上市公司财务监管责任的主要人员，国务院、中国证监会多次在政策文件中强调要压实其责任。4 月 16 日《意见》中还明确提到证券发行人、控股股东、实际控制人、董事、监事、高级管理人员等实施证券期货违法犯罪的，应当依法从严惩处。该等文件已经奠定了"关键少数"承担主要责任的基础。

《解读》则是从实操角度再次明晰财务造假中应当承担责任的人员范

围，首先要担责的是“关键少数”，该等人员即便不是实施或组织实施财务造假行为的主要人员，如签字确认明知虚假的信息披露文件，也需承担财务造假刑事责任。

相较之下，中层人员只有在负有部分组织责任或积极参与起到较大作用的情况下，才需要承担责任。

2. 单位或个人配合上市公司财务造假的，也将面临刑事追责

《解读》中明确提出，单位或个人通过签订虚假交易合同、资金空转等手段，配合公司、企业实施财务造假行为，构成合同诈骗、虚开发票、逃税等犯罪的，应当依法追究刑事责任，同时成立财务造假犯罪共犯的，应当依照处罚较重的规定定罪处罚。单位或个人专门为公司、企业提供财务造假“一条龙”服务的，应当从严打击。

由此可见，单位或个人配合上市公司财务造假的，不仅可能面临违规信披或欺诈发行的刑事责任，还可能引发其他金融、税务类犯罪，在从重处罚的背景下，如情节特别严重，极有可能因按照重罪量刑，从而超过十年刑期。

（二）中介机构人员难逃财务造假责任

1. 中介机构无论故意、过失均可能在财务造假案件中构成犯罪

按照《解读》第（十四）、（十五）项内容，中介机构在财务造假案件中可能构成三类犯罪，包括财务造假类犯罪共犯、提供虚假证明文件罪和出具证明文件重大失实罪。而对于最后一类犯罪的认定，实质是对中介机构未勤勉尽责的衍生，也就是《解读》所提到的中介“严重不负责任”，对于此类情形，中介机构亦难逃刑事追责。

对于“严重不负责任应当如何认定”，《解读》从程序和实体分别列举了几项内容：

（1）未按审计准则履行必需的审计程序；

（2）一般审计人员能够正常发现的问题而未发现；

（3）未开展审计工作而直接签字确认审计结论。

具体认定仍需结合实际情况，综合判断。单从《解读》目前表述来看，是否存在利益输送和利益关联或将成为判断标准。

2. 跨期确认真实财务账目，也将构成财务造假

部分上市公司违规信披案件中，信披违规的主要方式为跨期确认财务账目，对于该类行为，上市公司通常答辩理由为该等财务账目完全真实，在行政执法案件中，该等答辩理由无法作为违规信披免责的事由。

延伸至刑事案件中，部分当事人会认为更加严格的刑事案件，可以重新将底层财务资料的真实性作为排除刑事责任的考量标准，而《解答》则是对此明确作出回复，跨期确认真实财务账户也属于财务造假，而财务账目的真实性仅可作为量刑情节予以考虑。

这就代表，该类案件中，提供帮助的中介机构人员仍然可能构成提供虚假证明文件罪、出具证明文件重大失实罪或被认定为财务造假共犯处理。

四、对上市公司的启示与建议

（一）加强全面化危机应对思路

1. 学会用监管思维处理财务造假危机，从行刑民角度提前作出准备与预案

上市公司如面临突发财务造假监管调查，应以“行、民、刑”全方位视角启动应对及风控方案，重视三个程序之间的衔接与关联：

（1）从行政角度而言，考虑到刑事司法机关在事实完全一致的基础上，可将行政处罚决定书作为认定书使用，因此，对于行政监管调查，应充分做

好关联事实梳理、了解风险点，理性配合监管调查的同时，充分行使陈述申辩权利，避免因“盲目自信”“怠于处置”而导致的风险误判；

(2)从民事角度而言，投资者索赔风险可能持续发生于财务造假揭露后的任一时间点，应提前综合评估潜在赔偿风险，合理制定民事诉讼应对方案，同时避免民事诉讼索赔结果被用于作为刑事案件量刑标准；

(3)从刑事角度而言，应以立案追诉标准划分不同风险等级并建立相应危机应对机制，该危机应对机制决定上市公司应对财务造假危机的紧急程度和反应速度，也影响将来可能面临的法律风险程度的高低，同时可能影响案件民事赔偿进程。

2. 弱化侥幸心理，学会提前合规

财务造假证券违法犯罪案件坚持零容忍要求，坚持“严”的主基调，行刑衔接“应移尽移”已成当前监管趋势的核心要义，财务造假如符合立案追诉标准，已无法避免刑事移送，上市公司应予摒弃“一罚了之”等侥幸心理：

(1)加强并有效利用临时公告制度。财务造假存在的法律风险在于给市场带来的巨大波动、对投资者造成的投资误判，对于既存已有的造假行为，可通过及时有效的公告行为加以抑制，上市公司应加强临时公告作用，及时澄清错误披露的信息，减少对股票、债券价格以及市场投资人决策的影响。

(2)建立健全内部自查及合规整改制度。不论是处于风险潜在阶段抑或行政调查认定阶段，如经评估、自查公司存在财务造假合规缺陷，建议及时制定、落实有效整改方案，及时防控违法违规负面影响及违法情节的持续累积、扩散。

(二)强化内部关键人员合规意识及责任划分

1. 强化管理人员证券市场政策学习与培训，作为“关键少数”更要厘清自己的责任

“1 + N”监管政策体系下，上市公司及上市公司的“关键少数”须承担

提高上市公司质量、保证合规稳定运营的第一主体责任,“关键少数”应重点关注财务及信披合规事项:

(1)严格把控、杜绝公司内部人员以谋取财务业绩、侵占资产、违规担保、内幕交易、操纵市场等动机,对财务报告信息作出虚假记载、误导性陈述或者重大遗漏,特别应从自身行为规范角度,严防“关键少数”自身违法犯罪风险;

(2)明确董事会等管理层与相关部门在财务管理、反舞弊工作中的职责权限,建立关联风险发现、举报、调查、处理、报告和纠正程序,确保举报、投诉渠道通畅,避免“关键少数”在财务造假案件中无法自证。

2. 强化中层人员证券合规意识,避免因内控漏洞导致系列并发风险

财务造假违法犯罪追责体系中,财务、销售、证券部门等中层核心业务人员,亦可能作为直接负责的主管人员或其他责任人员牵涉其中,据此亦同步增强证券合规意识、辅以内控优化举措:

(1)定期落地内部证券合规培训,结合公司业务实况,针对性筛查、提示、防控财务管理、信息披露风险。

(2)切合、关注实时监管要求,建立并优化各部门内部管理及信息披露实施细则。

(3)建立信披责任制度。明确划分信披文件制作参与方、审核方的责任,分类别审核信披文件,对涉刑风险较高的重大信息文件进行多环节、多层级审核,强化各主体责任及合规意识。

第五节

《金融机构涉刑案件管理办法》四大亮点评析（2024 年 9 月）

一、引言

（一）出台背景与治理目标

2024 年 9 月 2 日，国家金融监管总局印发《金融机构涉刑案件管理办法》（以下简称《办法》或新规），并于同日生效实施。本次新规的出台，深入贯彻了中央金融工作会议有关“加强全面监管”精神，紧密契合国家金融监管总局机构改革对机构监管、行为监管、穿透式监管的要求，同时彰显了我国坚定打击金融违法犯罪行为的总体方针和治理决心。

针对当前多发易发、严打严查的金融机构从业人员涉刑或疑似涉刑行为，《办法》旨在规定金融机构和监管机构对此类案件的处置与管理行为，对两机构主体作出了一系列的要求和标准规范。

（二）机构发展与新旧更替

近年来，我国银行业、保险业在监管机构层面发生了两次重大机构改革：一是2018年，保监会与银监会合并为中国银保监会，强化综合监管，优化监管资源配置。二是2023年，中国银保监会不再保留，而是在此基础上组建国家金融监管总局，强化金融管理的中央事权，由国家金融监管总局统一负责除证券业外的金融业监管。

《办法》作为2023年中国银保监会改革后的监管类规定，系针对中国银保监会时代旧规的沿用、整合与革新，在其生效实施的同时，包括《银行保险机构涉刑案件管理办法（试行）》（以下简称旧规）在内的八项旧规同步废止。

以下笔者将从适用范围、重大案件内容、金融和监管机构责任角度归纳整理《办法》的四大亮点，解读新规释放出的相关信号，并对当前形势下金融机构与从业人员提出若干建议，以供各位读者参考。

二、新规亮点解读

从结构上看，《办法》分为总则、案件定义、信息报送、机构处置、监管处置、监督管理、附则七章，共45条。以下将对新规亮点做一一解读。

（一）适用范围一“收”一“放”

对于案件管理制度的对象范围，《办法》删除旧规“业外案件”有关规定，即取消对银行保险机构以外的单位、人员的辐射。新规聚焦金融机构对其内部从业人员在业务经营过程中，利用职务便利侵犯所在机构或者客户合法权益，并被公安、司法、监察等机关立案查处的案件；对于可能演化为案件,尚未达到案件标准的事件,则规定为案件风险事件,对此亦需履行报送义务。

对于金融机构的范围,《办法》不再将适用主体区分为银行、保险、其他金融机构三类,而是统一为“金融机构”,采取列举式表述明确制度适用的“金融机构”所指的范围。同时新增了“外国银行代表处、外国保险机构代表机构、保险公估人”等主体,适用范围更加全面。旨在针对涉及公众资金安全、国家金融安全的行业机构,设计制定统一的风险管理制度。

(二)进一步规定重大案件范围

重大案件,一般是指重要性程度较高、影响性较大的一类案件,与其他案件相比,需要更高级别的报送主体和调查组织,在调查、追责问责、案情通报等方面要求从严。对于案情复杂、金额巨大、涉及面广的重大案件,监管机构原则上还需实施现场督导监管。

《办法》在旧规的基础上,从两方面修订了重大案件的范围:

第一,对以涉案金额作为标准的,不再按照银行、保险机构区分涉案金额标准,统一确定为“涉案业务余额等值人民币一亿元(含)以上”。

第二,对以“风险敞口金额”作为标准的,确定为“人民币五千万元(含)以上,且占案发法人机构净资产百分之十(含)以上”的,在百分比基础上新增5000万元的具体金额要求。

其他关乎社会影响、可能引发系统性风险等角度的标准,与旧规基本相同。

(三)金融机构:负有案件处置的主体责任

《办法》贯彻了旧规有关“银行保险机构承担案件管理的主体责任”的原则,要求金融机构对案件处置工作负有主体责任。由于金融机构从业人员的涉刑案件,往往波及面广,影响深重,对于此类案件,除公权力机关的介入和威慑，还需要亲临一线、熟悉案件背景的金融机构同步展开内部调查、跟踪案件发展情况、处理舆情风险，最终实现各层次风险的综合化解之效。

金融机构的案件处置工作，具体而言，主要包括对外汇报和内部调查两部分。相较旧规，《办法》更为系统，将案件报告制度的具体要求与内部调查机制集中至同一规定。

对外汇报工作，主要集中于《办法》的第 12 条至第 19 条，规定了案件信息的报送、更新和撤销要求，以及相关的报送/报告对象、流程与时效限制。

内部调查工作，分为对责任人员的调查追责，和对内部管理制度的排查弥补。一方面，金融机构需要成立调查组，对涉案人员经办业务、基本案情开展调查，并需关注、控制舆情风险，最大限度挽回损失。另一方面，还应当针对案件制定整改方案，整改完成后，向属地派出机构报告或金融监管总局整改落实情况。

(四) 监管机构：指导督促与协同合作

对金融机构，在其负有主体责任的基础上，国家金融监管总局及其派出机构负责指导、督促金融机构的案件处置，并对金融机构和案件责任人员的违法违规行为予以行政处罚或监管措施。对于涉及多家金融机构的案件业务，《办法》与旧规一致，坚持“穿透监管”的原则，将责任落实到具体的金融机构和责任人。

对其他侦查司法机关，《办法》新增“金融监管总局及其派出机构应当加强与公安、司法、监察等机关的沟通对接，推动案件信息共享、协同办案”的规定，重申了监管机构与侦查司法机关之间的合作机制。

三、信号与建议

本次《办法》的出台,既是对中国银保监会旧法时代的沿用和总结,也是对新监管风向的需求回应。那么它究竟传递出了什么信号?对金融机构及其从业人员又有什么启示建议?

(一)政策信号:严打严控金融犯罪

1. 内外兼行,合力共举,多方协作

首先,《办法》要求金融机构内部进行有效协作,如案发机构在知悉或应当知悉案件发生后,除需要监管机构汇报外,还应当在5个工作日内向法人总部报告。除此之外,金融机构应当分级开展案件追责工作,对于重大案件或者涉及法人总部直接管理人员的案件,由法人总部牵头;其余案件则由案发机构的上级机构牵头。这种上下级机构之间的处置区分,有利于金融机构内部资源的合理配置和信息的互联互通。

其次,监管机构内部协同。《办法》规定案件管理工作坚持属地管辖的基本原则,各级金融监管机构有权提级管辖,并承担上级授权或指定管辖的案件。总局对派出机构的案件管理工作进行指导、督促。

再次,金融机构与监管机构合作,主要体现在金融机构的案件报告、案件风险事件报告、调查报告等案件信息的报送和同步,以及监管机构自上而下的指导督促。

最后,监管机构与侦查司法机关之间的合作。事实上,近年来,已经有多份政策文件提出加强证券业监管跨部门合作、信息共享的要求,旨在通过整合多方资源,提高对证券违法行为的查处效率。此种合作模式已经在办案实践中逐步适用,为证券业的严建严管趋势提供制度支持。

而在2023年10月生效实施的《国家金融监督管理总局职能配置、内设机构和人员编制规定》中,就已经要求金融业建立行政执法与刑事司法衔接机制,实现案件信息共享、协同办理。本次《办法》对该原则的重申,亦反映出金融业强化监管深度和广度的决心,向市场传递出严厉打击金融犯罪的信号,金融机构从业人员在执业过程中更需勤勉尽责,合规而行。

2. 强化程序标准要求,为实体风险化解保驾护航

《办法》从程序标准层面,构建了系统化、标准化的金融机构从业人员涉刑案件管理流程。通过前移案件管理工作重心,合理设置案件管理各环节时限要求,强化案件管控,防止风险恶化扩散。

《办法》强调案件管理的全过程监督和信息共享,要求金融机构建立调查组、全面排查涉案业务、分析案发原因并进行整改,充分发挥金融机构的市场主体作用和自查自纠能力。同时,监管机构从旁持续督导。通过这种关键节点调查报告、留痕固定、信息互通的案件管理方式,为实体风险化解和侦办审判提供有力支持。

(二)建议:前瞻布局,持续提升内控能力

《办法》凸显了金融机构的案件管理主体责任,为其开展案件管理工作提供了明确的指引。在此基础上,金融机构不仅应当严格遵循相关规定,还需以更具前瞻性的视角布局内控管理体系。以下是基于《办法》的一些具体建议:

1. 在风险未发生前,在案件未爆发时,金融机构就应当提前布局,建立健全与自身资产规模、业务复杂程度相匹配的内控制度。例如,大型银行或金融控股公司应特别关注复杂金融产品或跨境业务的潜在法律和合规风险,而中小型机构则需针对区域性特点加强风险防控。

2. 在案件发生后,金融机构应以此为契机,开展全面的内控整改和业务流程优化。这不仅是为了处理单一案件,更是通过此次案件,深入排查机构内部管理漏洞,推动整改,防止同类问题再现。同时,金融机构应加强

对从业人员的教育和警示，形成以案为鉴，以案促改的长效机制。

3.《办法》对金融机构的信息管理能力提出了新的考验，金融机构应建立信息化、智能化的案件报送机制。并且，还应当建立高效的内部跨部门协作机制，将业务、内控、合规、审计等部门紧密联动起来，共享案件信息，综合评估案件风险，合力制定最优风险化解策略。

四、结语

《办法》从案件管理程序层面，为金融机构和其从业人员敲响一记警钟。金融机关机构改革后，有关金融监管的政策文件正在逐步完善。面对日益复杂的金融环境，金融机构只有不断提升内控能力，从业人员只有持续提升合规意识，才能在监管趋严的背景下从容应对各类挑战。

第六节

《上市公司监管指引第10号》的条文对比与策略透视（2024年11月）

2024年11月6日证监会正式发布《上市公司监管指引第10号——市值管理》(以下简称《指引》),自公布之日起实施。这不仅标志着中国资本市场步入了新的发展阶段,更彰显了投资者保护的监管决心。

《指引》全文共计14条细则,旨在促使上市公司以强化公司质量为核心,提升经营效率和盈利能力。在当前市场环境下,如何有效地进行市值管理,已成为各上市公司亟须面对和解决的关键议题。

一、速行新章,回应当下需求

"市值管理"这一概念最初出现在2005年的股权分置改革期间,近20年后,专门针对市值管理相关议题的

《指引》终于得以颁布并实施。值得注意的是,从《指引》的征求意见稿面世到其正式版本的出台,仅耗时50多天。在此期间,中国证监会积极接收并细致处理了共计232条相关意见和建议,经过筛选,排除了与规则条文无直接关联的意见,共计156条有效意见。

回顾中国证监会以往发布的同级别法规政策征求意见稿①,在没有旧版法律法规作为修订对象的情况下,本次《指引》能在短短50余天内确定正式版本,较为少见,充分体现了中国证监会与市场意见之间的高效互动,以及《指引》的出台之速。结合市场背景,笔者认为主要有三大原因。

(一)市场对《指引》需求的急迫性

自2005年"市值管理"概念被正式提出后,2014年国务院发布《关于进一步促进资本市场健康发展的若干意见》,首次"鼓励上市公司建立市值管理制度";2024年3月15日,中国证监会和国务院发布《关于加强上市公司监管的意见(试行)》和新"国九条",指出要"推动上市公司加强市值管理,提升投资价值""研究将上市公司市值管理纳入企业内外部考核评价体系"。而市值管理的真伪之辨与误读误解,一度成为资本市场的高度热门话题。

这一系列讨论不仅反映了市场参与者对于市值管理内涵与外延理解的多样性,也凸显了在实践操作中由于缺乏统一标准而引发的诸多困惑与争议。鉴于此,市场迫切需要一份权威性强、内容具体的《指引》来明确市值管理的正确路径与操作规范。

(二)市值管理存在一定的市场基础

前述已经提及,市值管理并非全新概念,而面对市场部分主体的恶意

---

① 例如,《关于加强公开募集证券投资基金证券交易管理的规定(征求意见稿)》于2023年12月公布,《私募投资基金信息披露和信息报送管理规定(征求意见稿)》于2024年7月公布,《中国证监会行政处罚裁量基本规则(征求意见稿)》于2024年6月公布,以上文件截至2024年11月均未颁布正式版本。

混淆与曲解，中国证监会也曾作出过关于市值管理的“名实之辨”，在新闻发布会上提出了“三条红线”“三项原则”。

具体而言，“三条红线”包括严禁操纵上市公司信息、严禁进行内幕交易和操纵股价、严禁损害上市公司利益及中小投资者合法权益等；“三项原则”指的是主体适格、账户实名和披露充分，这也是开展市值管理的底线。本次《指引》的制定严格遵循了既定的基调与红线原则，其中第10条特别明确指出，严禁任何形式的违规信息披露、内幕交易以及市场操纵等违法违规行为。

（三）《指引》留下尝试和探索空间

总体来看，《指引》全文共计14条，篇幅相对精炼，所涵盖的内容较为宽泛，在细节上直接的可操作性指引较为有限。此种规则模式在一定程度上，决定了中国证监会调整征求意见稿的整体工作量相对有限，耗时也会相对较短。

同时，这份侧重把握大方向和原则性内容的指引文件，恰恰为市场实践提供了充分的灵活性与探索空间。《指引》旨在引导市场参与者在不违反基本原则的前提下，根据自身实际情况进行有益的尝试与创新。通过这样的设计，不仅激发了市场活力，也促进了市值管理领域的多元化发展，为未来的实践与探索预留了广阔的天地。

二、条文对比，体现宽严相济

笔者综合梳理发现，相较于征求意见稿，正式版本具有多项变化。整体而言，正式版本调整了部分用词，为市值管理设定了更为科学、全面的目标，例如，从原先征求意见稿的“为提升投资者回报能力和水平”变更为“为提升公司投资价值和股东回报能力”，从“提升上市公司投资价值”变更为

“促进上市公司投资价值合理反映上市公司质量”。具体来说，在对上市公司及“关键少数”要求的层面上，正式版本的修订可以概括为三项“放松”与两项“收紧”。

（一）三项“放松”

1. 放宽股价异动处理要求

正式版在一定程度上放宽上市公司股价异动时的处理要求，并削减了董事及董事会的责任范围。

首先，正式版第 4 条删去了董事会在市场表现偏离上市公司价值时“发布股价异动公告”的要求，仅要求其审慎分析研判可能的原因，积极采取措施促进上市公司投资价值合理反映上市公司质量。

其次，第 5 条同步删除征求意见稿中“上市公司股价出现异动等情况严重影响投资者判断”时，董事长应当召集董事会研究具体措施，提升上市公司投资价值的要求。

最后，对于各类可能对投资者决策或者上市公司股票交易价格产生较大影响的媒体报道和市场传闻，上市公司只需发布澄清公告，是否发表官方声明、召开新闻发布会等征求意见稿中规定的必做事项，可由公司自主选择。

2. 适度降低公司回购压力

关于股份回购，征求意见稿要求董事会应当依据上市公司的股权架构及业务运营需求，在公司章程或相关内部文件中清晰制定股份回购的具体规划。

而正式文件中，第 4 条在相同要求前新增“鼓励”一词，即将此项规定调整为鼓励性规则，更为灵活自主。

3. 限缩长期破净公司估值提升计划内容和规则适用主体

正式稿放宽了对长期破净公司估值提升计划的要求，之前规定的计划内容必须涵盖目标、期限和具体措施,而现在则仅强调计划需明确、具体、可执行。

与此同时,征求意见稿要求全部的长期破净公司在年度业绩说明会中就估值提升计划执行情况进行专项说明,而正式版本将范围限缩至“市净率低于所在行业平均水平的长期破净公司”,进一步减轻了长期破净公司的压力。

(二)两项“收紧”

1. 对主要指数成份股公司新增要求

对于主要指数成份股公司,正式稿第8条在保留征求意见稿对其制定市值管理制度、明确负责分工、设立股价下跌应对措施等要求的同时,新增主要指数成份股公司需经董事会审议后披露市值管理制度制定情况的规定。

因此,相较于原先市场仅能依赖上市公司年度业绩说明会这一渠道来获知市值管理的执行情况,正式稿特别增加了关于市值管理制定情况的公开披露要求,从而使得市场能够更提前、更清晰地掌握这些公司的市值管理安排。

2. 增加法律责任条文

与包含13条内容的征求意见稿相比,正式版本增加了一条新规定,明确中国证监会针对未披露市值管理制度情况的主要指数成份股公司以及未公布估值提升计划的长期股价低于净资产的上市公司,可采取责令改正、监管谈话及出具警示函等监管措施,此举进一步强化了上述主体的违法违规责任。

三、谨记原则,谨防误区风险

市值管理作为一种合法的资本市场管理模式,必须与违规信披、内幕交易、市场操纵等影响市场股价的行为进行严格区分开。笔者特此强调“两个谨记”和“两个谨防”。

(一)两个谨记

1. 谨记投资者是市场之本

中国证监会在其发布的各类正式文件及召开的众多会议中,始终如一地强调了一个核心理念——投资者是市场存在与发展的根本所在。尽管在市值管理的官方定义上,正式版的措辞有所微调,从原先侧重于“为提升投资者回报能力和水平而实施的战略管理行为”,转变为更为宽泛的“为提升公司投资价值和股东回报能力而实施的战略管理行为”,这一变化不仅体现了对市值管理目标的更深层次理解,也反映出对资本市场运作机制的全面考量。然而,无论定义如何演变,投资者作为股东的核心地位始终未变,他们是市场繁荣与稳定的基石。

市值管理的成功实践,其出发点与落脚点均离不开对投资者关系的精心管理。正向的市值管理策略,通过增强公司的透明度、提升信息披露的质量、优化治理结构以及积极回应市场关切,从而有效促进公司与投资者之间的互信与合作,为公司的长远发展奠定坚实的基础。

2. 谨记“两条腿走路”

《指引》中与“投资者”相对的另一个关键词是“上市公司投资价值”,这一价值并非单一因素所能决定,而是根植于公司基本层面的坚实土壤,繁茂于资本市场运作的灵活机制。具体而言,一方面,公司的投资价值深受其产品市场表现的影响,这直接关联到公司的盈利能力、市场竞争力以及可持续发展潜力;另一方面,资本市场的有效运作同样不可或缺,它为公司提供了融资、并购、股权激励等多样化的资本运作手段,助力公司实现跨越式发展。

上市公司应当深刻理解并实践“两条腿走路”的平衡之道,即既要充分利用和挖掘产品市场的潜力，确保公司的内在价值得到不断提升，又要巧妙借助资本市场的力量，使这种内在价值得以在公司的市值上得到公正、合理的体现。同时，上市公司既要防止市值被低估而错失发展机遇，也要警惕市值过度泡沫化而带来的潜在风险，努力做到在动态的市场环境中保持“表里如一”。

（二）两个谨防

1. 谨防错误认识

《指引》出台后，市值管理正式成为一种需要上市公司践行的管理模式，其重要性地位再度提升。然而，市场上一直存在错误认识，部分认为市值管理不重要，只要做好实业就好；也有部分认为市值管理就是管理股价，只要股价表现好就万事大吉，甚至不惜采用违法违规手段。

以上都属于错误认识，市值管理的本意是通过资本运作工具实现公司市值与内在价值的动态平衡，让市场价值反映公司的真实实力，是一种“内外兼修”的管理手段，无法单纯通过改变二级市场的股价表现实现此种目的。相反，如果某种“策略”或者“方案”能够帮助上市公司在短期内人为地干预股价，而非通过正常的市场反应实现价值发现，那么此种方式就极有可能属于“伪市值管理”。

2. 谨防合规风险

市值管理的真伪之辨曾一度成为热议话题，市场上假借市值管理之名行违法犯罪之实的行为层出不穷。上市公司往往面临着诸多歧路和诱惑。无论是主动选择还是被动卷入，上市公司都容易在纷繁复杂的资本游戏中迷失方向，不慎踏入违法的陷阱。这些陷阱可能源于对市值管理的误解，也可能源于对短期利益的盲目追求，但无论何种原因，一旦触碰法律红线，都将面临严重的法律后果和声誉损失。

因此，上市公司的合规风险亟待重视与解决。一方面，上市公司需要树立正确的市值管理理念，明确市值增长应基于公司的真实业绩和长期发展潜力，而非短期的市场操纵或虚假宣传。另一方面，上市公司还需要积极寻找志同道合的合作伙伴，包括专业的投资机构、咨询公司、律师顾问等，共同探索合法有效的市值管理方略。

四、结语

值此正式版本颁布并实施的重要时刻，笔者强调：市值管理，作为上市公司矢志提升发展质量的关键“靶向点”，其本质在于通过科学管理与战略规划，推动公司价值的持续增长。它绝非某些违法违规行为的“遮羞布”，而是企业诚信经营、合规发展的有力证明。市值管理的真正价值，在于引导上市公司在合法合规的框架内，通过优化资源配置、提升治理水平、强化信息披露等措施，实现公司价值的最大化，从而赢得市场认可。

第七节

《中国证监会行政处罚裁量基本规则》解读（2025年1月）

2025年1月17日，中国证监会正式发布《中国证监会行政处罚裁量基本规则》（以下简称《裁量规则》或正式稿），将于2025年3月1日起施行。2019年《证券法》修订，赋予了更大幅度的罚款权限。为避免裁量权过宽或执行不一致，中国证监会着手制定统一、透明的行政处罚裁量标准，以明确对资本市场违法行为的处罚尺度。《裁量规则》的发布，是对上述法律框架和政策背景的回应，旨在规范行政处罚裁量权的行使，保证行政执法的公正性和透明度，推动资本市场更加法治化、高效运作。

一、《裁量规则》宏观解读：理解三大核心要点

(一)“严”字当头、精准执法,梳理全方位追责脉络

1.《裁量规则》贯彻“从严监管”政策导向。通过严格运用法律授权,遵循过罚相当的原则,强化对重大违法案件的惩罚力度,提高违法成本。一方面,《裁量规则》进一步细化了八种“应当从重处罚情节”和八种“可以从重处罚情节”,对应从重罚款金额至少为法定最高罚款金额的60%。另一方面,《裁量规则》提高了实践中的一般处罚金额,规定一般处罚至少为法定最高罚款金额的30%。以“内幕交易”为例,《证券法》规定对责任人处以违法所得1倍以上10倍以下罚款,对应的一般处罚最少为违法所得3倍金额,相较此前实践的1~2倍罚款,显著提高监管要求。

2.《裁量规则》提升行政处罚裁量精准度与透明度。一方面,《裁量规则》通过区分不同裁量阶次,细化不予处罚、免予处罚、减轻处罚、从轻处罚和从重处罚的适用情形,尤其是在罚款的幅度上,明确法定幅度内的从轻、一般和从重的分档标准。另一方面,《裁量规则》进一步规范裁量权行使的同时,仍保留监管机构一定自由裁量权。各裁量阶次对应情节均可分为两类:一类系相对明确型情节,一旦作出即构成,例如,从轻情节中的“受他人胁迫或者诱骗实施违法行为”;另一类系表述宽泛型情节,监管机构存在一定自由裁量权,例如,从重情节中的“严重损害资本市场投资者、交易者权益,影响恶劣”。

3.《裁量规则》强调“立体追责”,明确衔接机制。一方面,《裁量规则》从监管机构角度明确“先行后刑”“先刑后行”“刑行回转”的规定,强调行政处罚与刑事责任缺一不可的监管态度。其中,“先行后刑”罚款可折抵罚金,而“先刑后行”不再另行罚款,但不排除采取市场禁入等其他处罚措施。

另一方面，对于涉嫌犯罪并构成民事侵权的行为，监管机构还需依法配合民事责任追究。结合国务院、最高检此前发布的文件以及相关民事司法解释内容，目前监管已经形成“全方位、立体化”的追责体系。

（二）惩教结合、柔性执行，提升处罚教育引导功能

《裁量规则》强调“严”字当头、推动“从严监管”，也注重发挥惩教结合作用。行政处罚不仅要惩罚违法行为，还要发挥其教育作用，促使公民和法人自觉守法，积极配合监管工作。通过细化从宽处罚和减轻处罚的若干情形，不仅增强了法律的威慑力，还巧妙地融入了教育引导的功能。《裁量规则》明确了几项具体指引：

1. 鼓励“吹哨”。在案发前主动举报单位违法行为并积极配合查处的人员，减轻处罚。这一举措通过鼓励内部人员揭露违法行为，强化市场自我纠错机制。

2. “坦白”从宽。对于违法事实没有异议并签署认错认罚具结书的行为，可以从轻处罚。

3. “自首”从宽。对于主动供述监管尚未掌握的违法行为，或者在配合调查中有立功表现的，适用从轻处罚。

行政处罚的目的绝不仅是追责，更是为促进行为人自我改正和规范行为提供机会。

（三）集体审议、审慎决策，强化处罚公正性与透明度

针对情节复杂或涉及重大违法行为的行政处罚，规定必须由中国证监会或其派出机构的负责人集体讨论决定。这意味着，涉及较为严重、复杂的案件，不仅由单个负责人作出裁定，还需要通过集体决策来确保公正性和全面性。这有助于避免单一视角的偏差，确保处罚决定更加客观、科学。当规则的适用出现明显不当或显失公平，或是在特定的客观情况下，规则

的适用需要调整时,也需要经过中国证监会主要负责人批准或集体讨论。这一制度下,个案特殊性可被灵活应对,同样保证在法律适用过程中不会因过度依赖固定规则而忽视个案的特殊情境,从而在保障法律公正的同时,增强对不同情况的审慎考虑。

二、《裁量规则》微观对比:与《征求意见稿》相比的关键变化

总体来看,与《中国证监会行政处罚裁量基本规则(征求意见稿)》(以下简称《征求意见稿》)相比,《裁量规则》在部分条文的表述上进行了细微修改,使其更加精准,避免产生歧义。这不仅优化了法律语言的明确性,也进一步提升了裁量标准的可操作性。有几处细节调整值得我们关注。

(一)由"行政处罚裁量应当综合考虑资本市场监管需要"修改为"应当综合考虑资本市场发展和投资者保护"

在不断发展的资本市场中,过于严格的处罚可能影响市场活力,而过于宽松则可能滋生违法行为。因此,《裁量规则》下的处罚标准更应注重适应市场变化,促进资本市场长期、稳健发展,同时保障投资者合法权益。这一修改体现了监管政策在灵活性与长远性方面的深入思考,同时也为整部规则注入了更具综合性的视野,彰显《裁量规则》在资本市场健康发展的战略性定位。

(二)新增多个"独立"违法行为的罚款数额累计计算,删除认定"当事人有一个违法行为的,给予一次行政处罚"

这一调整反映了对不同类型违法行为的处理方式发生了变化,并对资本市场中复杂违法行为的监管更为严厉和精细。"多个独立违法行为"意

味着，当一个主体在不同的时间、场合或者条件下，实施了多个相互独立的违法行为，每个违法行为都有其独立的违法性质和后果。在此情况下，需根据每一项违法行为的性质、情节等因素独立评估处罚，并将罚款数额累计。这种做法能够更有效地提高违法成本，防止某些主体通过分割违法行为、降低罚款额度来逃避应有的法律制裁。

（三）删除“专业背景”作为单位直接责任人员处罚的认定情形

在《征求意见稿》中，“专业背景”作为一个影响责任认定的因素，意图考虑直接责任人员的学历、职业经验等因素。然而，在正式稿中删除“专业背景”这一因素，笔者认为可能有以下几个原因：

1. 增强公平性与统一性。法律的目的是追求公平和透明，避免在处罚裁量过程中引入过多主观性因素，导致相似案件因人员背景不同而产生不同的处罚结果。

2. 减少案件认定复杂性。考虑“专业背景”可能导致案件判定过程复杂化，尤其在专业背景的认定上，不同人的专业背景、职业经验可能影响对责任的认定，增加行政判定的难度和成本。

3. 聚焦违法行为本身。直接删除“专业背景”因素的权重，体现出对责任主体行为的重视，而非其背景。法律本身更应侧重于违法行为的认定，着重考虑直接责任人员在违法中的作用、知情程度、态度等。这有助于加强责任追究的直接性，减少因背景因素而偏离行为本身的风险。

除此之外，《裁量规则》相比《征求意见稿》，还作出了以下修改：一是对共同违法的处罚规则增加了例外情形，允许法律、行政法规、规章另有规定的从其规定；二是对证券期货违法行为的违法所得给出定义，将其描述为，通过违法行为所获利益或者避免的损失，并且明确应根据违法行为的不同性质予以认定。在此，笔者不再过多解读。

三、《裁量规则》合规启示：个人责任与行刑衔接全流程法律防控

(一)个人责任全面明晰,合规风险多维考量

即便违法单位被撤销或注销,违法行为直接负责的主管人员和其他直接责任人员依旧需要承担行政责任。对于证券期货市场中的从业人员而言,个体责任的认定将依据多重标准进行综合分析。根据《裁量规则》第16条,违法行为将根据责任人员在违法行为中的作用、职务职责、知情程度、知情后的态度与行动等方面进行审视。因此,相关责任人员的责任认定并非一成不变,而是根据其在案件中的具体情况进行差异化判定。

如何合理地界定和衡量责任人的个人责任,一直是司法实践中的难点,尤其是在面对复杂的案件时,责任认定往往需要综合考虑多个因素。因此,相关人员在履职过程中,务必谨慎对待法律底线,确保自身行为符合合规要求,尤其是在知情后的处理上要做到及时补救和积极配合调查。

(二)行刑衔接日益紧密,综合应对至关重要

随着《裁量规则》对“行刑衔接”政策持续推进,行政处罚与刑事责任紧密衔接逐渐显现日益严格的监管态势。证券违法行为“全方位、立体化”的追责体系逐步落实,要求资本市场参与者具备高度的敏感性和应对能力。

对于单位及责任人员而言,在面临可能的行政处罚、刑事追责和民事责任时,寻找能够提供全方位法律支持的专业团队至关重要。由于行刑衔接的日益紧密,一旦案件涉及刑事层面,行政执法与刑事司法移送加快,复杂程度大幅提升。在这种情形下,不仅需要解决行政处罚合规问题,还需提前做好刑事和民事责任的风险防范与处置。

综上所述,在《中国证监会行政处罚裁量基本规则》“全方位、立体化”的追责背景下,“全流程、一体化”综合处置思路显得尤为重要:不仅能在行政执法阶段提供精准的合规指导,还能提供刑事、民事风险前瞻防控指引,从而帮助上市公司和其他资本市场参与者有效应对多维度的法律挑战,助力公司与资本市场高质量发展。

第八节

最高检、证监会“从严打击证券违法犯罪”发布会快评（2025 年 2 月）

2025 年 2 月 21 日下午，最高检与证监会联合召开“依法从严打击证券违法犯罪　促进资本市场健康稳定发展”新闻发布会，系统通报近年来证券犯罪检察与执法成效，发布典型案例与指导性文件，明确未来从严监管方向。本次发布会以“全链条惩治、行刑协同、立体追责”为核心，进一步释放“零容忍”监管信号，为资本市场高质量发展注入法治动能。

一、政策导向：坚持“严”字当头，全链条压实各方责任

（一）明确“零容忍”基调，强化立体追责体系

1. 刑事打击全面升级

2022～2024年，全国检察机关起诉证券犯罪案件366件1011人，年均增长超30%，重点打击财务造假、欺诈发行、内幕交易等恶性违法。对组织、指挥造假的大股东、实控人、董监高等“关键少数”，及配合造假的中介机构人员，依法全链条追责。这表明检察机关对证券犯罪的打击力度持续加码，各方主体一旦涉嫌犯罪，就可能被追究刑事责任。

2. 行刑民衔接闭环化

以《关于办理证券期货违法犯罪案件工作若干问题的意见》为基础，强化行政执法与刑事司法衔接机制，明确行政处罚决定可作为刑事证据，民事赔偿认定金额可参照刑事判决，形成“行政调查—刑事追诉—民事索赔”三位一体追责闭环。这一衔接机制的完善，增加了违法成本，使得证券违法犯罪的追责更加系统化。

（二）划定入罪量刑“红线”，严惩市场失信行为

1. 量化追诉标准

在证券犯罪案件的办理过程中，证据收集采信、事实认定以及法律适用等问题一直是司法实践中的难点和关键点。为此，最高检联合公安部对证券犯罪立案追诉标准进行了修订和完善，进一步明确了证券犯罪的立案条件和追诉标准，为司法实践中的法律适用提供了明确指导。

2. 穿透式责任认定

对于上市公司“关键少数”，即使未直接参与造假，但签字确认虚假文件即需担责；配合造假的第三方单位或个人，同样会被追究行政、刑事责任。这种穿透式监管模式，织密了证券违法犯罪的法网，体现出“长牙带刺”的监管态势。

二、机制创新：深化行刑协同，构建高效执法生态

（一）派驻机制赋能，提升办案质效

1. 建设专业化办案基地

北京、上海等7地检察机关设立证券期货犯罪办案基地，强化专业研判与类案指导，提前介入率、实刑率显著提升。专业化办案基地的建设，有助于提升办案的专业性和效率，通过集中资源和经验整合，能够更好地应对复杂的证券犯罪案件。

2. 充分发挥驻检优势

《关于建立健全资本市场行政执法与检察履职衔接协作机制的意见》下，最高检驻证监会检察室推动案件同步交办、证据共享，现已建立15项常态化协作机制，覆盖33个省、市两级单位。这一机制的建立使得检察机关与证监部门之间的协作更加紧密，信息共享和协同办案的效率大幅提升，为打击证券犯罪提供了有力保障。

（二）执法标准统一，强化内控监督

1. 裁量规则精细化

证监会出台《行政处罚裁量基本规则》，划分六类裁量阶次，明确处罚幅度与违法情节、社会危害匹配原则，避免“同事不同罚”。裁量规则的细

化分档，有助于统一执法标准，避免执法的随意性，增强了执法的透明度和公信力。

2. 质量内控全流程化

执法流程标准化体系逐步健全，调查取证“双证据收集”模式持续强化，听证程序权利有效保障，从而确保案件经得起司法审查。

三、案例示范：以案释法，明晰司法实践导向

（一）刑事指导案例凸显“从严”与“精准”

1. 财务造假全链条追责

检例第220号案中，上市公司董事长、高管、部门负责人均被追诉，彰显“首恶严惩、帮凶共打”原则。同时，细化规范、分层处理，再度体现出证券犯罪打击的精准化、规范化。

2. 新型违法认定突破

检例第219号案明确私募债券纳入欺诈发行范畴，检例第221号案确立避损型内幕交易违法所得计算规则，这些案例皆为新型证券犯罪提供司法参照，有助于应对不断翻新的犯罪手段。

（二）行政典型案例强化震慑效应

1. 量罚力度空前

当前，证监会对证券违法行为的处罚金额显著提高，且大额罚单频。例如，在证监会指导性案例4中，某公司实控人罚没2.26亿元；在某大地产财务造假案中，审计机构被处4.41亿元“史上最大”罚单。可见，违法成本显著提升，执法威慑力进一步增强。

2. 分层追责导向

证监会指导性案例 1 号中，区分了主犯与怠于履职人员责任。大股东、实控人、董事长、总经理、财务总监、董事会秘书等“关键少数”认定为直接负责的主管人员，将虽未直接参与造假但怠于履责的“董监高”人员认定为其他直接责任人员，分别给予相应处罚，既严惩“首恶”，又划出责任梯度，体现“过罚相当”的基本原则。

四、未来布局：惩防并举，推动市场生态优化

（一）聚焦风险防控，提升违法发现能力

1. 科技赋能线索筛查

监管司法运用大数据、AI 技术监测异常交易、财务指标波动，完善举报奖励制度，鼓励内部“吹哨人”揭发造假线索。通过科技赋能，进一步提升了案件查办效率，严防“财务洗澡”、“业绩变脸”、异常换所等可疑迹象。

2. 紧盯重点领域

本次新闻发布会强调，“伪市值管理”“定增减持套利”等新型操纵将持续严打，以防范私募基金非法集资、资金挪用风险，遏制一级市场风险向二级市场传导。

（二）深化协同治理，压实各方责任

1. 压实“看门人”义务

在资本市场的生态中，中介机构作为“看门人”，承担着极为重要的职责。中介机构在执业过程中严格履行审计、核查等程序，确保其出具的文件真实、准确、完整。对于未履行审计程序、放任甚至协助上市公司造假的行为，将依法予以严格追责。

2. 高效协同治理

后续，证监会将协同司法机关出台内幕交易、操纵市场民事赔偿司法解释，探索刑民并行程序，高效处置涉案财产，确保投资者损失优先受偿。

五、结语：法治护航，筑牢资本市场高质量发展基石

本次新闻发布会再度凸显出严监管、强协同、重实效的证券违法犯罪打击态度，进一步夯实了资本市场法治化、规范化运行基础。未来，随着行刑衔接机制深化、立体追责体系完善、科技监管手段升级，证券违法犯罪成本将持续抬升，市场各方主体的合规意识与责任担当将显著增强。检察机关与证监部门将以“零容忍”姿态，持续净化市场生态，护航资本市场行稳致远，为实体经济高质量发展提供坚实法治保障。

第九节

《上市公司信息披露管理办法》修订解读及合规指引（2025年3月）

2025年3月26日,中国证监会发布新修订的《上市公司信息披露管理办法》(以下简称《信披管理办法》),并将于2025年7月1日实施。此次修订是继2021年后的又一次重大调整,旨在全面对接注册制改革深化需求,强化资本市场信息披露的透明度与有效性,推动上市公司高质量发展。《信披管理办法》从风险披露、主体责任、跨境合规等多维度优化规则体系,标志着我国资本市场信息披露制度迈入更精准、更国际化的新阶段。本节旨在结合《信披管理办法》修订亮点,解析目前证券监管态势,并就上市公司、中介机构信息披露合规提出建议。

一、2025年《信披管理办法》修订亮点

本次修订以“提升透明度、强化责任、防范风险”为核心目标,全面回应注册制改革需求,针对上市公司及中介机构的关键环节进行优化。从对上市公司和中介机构两方角度来看,主要包括。

(一)对上市公司的影响

1. 风险披露与行业信息深度化

(1)新增风险披露要求(第16条):上市公司需详细披露可能影响核心竞争力、经营活动和未来发展的风险因素,尤其是未盈利企业需专项说明亏损成因及对现金流、研发投入、团队稳定性等方面的影响。

(2)行业特性披露(第16条):要求结合行业特点,披露技术、产业、业态等竞争性信息,例如,科技企业需说明核心技术壁垒,制造业需分析供应链稳定性。

2. 信息披露流程优化与时效强化

(1)非交易时段披露规则(第8条):允许在非交易时段发布重大信息,但需在下一交易时段开始前补充正式公告,兼顾紧急披露与市场公平。

(2)披露时点前移(第25条):将触发披露的时点从“知悉时”调整为“应当知悉时”,要求公司提前预判潜在风险(如供应商违约、政策变动),避免滞后披露。

3. 暂缓与豁免披露制度化(第3条、第31条)

明确信息披露义务人可依法暂缓或豁免披露敏感信息(如商业秘密),但需符合中国证监会规定,防止滥用导致市场操纵或内幕交易。

4. 公开承诺主体扩展(第6条)

新增收购人、资产交易对方、破产重整投资人为承诺主体,要求其配合

履行披露义务,避免利益输送和“抽屉协议”。

5. 审计委员会职能强化(第 17 条)

适应 2023 年《公司法》对上市公司架构的调整,要求对定期报告中的财务信息进行“双重审核”:既在董事会审议前由审计委员会进行预审,又需经过董事会表决,形成内部制衡。

6. 可持续发展报告纳入监管(第 65 条)

要求上市公司按交易所规定发布 ESG(环境、社会、治理)报告,推动与国际标准接轨。

(二)对中介机构的影响

1. 严控信息披露“外包”行为(第 32 条)

禁止上市公司委托证券公司、证券服务机构之外的第三方编制或审阅披露文件,防范信息泄露风险。

2. 延续中介机构监督职能(第 44 条)

中介机构需对上市公司提供材料的真实性承担连带责任,发现虚假记载应要求纠正并上报。

二、证券监管态势分析:从“形式合规”到“实质有效”

本次修订凸显监管部门对资本市场高质量发展的深层考量,结合监管实践,目前监管态势呈现以下四大特征。

1. 责任主体精准化:从“集体担责”到“个人问责”

(1)高管责任明确:董事长、经理、董秘对临时报告真实性负主要责任,财务负责人对财报真实性直接担责,违规者可能面临市场禁入。

(2)穿透式追责:若董事在董事会投赞成票却事后质疑报告真实性,直接认定为失职，本次修订中明确最高面临10万元罚款。

2. 监管手段多样化：从“单一处罚”到“组合拳”

（1）处罚手段多样：罚款和市场禁入措施不是唯一处罚手段，另有“责令暂停并购重组”“责令公开说明”等措施，强化威慑力。

（2）科技监管赋能：要求上市公司实时监控媒体舆情与异常交易，利用大数据工具识别潜在违规行为。

3. 披露内容实质化：从“泛泛而谈”到“靶向披露”

（1）风险披露精细化：要求区分“固有风险”与“突发风险”，例如，未盈利企业需动态披露扭亏计划进展。

（2）行业信息差异化：金融类企业需披露表外业务风险，房地产企业需说明土地储备合规性，避免“模板化”披露。

4. 规则衔接国际化：从“本土适用”到“全球对标”

（1）ESG披露强制化：与欧盟《可持续金融披露条例》（SFDR）、香港联交所ESG指引接轨，助力中企跨境融资。

（2）跨境披露同步化：在境外披露的信息需同步在境内公开，防止内外市场信息割裂。

三、合规建议：构建“预防执行监督”全链条机制

（一）上市公司应对策略

1. 制度层面：建立动态合规体系

（1）修订上市公司内部的《信息披露事务管理制度》，纳入暂缓披露流程、非交易时段操作规范、ESG披露框架等新要求，并报证监局备案。

（2）设立跨部门信息披露小组，由董秘牵头，财务、法务、业务部门协同，确保数据源统一。

2. 执行层面:强化内控与培训

(1)可以适当模拟“重大事件披露演练”,测试从事件发生到公告发布的响应速度。

(2)对高管及关键岗位员工开展新规培训,重点解析“应当知悉”的判断标准,如行业政策变动预警机制。

3. 监督层面:引入第三方核查

(1)聘请律师事务所对公开承诺(如业绩对赌)的合法性审查,避免承诺无效引发纠纷。

(2)定期委托会计师事务所进行内控审计,提前发现财务披露漏洞。

(二)中介机构升级路径

1. 证券公司:严守“看门人”职责

(1)在保荐业务中增加“风险披露专项核查”,确保招股书充分揭示技术替代、政策依赖等风险。

(2)建立内幕信息隔离墙,防止研报撰写与投行业务的利益冲突。

2. 会计师事务所:从“合规审计”到“风险预警”

(1)采用 AI 工具分析企业现金流与披露信息的匹配度,识别财务粉饰迹象。

(2)对频繁更换审计师或审计意见非标的企业,启动深度尽调程序。

3. 法律与评估机构:提升服务前瞻性

(1)律师事务所可为上市公司制定“重大事件应急预案”,明确披露时点与内容。

(2)评估机构需在报告中增加“敏感性分析”,说明关键假设变动对估值的影响。

四、结语

2025 年《信披管理办法》的修订，不仅是规则条款的更新，更是监管理念从“事后纠偏”向“事前预防”转型的标志。上市公司需以披露质量为核心竞争力，中介机构应以专业能力筑牢风险防线，共同推动资本市场信息披露从“合规达标”迈向“价值创造”。监管部门通过精细化、国际化、科技化的规则设计，正引领中国资本市场走向更成熟、更开放的新阶段。